FOKUS CHEMIE SI

**GESAMTBAND
AUSGABE A
LÖSUNGEN**

FOKUS CHEMIE

Autoren:	Dr. Karin Arnold, Prof. Dr. Volkmar Dietrich (†), Andreas Eberle, Dr. Holger Fleischer, Andrea Hein, Carina Kronabel, Dr. Uwe Lüttgens, Ralf Malz, Jörn Peters, Hannes Rehm
mit Beiträgen von:	Dr. Barbara Arndt
Herausgeber:	Dr. Karin Arnold
Redaktion:	Sven Wilhelm
Designberatung:	Ellen Meister
Illustration und Grafik:	Birgit Janisch, Tom Menzel, Oxana Rödel, Detlef Seidensticker
Umschlaggestaltung und Layoutkonzept:	EYES-OPEN, Berlin
Umschlagmotiv:	Shutterstock/Madrugada Verde
Layout und technische Umsetzung:	krauß-verlagsservice, Niederschönenfeld

www.cornelsen.de

1. Auflage, 1. Druck 2016

Alle Drucke dieser Auflage sind inhaltlich unverändert und können im Unterricht nebeneinander verwendet werden.

© 2016 Cornelsen Schulverlag GmbH, Berlin

Das Werk und seine Teile sind urheberrechtlich geschützt. Jede Nutzung in anderen als den gesetzlich zugelassenen Fällen bedarf der vorherigen schriftlichen Einwilligung des Verlages. Hinweis zu den §§ 46, 52a UrhG: Weder das Werk noch seine Teile dürfen ohne eine solche Einwilligung eingescannt und in ein Netzwerk eingestellt oder sonst öffentlich zugänglich gemacht werden. Dies gilt auch für Intranets von Schulen und sonstigen Bildungseinrichtungen.

Druck: DBM Druckhaus Berlin-Mitte GmbH

ISBN 978-3-06-012704-7

 Inhalt gedruckt auf säurefreiem Papier aus nachhaltiger Forstwirtschaft.

Inhaltsverzeichnis

Stoffe und Stoffgemische ... 5
Ermitteln und Unterscheiden
von Stoffeigenschaften ... 5
Steckbriefe von Stoffen ... 5
Chemie erlebt – Stoffklassen –
ein Ordnungsprinzip für Stoffe ... 6
Aggregatzustandsänderungen von Stoffen ... 7
Bau der Stoffe aus Teilchen ... 7
Chemie erlebt – Welt der Kristalle ... 7
Stoffgemische oder Reinstoffe ... 8
Trennen von Stoffgemischen ... 8
Zusammensetzung von Stoffgemischen ... 8
Chemie erlebt – Stoffen auf der Spur ... 9
Weitergedacht ... 9

Metalle – eine Stoffklasse unter der Lupe ... 12
Metalle – vielseitige Werkstoffe für den Alltag ... 12
Metalle – aus Atomen aufgebaut ... 12
Periodensystem der Elemente ... 12
Weitergedacht ... 13

Chemische Reaktionen ... 16
Stoffumwandlung – chemische Reaktion ... 16
Energie bei chemischen Reaktionen ... 16
Chemie erlebt – Licht, Strom, Bewegung –
Begleiter chemischer Reaktionen ... 17
Chemische Reaktionen unter der Lupe ... 17
Erkennen chemischer Reaktionen ... 17
Chemische Reaktion und Zeit ... 18
Chemische Reaktionen auf der Waage ... 18
Weitergedacht ... 19

Lebensgrundlage Luft ... 22
Chemie erlebt – Luft zum Leben ... 22
Sauerstoff und Stickstoff ... 22
Chemie erlebt – Luft und Lebensmittel ... 22
Chemie erlebt – Verschmutzung und
Reinhaltung der Luft ... 22
Moleküle ... 23
Weitergedacht ... 23

Verbrennungen – Oxide ... 25
Brände und Brandbekämpfung ... 25
Chemie erlebt – Feuer – schön, nützlich
und gefährlich ... 25
Verhalten von Stoffen gegenüber Sauerstoff ... 25
Einige Oxide ... 26
Vom Massenverhältnis zur Formel ... 26
Von der chemischen Reaktion zur Reaktionsgleichung ... 27
Weitergedacht ... 28

Redoxreaktionen ... 30
Oxidation – Reduktion – Redoxreaktion ... 30
Redoxreihe der Metalle ... 30
Chemie erlebt – Vom Quarzsand zum Mikrochip ... 30
Technisch bedeutsame Redoxreaktionen ... 30
Chemie erlebt – Stahl ... 31
Weitergedacht ... 32

Lebensgrundlage Wasser ... 34
Wasser – ein Element? ... 34
Chemie erlebt – Wasserstoff – eine saubere
Energie für die Zukunft ... 34
Lösemittel Wasser ... 35
Saure und alkalische Lösungen ... 36
Trinkwasser und Abwasser ... 36
Chemie erlebt – Wie sauber ist mein Badesee? ... 36
Weitergedacht ... 36

Quantitative Betrachtungen ... 39
Chemie erlebt – Wie viel Metall aus einem Erz? ... 39
Molare Masse ... 39
Massenberechnung bei chemischen Reaktionen ... 40
Weitergedacht ... 41

Elementfamilien ... 44
Natrium und seine chemischen Reaktionen ... 44
Die Elementfamilie der Alkalimetalle ... 44
Die Elementfamilie der Erdalkalimetalle ... 45
Calcium und Magnesium ... 45
Chemie erlebt – Feuerwerk ... 45
Die Elementfamilie der Halogene ... 45
Halogenide – die Salze der Halogene ... 46
Chemie erlebt – Halogenide – lebensnotwendige
Mineralien ... 46
Chlorwasserstoff – ein Halogenwasserstoff ... 47
Edelgase – eine Familie für sich ... 47
Weitergedacht ... 48

Atombau und Periodensystem der Elemente ... 51
Bau des Atoms ... 51
Der Atomkern ... 51
Die Atomhülle ... 52
Chemie erlebt – Entstehung der Elemente ... 53
Vom Atombau zum Periodensystem
der Elemente ... 54
Die IV. Hauptgruppe – vom Kohlenstoff zum Blei ... 54
Chemie erlebt – Entwicklung von Atommodellen ... 55
Weitergedacht ... 55

Salze und Metalle – Elektronenübertragung .. 59
Elektrische Leitfähigkeit von Salzen 59
Vom Atom zum Ion 59
Ionenbindung – Bau salzartiger Stoffe 60
Eigenschaften von Ionenverbindungen 61
Chemie erlebt – Salze und Gesundheit 61
Redoxreaktionen von Metallen mit Nichtmetallen 62
Reaktionen von Metallen mit Salzlösungen 62
Korrosion und Korrosionsschutz 63
Elektrolysen 64
Galvanische Zellen – Batterien 64
Chemie erlebt – Brennstoffzellen 64
Weitergedacht 65

Stoffe aus Molekülen – Elektronenpaarbindung 68
Die Elektronenpaarbindung 68
Räumlicher Bau einfacher Moleküle 68
Die polare Elektronenpaarbindung 69
Zwischenmolekulare Kräfte 69
Chemie erlebt – Modifikationen des Kohlenstoffs 70
Weitergedacht 70

Saure und alkalische Lösungen 74
Säuren und saure Lösungen 74
Kennzeichen saurer Lösungen –
Protonenübertragung 74
Säurerest-Ionen in sauren Lösungen 75
Reaktionen von sauren Lösungen mit Metallen .. 75
Chemie erlebt – Schwefelsäure und Sulfate 76
Laugen und alkalische Lösungen 77
Kennzeichen alkalischer Lösungen 77
Weitergedacht 77

Neutralisation – Salze 80
Konzentration von Lösungen 80
Der pH-Wert 80
Neutrale Lösung – Neutralisation 81
Titration 81
Chemie erlebt – pH-Werte im menschlichen
Körper 82
Bildung von Salzen 82
Nachweis von Anionen 82
Chemie erlebt – Carbonate 83
Weitergedacht 83

Kohlenwasserstoffe 87
Organische Verbindungen 87
Methan 87
Homologe Reihe der Alkane 87
Eigenschaften von Alkanen 88
Vielfalt der Alkane 88
Chemie erlebt – Molekülmodelle 89
Reaktionen der Alkane 90
Chemie erlebt – FCKW – Ozonkiller 90
Ethen und Ethin – ungesättigte
Kohlenwasserstoffe 90
Polyethen – ein bedeutender Kunststoff 92
Weitergedacht 92

Brennstoffe 95
Brennstoffe im Fokus 95
Erdöl und Erdgas 95
Verarbeitung des Rohöls 96
Kraftstoffveredlung durch Reformieren 97
Chemie erlebt – Methanhydrate 97
Treibstoffe aus nachwachsenden Rohstoffen 97
Chemie erlebt – Brennstoffe und Umwelt 98
Weitergedacht 99

Vom Alkohol zum Ester 101
Ethanol 101
Chemie erlebt – Ethanol – Genussmittel,
Gefahrstoff und Suchtpotenzial 101
Alkanole 102
Aldehyde und Ketone 103
Essig – ein vielseitiger, alltäglicher Stoff 103
Ethansäure 104
Carbonsäuren 104
Carbonsäureester 105
Chemie erlebt – Aromastoffe 105
Weitergedacht 106

Stoffe und Stoffgemische

Seite 25–27: Ermitteln und Unterscheiden von Stoffeigenschaften

1 Vergleiche die Eigenschaften von Puderzucker, Mehl und Gips. Nenne Unterscheidungsmöglichkeiten. (Seite 26)

Puderzucker, Mehl und Gips sehen weiß aus, glänzen nicht, sind bei Zimmertemperatur fest, geruchlos, leiten den elektrischen Strom nicht und werden nicht von einem Magneten angezogen. Eine Unterscheidung ist durch Versetzen mit Wasser möglich. Puderzucker löst sich, Mehl verkleistert mit Wasser, Gips und Wasser bilden einen Brei, der erhärtet, wenn gebrannter Gips verwendet wird.

2 Kork schwimmt auf dem Wasser. Eisen geht unter. Begründe. (Seite 26)

Eisen hat eine etwa achtmal größere Dichte als Wasser, Wasser dagegen eine etwa viermal so große Dichte wie Kork. Kork schwimmt deshalb auf dem Wasser, während Eisen untergeht.

1 Wasser siedet im Schnellkochtopf erst bei 120 °C. Begründe. Leite daraus Auswirkungen für das Garen von Lebensmitteln ab. (Seite 27)

Im Schnellkochtopf herrscht leichter Überdruck. Dadurch wird die Siedetemperatur des Wassers erhöht. Die Teilchen der Flüssigkeit können diese aufgrund des höheren Drucks nicht so leicht verlassen. Die erhöhte Temperatur vermindert die Garzeit erheblich.

2 Du erhältst die Aufgabe, Eisen zu schmelzen. Begründe, warum du dafür keinen Kupfertiegel verwenden kannst. (Seite 27)

Kupfertiegel können zum Schmelzen von Eisen nicht verwendet werden, da Kupfer eine niedrigere Schmelztemperatur als Eisen hat.

3 Die Erstarrungstemperatur eines Stoffes entspricht seiner Schmelztemperatur. Erläutere diese Feststellung. Nenne Beispiele. (Seite 27)

Die Temperatur, bei der ein fester Stoff in den flüssigen Zustand übergeht, ist die Schmelztemperatur. Die Temperatur, bei der ein flüssiger Stoff wieder in den festen Zustand übergeht, ist die Erstarrungstemperatur. Beide Temperaturen sind gleich. Beispiele für Erstarrungs- bzw. Schmelztemperaturen von Stoffen: Wasser 0 °C, Kerzenwachs 69 °C, Aluminium 660 °C, Eisen 1 540 °C.

4 Aluminium ist besonders für den Flugzeugbau geeignet. Begründe. (Seite 27)

Aluminium hat nur eine geringe Dichte, ist widerstandsfähig gegenüber Witterungseinflüssen und gehört zu den Leichtmetallen. Die äußere Hülle der Flugzeuge besteht fast ausschließlich aus diesem Metall.

5 Berechne das Volumen für 1 kg Luft. (Seite 27)

Gegeben: $m(\text{Luft}) = 1\,\text{kg} = 1\,000\,\text{g}$; $\varrho(\text{Luft}) = 0{,}00\,129\,\text{g/cm}^3$
Gesucht: $V(\text{Luft})$
Lösung:
$$V(\text{Luft}) = \frac{m(\text{Luft})}{\varrho(\text{Luft})}$$
$$= \frac{1\,000\,\text{g}}{0{,}00\,129\,\text{g/cm}^3}$$
$$= 775\,194\,\text{cm}^3 = \underline{0{,}755\,\text{m}^3}$$

Antwort: 1 kg Luft hat ein Volumen von 0,755 m³.

Seite 28–29: Steckbriefe von Stoffen

1 Nenne Möglichkeiten, Tafelkreide, Mehl und Kalk zu unterscheiden. Erstelle dazu Steckbriefe dieser Stoffe. (Seite 28)

Unterscheidungen sind durch Versetzen mit Wasser oder mit Speiseessig möglich. Kalk ist nahezu unlöslich. Mehl verkleistert mit Wasser, Tafelkreide (Gips) und Wasser bilden einen Brei, der hart wird. Beim Versetzen mit Speiseessig schäumt Kalk auf, Mehl und Tafelkreide zeigen keine Veränderungen.

Kalk
Farbe: weiß
Aggregatzustand bei Raumtemperatur: fest
Elektrische Leitfähigkeit: keine
Verhalten gegenüber Magneten: wird nicht angezogen
Löslichkeit in Wasser: unlöslich

Tafelkreide (Gips)
Farbe: weiß
Aggregatzustand bei Raumtemperatur: fest
Elektrische Leitfähigkeit: keine
Verhalten gegenüber Magneten: wird nicht angezogen
Löslichkeit in Wasser: gering, bildet einen Brei, der erhärtet

Mehl
Farbe: weiß bis gelblich
Aggregatzustand bei Raumtemperatur: fest
Elektrische Leitfähigkeit: keine
Verhalten gegenüber Magneten: wird nicht angezogen
Löslichkeit in Wasser: gering, verkleistert

Fokus Chemie, Lösungen

1 Erstelle Steckbriefe von Blei, Zinn und Gold. Begründe die Zuordnung dieser Stoffe zur Stoffklasse der Metalle. (Seite 29)

Blei
Farbe: bläulich-weiß bis gräulich
Glanz: glänzend
Aggregatzustand bei Raumtemperatur: fest
Verformbarkeit: sehr gut
Dichte: 11,3 g/cm³
Elektrische Leitfähigkeit: gut
Härte: weich
Wärmeleitfähigkeit: gut
Schmelztemperatur: 327 °C
Siedetemperatur: 1 744 °C

Zinn
Farbe: silbrig-grau
Glanz: glänzend
Aggregatzustand bei Raumtemperatur: fest
Verformbarkeit: sehr gut
Dichte: 5,76 g/cm³
Elektrische Leitfähigkeit: sehr gut
Härte: weich
Wärmeleitfähigkeit: gut
Schmelztemperatur: 232 °C
Siedetemperatur: 2 620 °C

Gold
Farbe: rötlich bis gelb
Glanz: glänzend
Aggregatzustand bei Raumtemperatur: fest
Verformbarkeit: sehr gut
Dichte: 19,3 g/cm³
Elektrische Leitfähigkeit: sehr gut
Härte: weich
Wärmeleitfähigkeit: sehr gut
Schmelztemperatur: 1 063 °C
Siedetemperatur: 2 970 °C

Alle drei Stoffe gehören zu den Metallen. Es sind Stoffe, die Wärme und elektrischen Strom gut leiten. Sie lassen sich leicht verformen und zeigen einen für Metalle typischen Glanz.

2 Begründe, warum es sinnvoll ist, Elektronikschrott zu verwerten. (Seite 29)
Beim Elektronikschrott handelt sich praktisch um eine „Goldgrube". Neben giftigen Chemikalien, die Umwelt und Gesundheit schädigen, enthalten alte Geräte auch Edelmetalle und Seltene Erden, die ihr Recycling interessant machen. Bereits in Handys sind relevante Mengen Gold, Platin, Kupfer, Aluminium und seltene Metalle wie Gallium und Germanium enthalten. Aufgrund steigender Preise für Edelmetalle und Seltene Erden sowie einer teilweise geringeren Verfügbarkeit dieser Stoffe wird die Wiederverwertung der Altgeräte zunehmend interessanter.

3 Stelle mithilfe eines Tabellenwerks für mindestens sechs Metalle die Schmelz- und Siedetemperaturen tabellarisch zusammen. Leite aus dem Ergebnis eine allgemeine Aussage ab. (Seite 29)

Metall	Schmelztemperatur in °C	Siedetemperatur in °C
Eisen	1 540	ca. 3 000
Blei	327	1 740
Kupfer	1 083	2 600
Silber	961	2 212
Gold	1 063	2 970
Zinn	232	2 620

Metalle haben sehr hohe Siedetemperaturen. Die Schmelztemperaturen sind im Vergleich mit anderen Stoffen ebenfalls in der Regel recht hoch.

Seite 30–31: Chemie erlebt – Stoffklassen – ein Ordnungsprinzip für Stoffe

1 Erstelle einen Steckbrief von Zucker und versuche zu begründen, warum Zucker keiner der genannten Stoffklassen zugeordnet werden kann.

Zucker
Farbe: weiß
Glanz: nicht glänzend
Aggregatzustand bei Raumtemperatur: fest, kristallin
Verformbarkeit: spröde
Dichte: 1,6 g/cm³
Elektrische Leitfähigkeit: keine (auch nicht in der Schmelze oder in Lösung)
Schmelztemperatur: 185 °C (unter Zersetzung)
Siedetemperatur: –
Löslichkeit in Wasser: sehr gut

Zucker ähnelt in einigen Eigenschaften dem Kochsalz, hat aber eine vergleichsweise niedrige Schmelztemperatur, bei der sich der Zucker zersetzt. Zudem sind Schmelze und Lösung nicht elektrisch leitfähig. Zucker kann deshalb kein salzartiger Stoff sein. Er ähnelt überhaupt nicht den Metallen. Als flüchtiger Stoff müsste Zucker flüssig oder gasförmig sein. Für einen diamantartigen Stoff ist die Schmelztemperatur zu gering. Zucker lässt sich deshalb keiner der vier Stoffklassen zuordnen.

2 Nenne weitere fünf Beispiele für Stoffe aus dem Alltag, die die Bezeichnung „Stoffe" tragen.
Offene Aufgabenstellung, z.B. Lebensmittelzusatzstoffe, Sprengstoffe, Süßstoffe, Kunststoffe, Baustoffe etc.

Seite 33: Aggregatzustandsänderungen von Stoffen

1 Entscheide, bei welchen Vorgängen nur vorübergehende Veränderungen der Eigenschaften auftreten: Joghurtbecher verkohlt, Stahldraht dehnt sich aus, Plexiglasstab wird erhitzt, Eisen wird in Formen gegossen.
Vorübergehende Veränderungen der Eigenschaften treten auf, wenn Stahldraht sich ausdehnt und Eisen in Formen gegossen wird.

2 Raureif entsteht durch Resublimation (▶ 1). Erkläre.
An kalten Tagen ist auf Pflanzen Raureif zu sehen. Er entsteht dadurch, dass der Wasserdampf der Luft (Luftfeuchtigkeit) direkt zu Eis wird. Der Übergang vom gasförmigen in den festen Zustand heißt Resublimation.

3 Wachs kann mit einem Bügeleisen und einem Löschblatt aus dem Gewebe entfernt werden. Erkläre.
Ein Wachsfleck kann mit einem Bügeleisen und einem Löschblatt entfernt werden, weil beim Bügeln mit dem heißen Bügeleisen das Wachs flüssig wird, sodass es vom Löschblatt aufgesaugt werden kann.

Seite 34–36: Bau der Stoffe aus Teilchen

1 Beschreibe den Aufbau eines festen Stoffes mithilfe des Teilchenmodells (▶ 4).
Die kleinsten Teilchen sind regelmäßig und dicht nebeneinander angeordnet. Sie können nur kleine Schwingungen ausführen. Die kleinsten Teilchen eines festen Stoffes lassen sich nur schwer voneinander trennen und gegeneinander verschieben.

2 Beschreibe den Vorgang der Diffusion anhand eines selbst gewählten Beispiels.
Lässt man eine Flasche mit Essig offen stehen, so riecht man den Essig nach kurzer Zeit im ganzen Raum. Ursache hierfür ist die Diffusion. Als Diffusion wird die selbstständige Durchmischung von Stoffen bezeichnet. Diese Durchmischung erfolgt aufgrund der Eigenbewegung der Teilchen.

3 Kennzeichne den Unterschied zwischen einem kleinen Zuckerkristall und einem Zuckerteilchen.
Der Zuckerkristall ist sichtbar. Er ist eine aus Zuckerteilchen gebildete Stoffportion mit einer bestimmten Form. Zuckerteilchen sind einzeln nicht erkennbar. Sie sind die kleinsten unteilbaren Teilchen, aus denen der Stoff Zucker besteht. Die Zuckerteilchen haben alle die gleiche Masse und Größe.

4 Beschreibe die in ▶ 2 dargestellten Vorgänge mithilfe des Teilchenmodells.
Schmelzen und Erstarren: Die Teilchen des Eises haben einen bestimmten Platz, um den sie sich hin und her bewegen – sie schwingen. Durch Erwärmung werden die Schwingungen immer heftiger, bis die starre Ordnung der Teilchen auseinanderbricht. Das Eis schmilzt, es wird zu Wasser. Der feste Zustand geht in den flüssigen über. Bei Abkühlung wird die Bewegung der Teilchen wieder kleiner und das Wasser erstarrt zu Eis.

Verdampfen und Kondensieren: Im Wasser sind die Teilchen nicht regelmäßig angeordnet. Sie bewegen sich und verschieben sich dabei gegeneinander. Bei Erwärmung wird die Bewegung der Teilchen immer heftiger. Wenn die Siedetemperatur erreicht ist, ist ihre Bewegung so groß, dass sie das Wasser verlassen können. Es bildet sich Wasserdampf. Kühlt man den Wasserdampf ab, nimmt auch die Bewegung der Teilchen ab. Der Dampf wird wieder zu Wasser. Diesen Vorgang nennt man Kondensation.

Sublimieren und Resublimieren: Der direkte Übergang vom festen in den gasförmigen Zustand heißt Sublimation. Wasserteilchen lösen sich dabei von der Eisoberfläche und bilden den Wasserdampf, in dem sie sich in der Luft verteilen. Der umgekehrte Vorgang heißt Resublimation. Wasserteilchen aus der Luft bilden dabei direkt den festen Aggregatzustand.

Seite 37: Chemie erlebt – Welt der Kristalle

1 Erkunde, wo Mineralien ausgestellt werden. Plane eine Besichtigung einer solchen Mineraliensammlung.
Offene Aufgabenstellung.

2 Informiere dich über typische Kristallformen. Zeichne und benenne drei Beispiele von diesen Formen.
Offene Aufgabenstellung. Kristalle können z.B. oktaedrisch, würfelförmig usw. sein.

Seite 40–41: Stoffgemische oder Reinstoffe

1 Ordne nach Reinstoffen und Stoffgemischen: Müll, Kupferdraht, Zahnpasta, Mineralwasser, Schwefel, Zink, Klärschlamm, Leitungswasser. Gib an, welche Stoffgemische heterogen, welche homogen sind. Bezeichne die Stoffgemische.

Reinstoffe: Kupferdraht, Schwefel, Zink
Stoffgemische: Müll, Zahnpasta, Mineralwasser, Klärschlamm, Leitungswasser
Heterogen: Müll, Zahnpasta, Klärschlamm
Homogen: Mineralwasser, Leitungswasser
Gemenge: Müll
Suspension: Zahnpasta, Klärschlamm
Lösung: Mineralwasser, Leitungswasser

2 Nenne Beispiele aus dem Alltag für Suspensionen, Emulsionen und Rauch.

Suspension: Lehmwasser, Kakao, naturtrüber Orangensaft, Wasserfarbe
Emulsion: Salatsoße, Sonnenmilch, Hautcreme, Milch
Rauch: Ofenrauch, Dieselqualm, Kerzenrauch, Tabakrauch

3 Schüttle folgende Stoffe jeweils mit Wasser: Gips, Kochsalz, Waschpulver, Alkohol, Öl. In welchen Fällen entstehen Lösungen? Begründe.

Im Falle von Kochsalz und Alkohol entstehen Lösungen, beide Stoffe sind in Wasser löslich. Die Stoffe im Waschpulver sind nur z. T. wasserlöslich, die im Waschpulver enthaltenen nicht löslichen Feststoffe bilden mit dem Wasser zusammen eine Suspension. Öl und Gips bilden keine Lösungen.

Seite 42–44: Trennen von Stoffgemischen

1 Erläutere Vor- und Nachteile des Dekantierens. (Seite 43)

Dekantieren ist ein einfaches, schnelles Trennverfahren. Es ist gut im Alltag nutzbar. Die Trennung der Stoffe erfolgt aber nur grob. Zur vollständigen Trennung des Gemisches müssen andere Verfahren verwendet werden.

2 Beschreibe den Aufbau einer Destillationsapparatur (▶ 5). (Seite 43)

Die Destillationsapparatur setzt sich aus folgenden Geräten zusammen: Brenner, Dreifuß, Keramikdrahtnetz, Destillierkolben mit Thermometer, Kühler, Auffanggefäß (Vorlage). Zwischen Keramikdrahtnetz und Kolben muss ein Abstand sein. Der Kühlwasserzulauf erfolgt von unten, der Kühlwasserablauf von oben.

1 Ein Gemisch aus Eisenfeilspänen, Sand, Kochsalz und Wasser soll getrennt werden. Beschreibe die anzuwendenden Trennverfahren. Skizziere die Versuchsanordnung. (Seite 44)

In das Gemisch einen Magneten halten. Eisenfeilspäne haften am Magneten. Restliches Gemisch umrühren und filtrieren. Filterrückstand ist Sand. Aus dem Filtrat, der Salzlösung, das Salz durch Eindampfen zurückgewinnen.

2 Nenne Beispiele für Trennverfahren im Alltag. (Seite 44)

Beispiele: Abwasserreinigung durch Sedimentation; Milchentrahmung durch Zentrifugieren; Weinbrennen durch Destillation; Fettgewinnung durch Extraktion; Schwefelgewinnung durch Ausschmelzen; Müllsortierung durch Magnettrennung; Farbstofftrennung durch Chromatografie

3 Beschreibe die Aufgaben, die Nieren bei einem gesunden Menschen erfüllen. (Seite 44)

Beim gesunden Menschen filtrieren die Nieren ohne Unterbrechung schädliche Endprodukte des Stoffwechsels aus dem Blut heraus. In der Niere sind ungefähr eine Million Nierenkörperchen, in denen sich viele Blutkapillaren befinden. Bei der Filtration des Blutes in den Blutkapillaren werden Harnstoff, Wasser und Salze entfernt.

4 Stelle das Verfahren dar, mit dem sich ein Alkohol-Wasser-Gemisch trennen lässt. (Seite 44)

Ein Alkohol-Wasser-Gemisch kann durch Destillation getrennt werden. Die Stoffe Alkohol (Sdp. 78,4 °C) und Wasser (Sdp. 100 °C) haben unterschiedliche Siedetemperaturen. Bei der Destillation verdampft überwiegend der Stoff mit der niedrigsten Siedetemperatur und kondensiert im Kühler. Die übrigen Stoffe bleiben zum großen Teil im Destillationskolben zurück.

Seite 45: Zusammensetzung von Stoffgemischen

1 In 300 g Wasser werden 30 g Kochsalz gelöst. Berechne den Massenanteil an Kochsalz in Prozent in der Kochsalzlösung.

Gegeben: $m(\text{Kochsalz}) = 30$ g; $m(\text{Wasser}) = 300$ g
Gesucht: $w(\text{Kochsalz})$

Lösung:
$$w(\text{Kochsalz}) = \frac{m(\text{Kochsalz})}{m(\text{Kochsalz}) + m(\text{Wasser})} \cdot 100\%$$
$$= \frac{30 \text{ g}}{30 \text{ g} + 300 \text{ g}} \cdot 100\%$$
$$= \underline{\underline{9\%}}$$

Antwort: Der Massenanteil in der Kochsalzlösung beträgt 9 %.

2 Welches Volumen Wasser muss mit 200 ml reinem Essig gemischt werden, damit eine 10%ige Essiglösung entsteht?

Eine 10%ige Essiglösung, die 200 ml Essig enthält, muss ein Gesamtvolumen von 2 000 ml haben. Für die Herstellung werden also 1 800 ml Wasser benötigt. Die Berechnung kann auch durch unten stehende Formel erfolgen.

Gegeben: $\varphi(\text{Essig}) = 10\,\% = 0{,}1$; $V(\text{Essig}) = 200$ ml
Gesucht: $V(\text{Wasser})$

Es gilt: $\varphi(\text{Essig}) = \dfrac{V(\text{Essig})}{V(\text{Essig}) + V(\text{Wasser})}$

Lösung: $V(\text{Wasser}) = \dfrac{V(\text{Essig})}{\varphi(\text{Essig})} - V(\text{Essig})$

$= \dfrac{200\text{ ml}}{0{,}1} - 200\text{ ml}$

$= \underline{1800\text{ ml}}$

Antwort: 200 ml reiner Essig müssen mit 1 800 ml Wasser gemischt werden, damit eine 10%ige Essiglösung entsteht.

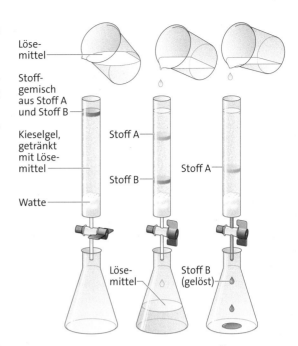

Seite 46–47: Chemie erlebt – Stoffen auf der Spur

1 Informiere dich über die Gelchromatografie. Beschreibe das Verfahren und erstelle eine schematische Darstellung.

Mithilfe der Gelchromatografie können Stoffe nach ihrer Teilchengröße getrennt werden. Hierzu wird das zu trennende Stoffgemisch in einem geeigneten Lösemittel (Laufmittel) gelöst und auf eine Säule, die mit einem Gel gefüllt ist, gegeben. Das Gel besteht aus einer Flüssigkeit, in der feste Stoffpartikel mit unterschiedlichen Porengrößen (ähnlich wie bei einem Filter) enthalten sind. Die Trennung beruht darauf, dass die Teilchen der Stoffe je nach ihrer Größe unterschiedlich gut in diese Poren eindringen können. Je größer die Teilchen des Stoffs sind, desto schlechter werden sie vom Gel zurückgehalten. Die Trennung des Stoffgemischs erfolgt also von groß nach klein.

2 Ermittle Anwendungsgebiete der Chromatografie. Stelle die Ergebnisse übersichtlich dar.

Teilweise offene Aufgabenstellung. Beispiele für die Anwendung der Chromatografie: Doping im Hochleistungssport aufdecken; Gifte, Drogen oder Betäubungsmittel nachweisen; Verunreinigungen in Arzneimitteln nachweisen; Farbstoffgemische trennen, die in Lebensmitteln, Faserstiften, Pflanzenteilen vorkommen; Pflanzenschutzmittelrückstände erkennen.

Seite 51: Weitergedacht

Material A: Stoffgemische aus dem Alltag

1 Ordne die genannten Beispiele nach homogenen und heterogenen Stoffgemischen (▶ A1).

Homogene Stoffgemische: Messingglocke
Heterogene Stoffgemische: Sonnenmilch, Deo, Kirschbananensaft (Kiba)

2 Gib für diese Stoffgemische jeweils die Art des Stoffgemisches an und zeichne ein Teilchenmodell.

Messingglocke: Legierung   Sonnenmilch: Emulsion

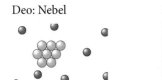 Deo: Nebel

 Kiba: Suspension

Material B: Lavendelöl – ein Duftstoff

1 Erläutere das Verfahren der Wasserdampfdestillation zur Gewinnung des Lavendelöls auf der Stoff- und auf der Teilchenebene.

Stoffebene: Bei den Lavendelblüten kann flüssiges Wasser das Lavendelöl nicht lösen (Extraktion). Mit den Lavendelblüten lässt sich aber eine Wasserdampfdestillation durchführen. Dabei wird das Lavendelöl mit heißem Wasserdampf von den anderen Pflanzenbestandteilen abgetrennt. Das Lavendelöl wird in einem Strom von heißem Wasserdampf aus den Pflanzenblüten gelöst und mitgerissen. Durch Abkühlen kondensieren die gasförmigen Stoffe, dabei trennt sich das Lavendöl vom Wasser, da die einzelnen Duftstoffe nicht in Wasser löslich sind.

Teilchenebene: Beim Erreichen der Siedetemperatur des vergleichsweise niedrig siedenden Wassers werden die Kräfte, die zwischen den Wasserteilchen wirken, überwunden. Die Wasserteilchen bewegen sich nun frei und ungeordnet. Lavendelöl hat eine höhere Siedetemperatur als Wasser. Die kleinsten Teilchen, die das Lavendelöl bilden, werden von den Wasserteilchen beim Durchströmen der Lavendelblüten mitgerissen. Beim Abkühlen trennen sich die Wasserteilchen von den Teilchen der Duftstoffe. Sie bilden beide jeweils eine nicht miteinander mischbare Flüssigkeit.

2 Lavendelöl soll im Labor gewonnen werden.
a Entwickle eine Versuchsanleitung zur Gewinnung von Lavendelöl im Labor (▸ B1).

Versuchsanleitung: Gewinnung von Lavendelöl
Fülle einen großen Erlenmeyerkolben mit etwa 300 ml destilliertem Wasser und einen großen Rundkolben bis zur Hälfte mit frischen Lavendelblüten. Verschließe den Erlenmeyerkolben mit einem durchbohrten Stopfen und den Rundkolben mit einem doppelt durchbohrten Stopfen. Verbinde die beiden Kolben miteinander mithilfe von gebogenen Glasröhrchen und Gummischläuchen. Fülle danach ein Kühlbecken mit Wasser. Verbinde das Kühlrohr, das durch das Kühlbecken bis in die Vorlage geht, mit dem Ausgang aus dem Rundkolben. Stelle die Vorlage in eine Schale, die mit Eiswürfeln gefüllt ist. Prüfe alle Verbindungen auf Dichtheit. Entzünde danach den Brenner. Erhitze das Wasser im Erlenmeyerkolben bis zum Sieden, sodass der Wasserdampf durch die Apparatur strömen kann. Fange das Destillat in der Vorlage auf.

Hilfe: Für die Wasserdampfdestillation werden größere Mengen Wasserdampf benötigt. Der Wasserdampf muss separat erzeugt und durch die Blüten geleitet werden.

b Zeichne und beschrifte eine entsprechende Experimentieranordnung.

Experimentieranordnung, siehe unten

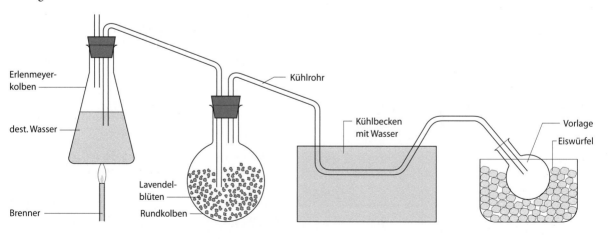

3 Nenne weitere Trennverfahren, die zur Gewinnung von Lavendelöl geeignet wären. Begründe deine Ansicht.

Weitere Verfahren zur Gewinnung von Lavendelöl: Auspressen von Lavendelpflanzenteilen, Extrahieren von Lavendelöl mit Alkohol, Extrahieren von Lavendelöl mithilfe von Öl mit wenig Eigengeruch, z. B. Mandel- oder Distelöl.

Material C: Dispersionsfarben

1 Leite aus den Aussagen zu den Dispersionsfarben eine weitere Bezeichnung für diese Farbe ab (▶ C2).

Dispersionen sind Stoffgemische. Es handelt sich um Emulsionen oder Suspensionen. Daraus leiten sich die Bezeichnungen Emulsionsfarben und Suspensionsfarben ab.

Hilfe: Pflanzenöl und Kunstharze sind in Wasser nicht löslich.
Stoffgemische zweier nicht löslicher Stoffe sind heterogen.

2 Begründe den Hinweis, dass die Farbe vor ihrem Gebrauch gründlich umgerührt oder geschüttelt werden muss (▶ C1).

Ein Rühren oder Schütteln der Farbe vor Gebrauch ist erforderlich, damit eine gute Durchmischung der Bestandteile gewährleistet ist, da sich diese Stoffgemische leicht entmischen.

Hilfe: Dispersionsfarben sind Emulsionen oder Suspensionen.
Emulsionen sind heterogene Stoffgemische aus zwei nicht ineinander löslichen Flüssigkeiten, die sich nach dem Mischen wieder trennen.
Suspensionen sind heterogene Stoffgemische aus einer Flüssigkeit und einem nicht löslichen Feststoff. Aufgrund der unterschiedlichen Dichte setzt sich der Feststoff nach dem Misch am Boden des Gefäßes wieder ab.

3 Kunstharzdispersionsfarben zeichnen sich im Allgemeinen durch eine hohe Umweltverträglichkeit aus. Finde dafür eine Erklärung.

Die hohe Umweltverträglichkeit von Kunstharzdispersionsfarben beruht darauf, dass nahezu keine flüchtigen Stoffe abgegeben werden, da als Lösemittel Wasser verwendet wird. Diese Dispersionsfarben enthalten also in der Regel keine gesundheitsgefährdenden Stoffe.

4 Formuliere einen Vorschlag zur Reinigung benutzter Pinsel oder Farbrollen (▶ C1).

Reinigungsvorschlag: Benutzte Pinsel oder Farbroller mit klarem Wasser auswaschen. Das Wasser kann auch mit etwas Spülmittel versetzt werden.

Hilfe: Ein Bestandteil von Dispersionsfarben ist Wasser.

Metalle – eine Stoffklasse unter der Lupe

Seite 56–57: Metalle – vielseitige Werkstoffe für den Alltag

1 Erstelle eine Übersicht zur Dichte von Eisen, Kupfer, Aluminium, Blei, Magnesium und Zink (Tabellenwerk). Ordne die Metalle in Leicht- und Schwermetalle.
Leichtmetalle (Dichte ρ in g/cm³): Aluminium (2,70). Magnesium (1,71), Natrium (0,97), Beryllium (1,85)
Schwermetalle (Dichte ρ in g/cm³): Blei (11,34), Eisen (7,86), Kupfer (8,92), Zink (7,13)

2 Begründe die Verwendungsmöglichkeiten der Metalle mit ihren Eigenschaften (▶ 6).
Beispiel: Stromkabel werden aus Kupfer hergestellt, da es als Metall den elektrischen Strom leitet. Beim Bau von Flugzeugen und Autos kommt Aluminium zum Einsatz, da es als Leichtmetall gut formbar ist und eine geringe Dichte besitzt.

3 Informiere dich über die Verwendungsmöglichkeiten der Legierungen und begründe mit deren Eigenschaften (▶ 7).
Offene Aufgabenstellung. Beispiel: Die Legierung Messing wird für Musikinstrumente oder Armaturen verwendet, da Messinginstrumente schöner klingen und die Legierung chemisch beständiger ist.

Seite 60–61: Metalle – aus Atomen aufgebaut

1 Beschreibe die Anordnung der Atome im Messing. Verwende dazu die Modelldarstellung (▶ 5).
Der Atomverband erstreckt sich in allen drei Raumrichtungen. In der Modelldarstellung sind die Atome so angeordnet, dass jeweils acht Atome die Ecken eines Würfels bilden. In der Mitte der sechs Flächen des Würfels befindet sich ebenfalls jeweils ein Atom. Im reinen Kupfer würde der Würfel nur aus Kupferatomen aufgebaut sein. Im Messing sind hingegen einige Kupferatome durch Zinkatome ersetzt.

2 Nenne die Eigenschaften, die sich mit dem Atommodell von Dalton erklären lassen.
Verformbarkeit, Wärmeleitfähigkeit, Aggregatzustände und der Wechsel zwischen den Aggregatzuständen sowie die Bildung von Legierungen.

3 Der Griff eines Metalllöffels wird genauso heiß wie der Tee in der Tasse. Erläutere.
Metalle sind gute Wärmeleiter. Kommt der Metalllöffel mit dem heißen Tee in Kontakt, schwingen die Atome aufgrund der Temperaturzunahme stärker. Diese Schwingungen können sich aufgrund des Baus im gesamten Atomverband ausbreiten. Die Wärme wird so weitergeleitet.

4 Vergleiche die Beschreibung zum Massenspektrometer mit der Abbildung um Modellversuch (▶ 7).
In der Beschreibung werden die Atome beschleunigt, dies wird in der Abbildung durch das Hinabfallen aus dem Trichter symbolisiert. Die Ablenkung der Atome aus ihrer Flugbahn durch elektrische oder magnetische Felder wird durch den Föhn dargestellt. Je schwerer ein Atom dabei ist, desto geringer ist seine Ablenkung.

5 Berechne, wie viel u 1 g ergeben.

$1{,}661 \cdot 10^{-24}\text{ g} \Leftrightarrow 1\text{ u}$

$\div 1{,}661 \cdot 10^{-24} \quad \searrow \quad \div 1{,}661 \cdot 10^{-24}$

$1\text{ g} \Leftrightarrow \underline{6{,}02 \cdot 10^{23}\text{ u}}$

6 Berechne die Masse eines Sauerstoffatoms in g.

$1\text{ u} \Leftrightarrow 1{,}661 \cdot 10^{-24}\text{ g}$

$\cdot 15{,}999 \quad \searrow \quad \cdot 15{,}999$

$15{,}999\text{ u} \Leftrightarrow \underline{2{,}657 \cdot 10^{-23}\text{ g}}$

Seite 63: Periodensystem der Elemente

1 Gib jeweils die Namen der Elemente mit folgenden Symbolen im PSE an: N, P, Br, H, K, Ca, F, Ne und As. Ordne nach Metallen und Nichtmetallen.
Metall: Kalium (K), Calcium (Ca), Arsen (As)
Nichtmetall: Stickstoff (N), Phosphor (P), Brom (Br), Wasserstoff (H), Fluor (F), Neon (Ne)

2 Gib die Symbole der Elemente Kohlenstoff, Natrium, Schwefel, Kalium, Gallium und Krypton an. Bestimme jeweils Ordnungszahl, Gruppe und Periode.

Name	Symbol	Ordnungszahl	Gruppe	Periode
Kohlenstoff	C	6	IV	2
Natrium	Na	11	I	3
Schwefel	S	16	VI	3
Kalium	K	19	I	4
Gallium	Ga	31	III	4
Krypton	Kr	36	VIII	4

Seite 65–67: Weitergedacht

Material A: Euro und Cent

1 Schlage Möglichkeiten vor, die ein Automat für die Unterscheidung von Euromünzen nutzen könnte (▶ A1).
Durchmesser, Dicke, Masse, aber auch elektrische Leitfähigkeit, Dichte, Farbe, Härte usw.

Hilfe: Die Münzen bestehen u. a. aus verschiedenen Metallen bzw. Legierungen.
Stoffe lassen sich anhand von Stoffeigenschaften unterscheiden.

2 1 Gramm Gold kostet 40 Euro. Begründe, dass Nordisches Gold kein Gold aus Skandinavien sein kann. Formuliere eine Vermutung, woraus die Münzen bestehen (▶ A2).
Eine 20-Cent-Münze wiegt fast 6 Gramm. Wäre sie aus Gold, könnte man sie für fast 240 Euro verkaufen. Das wäre der 1200-fache ihres eigentlichen Werts. Nordisches Gold ist eine Messinglegierung, die in ihrer Farbe Gold ähnelt.

Hilfe: Berechne mithilfe der Masse den Wert der Münze, wenn sie aus reinem Gold bestehen würde.

3 Entwickle einen Versuch, mit dem geprüft werden kann, ob 1-Cent-Münzen aus Kupfer bestehen.
Eine Möglichkeit wäre, die Dichte der Münze zu bestimmen. Hierzu sollten mehrere Münzen ausgewogen und in einen Messzylinder mit Wasser gebracht werden, um die Volumenzunahme zu messen. Aus beiden Messwerten kann die Dichte ermittelt und mit der von Kupfer verglichen werden.

Hilfe: Messbare Stoffeigenschaften eignen sich besonders gut zur Unterscheidung von Stoffen.
Dichte, Schmelz- und Siedetemperatur sind messbare Stoffeigenschaften.
Lies dir die Durchführung von Experiment 7 auf Seite 23 zur Dichtebestimmung durch.

Material B: Natrium

1 Diskutiere die Aussagen der Schüler zur angegebenen Frage (▶ B1). Entscheide und begründe, ob sie richtig sind.
Warum lässt sich Natrium mit einem Messer aus Eisen so gut schneiden?

- Die Schüleraussage, Natriumatome seien „ganz weich" und könnten daher „beim Schneiden von harten Eisenatomen einfach zerquetscht werden" ist falsch. Die Eigenschaften „weich" und „hart" sind Stoffeigenschaften der Metalle und können nicht auf die Atome, aus denen die Stoffe aufgebaut sind, angewendet werden.

- Die Schüleraussage, „zwischen den Natriumatomen ist viel mehr Platz, sodass das Messer leicht durchkommt" ist ebenfalls falsch. Auch die Atome im Natrium sind dicht gepackt und werden durch Anziehungskräfte zusammengehalten.

- Die Schüleraussage, Natrium habe „eine niedrigere Schmelztemperatur als Eisen, deshalb ist es schon weicher" ist ebenfalls falsch. Richtig ist, dass die beiden Eigenschaften des Natriums – geringe Schmelztemperatur und geringe Härte / weich – darauf beruhen, dass die Anziehungskräfte zwischen den Atomen im Natrium im Vergleich zu anderen Metallen gering sind. Der Rückschluss, dass Stoffe mit geringer Schmelztemperatur deshalb auch weich sind, ist nicht zulässig.

Hinweis für die Lehrkraft: Mit dieser Aufgabenstellung ist ein Zugang zu Fehlvorstellungen in Bezug auf Stoff- und Teilchenebene von Schülerinnen und Schülern möglich, die besonders im Anfangsunterricht häufig vorkommen.

Hilfe: Nach Daltons Atommodell sind Atome harte, kugelförmige, nicht weiter teilbare Teilchen. Zwischen den Atomen wirken Anziehungskräfte, die z. B. beim Schmelzen überwunden werden müssen.
Mess- oder sichtbare Eigenschaften von Stoffen lassen sich nicht auf die Atome übertragen.

2 Formuliere eine Aussage über den Bau von Natrium und seine besonderen Eigenschaften.
Der Stoff Natrium ist aus regelmäßig angeordneten Natriumatomen aufgebaut. Die Natriumatome sind unvorstellbar klein und haben eine winzige Masse. Die Natriumatome werden durch Anziehungskräfte zusammengehalten. Die Anziehungskräfte zwischen den Atomen im Natrium sind im Vergleich zu den Anziehungskräften der Atome in anderen Metallen geringer. Deshalb ist der Stoff Natrium relativ weich und hat eine geringe Schmelztemperatur (98 °C).

3 Stelle das Schneiden von Natrium mithilfe des Teilchenmodells dar.

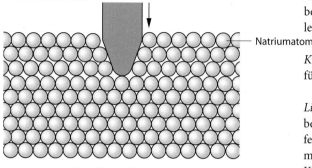

Modellvorstellung zum Schneiden von Natrium

Material C: Metalle im Alltag

1 Ordne den Metallen (▶ C3) jeweils einen passenden Steckbrief zu (▶ C1) und begründe deren Verwendung mithilfe der Eigenschaften.

Eisen (im Lehrbuch Bild C3, unten rechts)
Dichte: 7,9 g/cm^3
Verformbarkeit: spröde
Schmelztemp.: 1 540 °C
Elektrische Leitfähigkeit: hoch
Chemische Beständigkeit: schlecht

Gold (im Lehrbuch Bild C3, unten links)
Dichte: 19,3 g/cm^3
Verformbarkeit: formbar
Schmelztemp.: 1 063 °C
Elektrische Leitfähigkeit: hoch
Chemische Beständigkeit: sehr gut

Kupfer (im Lehrbuch Bild C3, oben rechts)
Dichte: 8,9 g/cm^3
Verformbarkeit: formbar
Schmelztemp.: 1 083 °C
Elektrische Leitfähigkeit: sehr hoch
Chemische Beständigkeit: gut

Lithium (im Lehrbuch Bild C3, oben links)
Dichte: 0,5 g/cm^3
Verformbarkeit: sehr weich
Schmelztemp.: 180 °C
Elektrische Leitfähigkeit: hoch
Chemische Beständigkeit: schlecht

Weil *Eisen* chemisch wenig beständig ist, bildet sich auf den Gegenständen an feuchter Luft eine Schicht aus Rost. Diese Eigenschaft wird bei Kunstwerken als Gestaltungselement genutzt.

Gold wird aufgrund seiner sehr guten elektrischen Leitfähigkeit in der Elektroindustrie für Kontakte auf Platinen benutzt. Wegen seiner guten Verformbarkeit und Wärmeleitfähigkeit wird es auch in der Zahntechnik verwendet.

Kupfer findet Anwendung bei Heiz- und Kühlanlagen und für Rohre und Dachrinnen, da es chemisch beständig ist.

Lithium wird als Legierungsbestandteil verwendet. Es verbessert als Beimischung zu anderen Metallen deren Zugfestigkeit, Härte und Elastizität. Wegen der guten Wärmeleitfähigkeit wird Lithium auch als Kühlflüssigkeit in Kernkraftreaktoren eingesetzt.

2 Nenne weitere Eigenschaften der Metalle und ergänze die Steckbriefe.
Siedetemperatur von Eisen: etwa 3 000 °C; Farbe: graumattglänzend; Eisen ist magnetisch.
Siedetemperatur von Gold 2 970 °C; Farbe: rötlich bis gelb; nicht magnetisch
Siedetemperatur von Kupfer 2 600 °C; Farbe: rotbraun; nicht magnetisch
Siedetemperatur von Lithium 1 372 °C; silbrig weiß bis grau; nicht magnetisch

3 Gib weitere Verwendungsmöglichkeiten eines der Metalle an und begründe mit dessen Eigenschaften (▶ C1).
Eisen (Gusseisen) kann aufgrund seiner guten Wärmeleitfähigkeit für Kochgeschirr verwendet werden, außerdem ist Eisen magnetisierbar, weshalb es in Dauermagneten benutzt wird.

4 Stahl ist eine Eisenlegierung. Vergleiche die Steckbriefe von Eisen und Stahl (▶ C1, ▶ C2). Leite daraus den vielseitigen Einsatz von Stahl ab.
Eisen und Stahl haben etwa die gleiche Dichte und sind beide gute elektrische Leiter. In den anderen Eigenschaften unterscheiden sie sich jedoch deutlich: Stahl kann im Gegensatz zu Eisen sehr gut bearbeitet und verformt werden. Die Schmelztemperatur von Stahl ist von der Zusammensetzung der Legierung abhängig. Sie ist jedoch immer geringer als die von Eisen, sodass für das Schmelzen weniger Energie aufgewendet werden muss. Aufgrund der besseren chemischen Beständigkeit rostet Stahl weniger als Eisen. Gegenstände aus Stahl verwittern deshalb weniger stark als Gegenstände aus Eisen.

Material D: Unbekannte Metalle identifizieren

1 Gib die Eigenschaft en an, die zur eindeutigen Kennzeichnung der unbekannten Metallproben geeignet sein könnten.

Messbare Stoffeigenschaften wie die Schmelz- und Siedetemperatur oder die Dichte sind geeignet, die Metallproben eindeutig zu identifizieren.

2 Überlege, ob du die Aufgabe mithilfe eines Experiments lösen kannst:

a Entscheide, welche Eigenschaft der Metalle du mit den zur Verfügung stehenden Geräten experimentell bestimmen kannst. Begründe deine Auswahl. Nutze dazu Tabelle ▶ D2.

Die Schmelztemperaturen sind mit 660 °C (Aluminium) und 1 538 °C (Eisen) verhältnismäßig hoch. Für die experimentelle Unterscheidung mit den gegebenen Geräten eignet sich die Bestimmung der Dichte.

Hilfe: Dichte, Schmelz- und Siedetemperatur sind messbare Stoffeigenschaften.
Metalle haben in der Regel sehr hohe Schmelz- und Siedetemperatur, die sich mit „normalen" Thermometern nicht erfassen lassen.
Lies dir die Durchführung von Experiment 7 auf Seite 23 zur Dichtebestimmung durch.

b Wähle Geräte aus, mit denen du das Experiment durchführen würdest (▶ D3). Skizziere den Versuchsaufbau.

Benötigte Geräte: Waage, Messzylinder, Spatellöffel

Hilfe: Lies dir die Durchführung von Experiment 7 auf Seite 23 zur Dichtebestimmung durch.

c Beschreibe die Durchführung des Experiments und gib die Ergebnisse an, die du mit diesem Experiment ermitteln kannst.

Ich benötige eine Stoffprobe vom jeweiligen Gegenstand, die in den Messzylinder passen muss. Als erstes ermittle ich die Masse meiner Stoffproben. Im zweiten Schritt fülle ich genau 50 ml Wasser in den Standzylinder und gebe die Stoffprobe hinzu. Jetzt lese ich den Wasserstand ab und ermittle so die Volumendifferenz. Nun berechne ich die Dichte und vergleiche diese mit den Tabellenwerten.

d Gib an, wie sich mithilfe der Versuchsergebnisse die Metalle eindeutig identifizieren lassen.

Individuelle Lösungen, z. B. mithilfe der Dichte:
Red-Bull®-Dose 2,7 g/cm³ (Aluminium)
Cola-Dose 7,5 g/cm³ (Verzinntes Stahlblech (Eisen))
Teelichthülse 2,7 g/cm³ (Aluminium)
Kleiderbügel 7,9 g/cm³ (Verzinkter Stahl (Eisen))

3 Beim Trennen von metallhaltigem Müll wird ein anderes Verfahren angewendet, das mit den in Bild ▶ D3 dargestellten Geräten nicht durchführbar ist. Gib die zum Trennen genutzte Eigenschaft an und beschreibe das Verfahren.

Das Verfahren ist die Magnettrennung: Ein großer Elektromagnet wird über eisenhaltigen Müll bewegt. Aufgrund der magnetischen Eigenschaften der eisenhaltigen Wertstoffe haften sie am Elektromagneten. Der nicht-eisenhaltige Müll verbleibt auf dem Förderband. Auf diese Weise wird eisenhaltiger von nicht-eisenhaltigem Müll getrennt.

Hilfe: Beim Trennen von metallhaltigem Müll ist wichtig, eisenhaltige Metalle (Schrott) von anderen zu trennen.
Eisen und Stahl sind magnetisierbar.

Chemische Reaktionen

Seite 72–73: Stoffumwandlung – chemische Reaktion

1 Nenne Lebensbereiche, in denen chemische Reaktionen für den Menschen wichtig sind.
Offene Aufgabenstellung, z. B.: Lebensmittelzubereitung, Mobilität, Energieerzeugung, Medizin

2 Benenne Prozesse aus der Alltagssprache, die bleibende stoffliche Veränderungen hervorrufen (z. B. braten).
Offene Aufgabenstellung, z. B.: Braten, Kochen, Toasten, Verbrennen, Sauer werden, Vergären, Verdauen, Anlaufen, Faulen, Rosten, Löschen mit dem Tintenkiller, Ätzen

3 Entscheide, ob es sich um chemische Reaktionen handelt, und begründe: Schmelzen von Eis, Grillen von Fleisch, Lösen von Zucker in Wasser, Faulen von Obst, Entzünden und Löschen einer Kerze, Herstellen von Joghurt.
Schmelzen von Eis ist keine chemische Reaktion. Es ändert sich nur der Aggregatzustand des Stoffs Wasser von fest zu flüssig (physikalischer Vorgang).
Grillen von Fleisch ist eine chemische Reaktion, da das Fleisch seine Farbe, seinen Geschmack und seine Beschaffenheit ändert. Neue Stoffe entstehen z. B. auch mit den geschmacksverändernden Aromen.
Lösen von Zucker in Wasser ist keine chemische Reaktion. Durch Verdampfen des Wassers kann Zucker ohne weiteres zurückerhalten werden. Der Lösevorgang ist ebenfalls ein physikalischer Vorgang.
Beim Faulen von Obst finden chemische Reaktionen statt. Das Obst wird ungenießbar durch das Entstehen von neuen Stoffen mit fauligem Geschmack und verdorbenem Aussehen.
Bei einer brennenden Kerze finden chemische Reaktionen statt. Das Kerzenwachs wird in andere Stoffe umgewandelt. Eine Kerze wird mit der Zeit immer kürzer. Beim Löschen der Kerze stoppt die Stoffumwandlung.
Zum Herstellen von Joghurt wird Milch als Ausgangsstoff verwendet. Unter dem Einfluss von Milchsäurebakterien entsteht durch Stoffumwandlung Joghurt.

4 Notiere fünf verschiedene Vorgänge aus dem Alltag, von denen du annimmst, dass es sich um chemische Reaktionen handelt. Begründe jeweils.
Offene Aufgabenstellung, z. B.: das Braten von Fleisch ist eine chemische Reaktion, da sich die Farbe, der Geschmack und das Aroma des Fleischs verändert. Dasselbe gilt für das Rösten von Marshmallows über einer Flamme oder das Toasten von Weißbrot. Bei der Verdauung von Nahrungsmitteln werden die Lebensmittelbestandteile in körpereigene Stoffe umgewandelt. Deshalb handelt es sich hierbei ebenfalls um eine chemische Reaktion. Werden Milchprodukte sauer, zersetzen Milchsäurebakterien Bestandteile der Milch, d. h. es werden Stoffe umgewandelt.

5 Erläutere, warum es sich bei den genannten Beispielen im Text tatsächlich um chemische Reaktionen handelt.
Bei allen im Text genannten Beispielen handelt es sich um chemische Reaktionen, da sie Stoffumwandlungen beschreiben. Aus einem Ausgangsstoff entstehen nach dem Ende der Reaktion neue Stoffe mit anderen Eigenschaften.

6 Gusseisen, Glas und Kalkmörtel sind technisch hergestellte Produkte. Ihre Herstellung beruht auf Stoffumwandlungen. Finde heraus, welche Stoffe dazu umgewandelt wurden.
Gusseisen: Eisenerz, Koks, Zuschläge und Luft
Glas: Quarzsand, Soda
Kalkmörtel: Kalkstein bzw. gebrannter Kalk, Sand und Wasser

Seite 76–77: Energie bei chemischen Reaktionen

1 Entscheide, welche der selbst untersuchten chemischen Reaktionen exotherm und welche endotherm sind. Benenne für die exothermen Reaktionen auch die Form der Aktivierung.
Exotherm: Calciumoxid mit Wasser, weißes Kupfersulfat mit Wasser, Reaktion von Zink mit Iod, Kupfersulfat mit Zinkpulver
Endotherm: Reaktion von blauem Kupfersulfat zu weißem, Kaliumchlorid und wasserhaltiges Natriumsulfat
Die exothermen Reaktionen werden jeweils durch die Wärme der Umgebung aktiviert.

2 „Nicht jede Energieumwandlung ist eine chemische Reaktion." Nimm Stellung zu dieser Aussage und beziehe dich dabei auch auf ▶ 4.
Die Aussage ist korrekt. Das Antreiben einer Turbine und die daraus gewonnene elektrische Energie ist eine Umwandlung von thermischer in mechanische und anschließend in elektrische Energie. Eine Stoffumwandlung findet bei diesen Schritten nicht statt.

3 Nenne Formen der Aktivierung für eine Knallerbse.
Werfen (Bewegungsenergie), Reiben (thermische Energie), Erhitzen (thermische Energie)

Seite 78–79: Chemie erlebt – Licht, Strom, Bewegung – Begleiter chemischer Reaktionen

1 Finde Beispiele für Licht aus Verbrennungsprozessen und Beispiele für kaltes Licht.
Licht aus Verbrennung: Verbrennung von Benzin, Magnesium oder Holz
Kaltes Licht: Knicklichter, Biolumineszenz (Qualle, Algen, Leuchtkäfer wie das Glühwürmchen)

2 Erstelle eine Anleitung zum Gebrauch der Blitzlichtlampe.
- Sockel mit Magnesiumpulver füllen.
- Dauerflamme entzünden.
- Handblasebalg bedienen, damit das Magnesiumpulver in die Dauerflamme gewirbelt wird und sich vor dem Streuspiegel entzündet.

3 Entwickle eine beschriftete Zeichnung des ersten Verbrennungsmotors. Kennzeichne durch Pfeile, welche Teile beweglich sind.

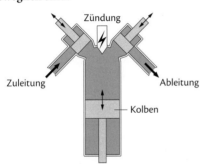

4 Erläutere, wie die selbst gebaute Minirakete funktioniert.
Die Brausetablette reagiert mit dem Wasser in der Filmdose. Dabei entsteht ein Gas. In der verschlossenen Dose bildet sich ein Überdruck, weil das Gas nicht entweichen kann. Überschreitet dieser Druck ein bestimmtes Maß, wird die Dose schlagartig aufgedrückt. Das Gas dehnt sich aus und der Rückstoß lässt die Dose abheben.

Seite 80: Chemische Reaktionen unter der Lupe

1 Begründe, ob die Anordnung der Atome bei der Bildung von Eisensulfid oder bei der Bildung des Eisen-Schwefel-Gemischs erhalten bleibt.
Im Gemisch bleibt die Gruppierung der Atome erhalten, lediglich größere Verbände (z. B. Krümel) ordnen sich anders an. Sie sind durch Trennverfahren, z. B. durch einen Magneten, wieder trennbar. Im Eisensulfid sind die Atome der Ausgangsstoffe umgruppiert und halten verändert zusammen. Sie sind physikalisch nicht trennbar.

2 Erläutere, weshalb man in der Chemie zwischen der Stoffebene und der Teilchenebene unterscheidet.
Die Stoffebene zeigt die tatsächlich erfassbaren Phänomene, während die Teilchenebene hingegen eine Modellvorstellung ist, um diese Phänomene zu deuten. So kann die Eigenschaft Farbe durch die Anordnung und Art der Teilchen erklärt werden, jedoch haben die Teilchen im Modell selbst keine Farbe. Ohne Trennung zwischen Stoff- und Teilchenebene wären Kupferatome rot, aber die blauschwarze Farbe des Kupfersulfids könnte nicht erklärt werden.

3 Nimm begründet Stellung zu folgenden Aussagen:
a Die kleinsten Teilchen bilden sich bei einer Reaktion aus den Atomen der Ausgangsstoffe.
Die Aussage ist falsch. Die Teilchen werden zu der Anordnung im Reaktionsprodukt umgruppiert und halten verändert zusammen.

b Die kleinsten Teilchen vermehren sich bei einer chemischen Reaktion.
Die Aussage ist falsch. Da Teilchen wie Atome nicht neu erschaffen werden können, können sie sich auch nicht vermehren.

c Die kleinsten Teilchen eines Elements sind gleich.
Die Aussage ist richtig, z. B. haben alle Schwefelatome die gleiche Masse und die gleiche Größe.

d Die kleinsten Teilchen können durch chemische Vorgänge weder erzeugt noch vernichtet werden.
Die Aussage ist richtig. Während einer chemischen Reaktion werden die Teilchen zu der im Reaktionsprodukt charakteristischen Anordnung umgruppiert. Ihre Anzahl bleibt erhalten.

Seite 81: Erkennen chemischer Reaktionen

1 Ordne die Merkmale der chemischen Reaktion den Einzelbildern (▶ 3) zu und begründe.
Bild 1–4: Stoffumwandlung: permanente Änderung von Stoffeigenschaften (Farbe der Stoffe)
Bild 2: Aktivierung
Bild 3: Energieumwandlung: Chemische Energie wird in thermische Energie und Lichtenergie umgewandelt.

2 Erkläre auf Stoff- und Teilchenebene, weshalb es sich bei Zinksulfid um einen neuen Reinstoff handelt.
Stoffebene: Einheitliche Stoffeigenschaften wie Farbe, Beschaffenheit, Aggregatzustand
Teilchenebene: Teilchen sind regelmäßig angeordnet und berühren sich. Sie sind von den Ausgangsstoffen zum Produkt umgruppiert und nicht durch Trennverfahren trennbar.

3 Entscheide und begründe, dass es sich um eine chemische Reaktion handelt:
a Entzünden von Holz in einem Kamin
Ja, Holz reagiert unter Abgabe von Licht und Wärme (Energieumwandlung) zu neuen Stoffen (z. B. Asche). Es findet eine Stoffumwandlung statt.

b Vergärung von Fruchtsäften
Ja, da eine Stoffumwandlung vom Fruchtsaft stattgefunden hat. Erkennbar ist dies z. B. am veränderten Geruch.

4 Erläutere, warum auch die Zerlegung von Silbersulfid eine chemische Reaktion ist.
Bei der Zerlegung von Silbersulfid in Silber und Schwefel handelt es sich um eine Stoffumwandlung. Der Stoff Silbersulfid ist nach der Reaktion nicht mehr vorhanden. Schwefel und Silber sind entstanden. Außerdem findet eine Energieumwandlung statt, da thermische in chemische Energie umgewandelt wurde.

Seite 82–83: Chemische Reaktion und Zeit

1 Schon im Altertum wurden Weintrauben und süße Flüssigkeiten vergoren, ohne dass die Menschen etwas von den Reaktionsbedingungen wussten. Erläutere.
Bei der Weinbereitung aus Weintrauben und süßen Flüssigkeiten handelt es sich vermutlich um eine zufällige Entdeckung. Aber man fand bereits im Altertum heraus, dass beim Vergären der Früchte der Zutritt von Luft vermieden werden musste, dass Wärme den Vorgang beschleunigte und der Zucker der Früchte in Alkohol umgewandelt wurde.

2 Nenne jeweils sechs Beispiele zu schnellen und zu langsamen chemischen Reaktionen.
Offene Aufgabenstellung.
schnell: Eisenwolle und Magnesiumband reagieren mit Sauerstoff, Magnesium reagiert mit Salzsäure, Zink und Kupfer reagieren mit Schwefel, ein Feuerwerk brennt ab, Erdgas verbrennt, Benzin verbrennt im Motor
langsam: Eisen rostet, Silber läuft an, Nahrung wird verdaut, Eisen reagiert mit Salzsäure, Haare werden blondiert, Selbstbräuner reagiert, Milch wird sauer, Kerzenwachs verbrennt

3 Beschreibe ▶ 4 mit eigenen Worten.
Aus dem Energiediagramm ist zum einem ablesbar, dass die Energie der Teilchen der Ausgangsstoffe vor der Reaktion größer ist als die Energie der Teilchen in den Reaktionsprodukten. Die Differenz wird z. B. als Wärme während der Reaktion freigesetzt. Zudem erkennt man, dass durch die Verwendung eines Katalysators die Aktivierungsenergie für die Reaktion verringert werden kann: Die aktivierten Teilchen bei einer Reaktion mit Katalysator haben eine geringere Energie als die aktivierten Teilchen ohne Katalysator.

Seite 84–85: Chemische Reaktionen auf der Waage

1 Ein Kuchen ist leichter als der Kuchenteig vor dem Backen. Formuliere eine Vermutung, ob beim Kuchenbacken das Gesetz von der Erhaltung der Masse gilt oder nicht gilt.
Beim Kuchenbacken entweichen durch die hohen Temperaturen u. a. Wasser als Wasserdampf und Kohlenstoffdioxid. Dadurch ist der fertige Kuchen leichter als der Kuchenteig. Auch hier gilt das Gesetz von der Erhaltung der Masse. Da aber nicht alle Reaktionsprodukte bzw. entweichenden Stoffe aufgefangen und gewogen werden können, lässt sich das nicht feststellen.

2 Erläutere den Zusammenhang, der zwischen dem Gesetz von der Erhaltung der Masse und den Teilchen der reagierenden Stoffe besteht anhand von ▶ 3.
Bei chemischen Reaktionen bleibt die Anzahl der gebundenen Teilchen der in den Ausgangsstoffen und in den Reaktionsprodukten enthaltenen Elemente gleich. Die 14 Eisen- und 14 Schwefelatome finden sich nach der Reaktion im Kupfersulfid in anderer Anordnung wieder. Da die Anzahl aller Teilchen die Masse bestimmt, ändert sich bei gleichbleibender Anzahl der Teilchen während einer chemischen Reaktion auch die Masse nicht.

3 Stelle eine Vermutung auf, wieso die verbrannte Eisenwolle schwerer ist als die reine Eisenwolle (▶ 1).
Das Gesetz von der Erhaltung der Masse gilt bei allen chemischen Reaktionen. Es ist daher zu vermuten, dass die verbrannte Eisenwolle mit einem (nicht sichtbaren) Reaktionspartner, z. B. der Luft oder Sauerstoff, reagiert hat und eine neue schwerere Verbindung gebildet hat.

4 Erläutere an einem selbst gewählten Beispiel das Gesetz von der Erhaltung der Masse.
Das Gesetz von der Erhaltung der Masse besagt, dass z. B. bei der Reaktion von Kupfer mit Schwefel zu Kupfersulfid die Ausgangsstoffe Kupfer und Schwefel vor der Reaktion

genauso viel wiegen wie das Reaktionsprodukt Kupfersulfid.

$m(\text{Kupfer}) + m(\text{Schwefel}) = m(\text{Kupfersulfid})$

5 Informiere dich in verschiedenen Quellen, z. B. im Internet, über Leben und Werk von Michail Wassiljewitsch Lomonossow und fertige über diese Persönlichkeit ein Poster an.

Offene Aufgabenstellung. Lomonossow, Michail Wassiljewitsch (1711 bis 1765): Professor für Chemie, St. Petersburg und Moskau. Arbeitsgebiete: Beziehungen zwischen Energie und Materie, Betrachtungen zur Atomistik, Beziehungen zwischen physikalischen und chemischen Eigenschaften von Stoffen, Technologie der Gläser, Metallurgie, Theorien zur Funktion der Sinnesorgane und zur Ursache von Krankheiten, Entdeckung der Venusatmosphäre. Lomonossow war auch Mitgründer der Universität Moskau (1755), Dichter, Historiker und Grammatiker.

Seite 88–89: Weitergedacht

Material A: Die Solfatara

1 Formuliere ein Reaktionsschema zu dem beschriebenen chemischen Vorgang im Text (▶ A1).

Silber (s) + Schwefel (s) → Silbersulfid (s) | exotherm

2 Mit einem einfachen Experiment könnte man das entstandene Reaktionsprodukt wieder zerlegen. Skizziere einen Versuchsaufbau.

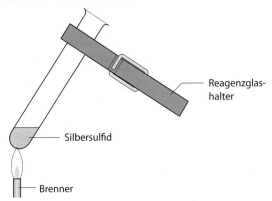

Hilfe: Für das Experiment benötigt man nur Reagenzglas und Reagenzglashalter sowie einen Bunsenbrenner.

3 Aluminiumdosen von Getränken behalten auch nach Jahren in der Schwefeldampfsauna ihr ursprüngliches Aussehen.
a Erläutere anhand des Energiediagramms (▶ A2).

Vor der Reaktion haben die Ausgangsstoffe Aluminium und Schwefel eine bestimmte chemische Energie. Um das Reaktionsprodukt Aluminiumsulfid zu bilden, muss Aktivierungsenergie zugeführt werden. Dadurch erreichen die Ausgangsstoffe den aktivierten Zustand. Die chemische Energie des Reaktionsprodukts Aluminiumsulfid ist geringer als die chemische Energie der Ausgangsstoffe. Das Diagramm zeigt, dass relativ viel Aktivierungsenergie hinzugeführt werden muss. In der Schwefeldampfsauna ist nicht genügend thermische Energie vorhanden, um die Ausgangsstoffe in den reaktionsbereiten Zustand zu versetzen. Die Reaktion kann in der Schwefeldampfsauna von alleine nicht ablaufen.

b Übertrage das Diagramm in dein Heft und ergänze die Angaben für die Reaktion von Silber mit Schwefel. Nutze dazu die Hinweise im Text.

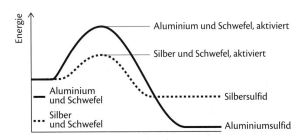

Material B: „Hot-Can®" – die selbsterwärmende Dose

1 Zeichne anhand der Informationen den Querschnitt durch eine „Hot-Can".

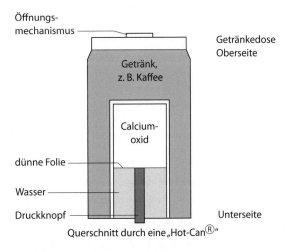

Querschnitt durch eine „Hot-Can®"

2 Begründe, dass es sich bei den selbsterwärmenden Dosen um die Nutzbarmachung einer chemischen Reaktion handelt.

Es handelt sich bei dem Vorgang in der selbst erwärmenden Dose um eine chemische Reaktion, da aus zwei Ausgangsstoffen (Calciumoxid und Wasser) ein neuer Stoff

gebildet wird (Calciumhydroxid) und dabei Energie in Form von Wärme freigesetzt wird. Damit sind zwei Kennzeichen einer chemischen Reaktion erfüllt: Stoff- und Energieumwandlung.
Die bei dieser Reaktion freigesetzte Wärme wird genutzt, um die Flüssigkeit in der Dose (z. B. Kaffee) zu erhitzen.

Hilfe: Chemische Reaktionen sind gekennzeichnet durch Stoff- und Energieumwandlung.

3 Formuliere die Wortgleichung der Reaktion.
Wasser + Calciumoxid → Calciumhydroxid | exotherm

4 Entwickle für den Vorgang ein entsprechendes Energiediagramm.

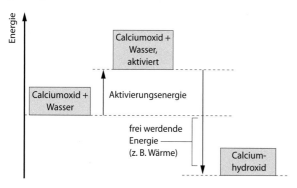

Material C: Natürlich blond?

1 Nenne Merkmale, mit denen man belegen kann, dass es sich beim Blondieren um eine chemische Reaktion handelt (▶ C1).
Schon beim Herstellen der Creme kann einer Erwärmung, die auf eine Energieumwandlung hindeutet, beobachtet werden. Beim Blondieren findet eine Stoffumwandlung statt: Die Farbe und die Beschaffenheit des Haars verändern sich dauerhaft.

Hilfe: Chemische Reaktionen sind gekennzeichnet durch Stoff- und Energieumwandlung.

2 Diskutiere die Rolle des Wärmestrahlers. Erläutere anhand der Abbildung, was während des Blondierens geschieht (▶ C2).
Der Wärmestrahler kann zwei Funktionen einnehmen: Die meisten Stoffumwandlungen verlaufen bei höheren Temperaturen schneller, sodass die Wärme des Strahlers das Blondieren beschleunigt. Das Blondieren könnte auch eine endotherme Reaktion sein, die erst durch die Energie des Wärmestrahlers ermöglicht wird.
Während des Blondierens reagieren die dunklen Pigmente des Haars mit der Blondierungscreme und werden dabei in farblose Stoffe umgewandelt, sodass das Haar insgesamt deutlich heller aussieht.

3 Stelle eine begründete Vermutung darüber auf, wie es bei einer Blondierung auch zu einem rotstichigen Farbton des Haars kommen kann.
Beim Blondieren werden die dunklen Farbpigmente des Haars nach und nach zerstört. Zu einem roten Farbton kann es kommen, wenn die Creme zu früh ausspült oder zu wenig Creme verwendet wird, sodass in beiden Fällen zu wenig dunkle Farbpigmente zerstört wurden.

Hilfe: Chemische Reaktionen laufen unterschiedlich schnell ab.

Material D: Verbrennen von Kohlenstoff

1 Beschreibe jeweils den Versuchsaufbau und die Durchführung der beiden Experimentieranordnungen mit eigenen Worten (▶ D1).
Exp. 1: Der Versuchsaufbau besteht aus einem beidseitig verschlossenen Reaktionsrohr. Ein Ende ist über einen durchbohrten Stopfen mit einem Kolbenprober verbunden. Im Reaktionsrohr befindet sich ein Porzellanschiffchen mit Kohlenstoffpulver.
Das Kohlenstoffpulver wird von unten mithilfe des Brenners bis zum Aufglühen erhitzt. Die entstehenden Reaktionsprodukte können mithilfe des Kolbenprobers aufgefangen werden.
Exp. 2: Der Versuchsaufbau besteht aus einem offenen Reaktionsrohr, in dem sich ein Porzellanschiffchen mit Kohlenstoffpulver befindet.
Das Kohlenstoffpulver wird von unten mithilfe des Brenners bis zum Aufglühen erhitzt.

2 Beide Apparaturen wurden vor und nach der Durchführung gewogen. Übernimm ▶ D2 in deinen Hefter und gib die Größenbeziehungen unter Verwendung der Zeichen >, < oder = an. Begründe deine Wahl.

vorher		nachher
m(Exp. 1)	=	m(Exp. 1)
m(Exp. 2)	>	m(Exp. 2)

Exp. 1: Der Versuch findet in einem verschlossenen Aufbau statt. Alle während der Reaktion entstehenden Produkte werden mitgewogen. Da das Gesetz von der Erhaltung der Masse gilt, muss der Versuchsaufbau nach der Reaktion genauso viel wiegen wie vor der Reaktion.
Exp. 2: Der Versuch findet in einem offenen Aufbau statt. Die bei der Reaktion entstehenden gasförmigen Produkte entweichen und können nach der Reaktion nicht mitgewogen werden. Der Versuchsaufbau wird leichter.

3 Gib an, ob für die Durchführung von Exp. 1 und Exp. 2 das Gesetz von der Erhaltung der Masse gilt und erläutere deine Entscheidung.

Exp. 1: Das Gesetz von der Erhaltung der Masse gilt. In einem verschlossenen Versuchsaufbau können alle Reaktionsprodukte – auch gasförmige – mitgewogen werden. Das bei der Reaktion entstehende gasförmige Kohlenstoffdioxid wird im Kolbenprober aufgefangen.

Exp. 2: Das Gesetz von der Erhaltung der Masse gilt auch in diesem Fall; es werden nur nicht alle Reaktionsprodukte mitgewogen. Während der Reaktion wird das Kohlenstoffpulver in gasförmiges Kohlenstoffdioxid umgewandelt. Das Reaktionsprodukt kann aus der Apparatur entweichen.

Lebensgrundlage Luft

Seite 92–93: Chemie erlebt – Luft zum Leben

1 Informiere dich über die „grünen Lungen" der Erde. Wo befinden sich die größten Regenwälder?
Man unterscheidet zwischen immergrünen, tropischen und gemäßigten Regenwäldern. Die immergrünen Regenwälder befinden sich auf allen Kontinenten entlang des Äquators. Die größten zusammenhängenden Flächen beherbergt das Amazonasbecken. Gemäßigte Regenwälder kommen vor allem an der Westküste Nordamerikas, in Chile sowie auf Tasmanien und Neuseeland vor.

2 Berechne, wie viel Sauerstoff du in Ruhe und bei schwerer Arbeit innerhalb einer Stunde verbrauchst. Bringe deinen Verbrauch mit der Produktionsleistung eines Baumes in Verbindung.
Rechenbeispiele für eine 75 kg schwere erwachsene Person:
Sauerstoffbedarf in Ruhe:
75 kg · 3,4 cm^3/(min · kg) · 60 min = 15 300 cm^3 = 15,3 l
Pro Stunde verbraucht eine 75 kg schwere erwachsene Person 15,3 Liter Sauerstoff.

Sauerstoffbedarf bei Schwerstarbeit:
75 kg · 70 cm^3/(min · kg) · 60 min = 315 000 cm^3 = 315 l
Bei körperlicher Schwerstarbeit benötigt eine 75 kg schwere erwachsene Person 315 Liter Sauerstoff.

Tagesbedarf an Sauerstoff:
15,3 l · 24 = 367,2 l
Der Tagesbedarf an Sauerstoff einer 75 kg schweren erwachsenen Person beträgt etwa 367 l.
Die Sauerstoffproduktion eines Baumes beträgt pro Tag 3 500 Liter. Ein Baum kann neun bis zehn Erwachsene einen Tag lang mit Sauerstoff versorgen.

Seite 98–99: Sauerstoff und Stickstoff

1 Ein Mensch atmet täglich etwa 10 000 Liter Luft ein. Berechne das Volumen des Sauerstoffs.
Der Sauerstoffanteil in der Luft beträgt rund 21 %. 10 000 Liter Luft enthalten dann 2 100 Liter reinen Sauerstoff.

2 Erkundige dich im Internet über die verschiedenen Arten der Füllung von Druckgasflaschen für Taucher.
Neben der normalen Pressluft gibt es auch speziellere Atemluftgemische wie Heliox, Nitrox und Trimix, die besonders bei Tauchgängen in große Tiefen eingesetzt werden. Genauere Informationen hierzu findet man im Internet, indem man diese Namen als Suchbegriffe eingibt.

3 Erläutere, warum Bergsteiger ab etwa 4 000 m Höhe Sauerstoffgeräte benutzen.
Da sich in dieser Höhe viel weniger Sauerstoffteilchen pro Liter Luft befinden, brauchen Bergsteiger eine mit Sauerstoff angereicherte Atemluft.

4 Erläutere, warum flüssiger Stickstoff und nicht Sauerstoff als Kühlmittel verwendet wird. Vergleiche dazu die Eigenschaften der Gase.
Mit einer Siedetemperatur von –196 °C ist flüssiger Stickstoff nur geringfügig kälter als flüssiger Sauerstoff (–183 °C). Im Gegensatz zu Sauerstoff ist Stickstoff aber reaktionsträge und fördert nicht die Verbrennung. Die Verwendung von flüssigem Sauerstoff ist daher sehr gefährlich.

Seite 100: Chemie erlebt – Luft und Lebensmittel

1 Auch Gase nehmen einen gewissen Raum ein. Überlege, welche Auswirkungen der Einsatz von Schutzgasen auf Verpackungsgrößen haben könnte.
Im Gegensatz zu einer Vakuumverpackung besitzt eine Schutzgasverpackung mehr Volumen. Sie kann dem Verbraucher vortäuschen, dass er durch die größere Verpackung auch mehr Inhalt kauft. In Deutschland gibt es deswegen gesetzliche Regelungen für den Einsatz von Schutzgasen beim Verpacken von Lebensmitteln.

Seite 102-103: Chemie erlebt – Verschmutzung und Reinhaltung der Luft

1 Recherchiere über verschiedene Funktionen des Waldes. Präsentiere deine Ergebnisse, z. B. in Form eines Plakats.
Offene Aufgabenstellung. Funktionen sind z. B. „Sauerstofflieferant", Filtern von Staub und Luftschadstoffen, Lebensraum für Tiere, Reinigen und Speichern von Wasser (im Waldboden)

2 Informiere dich über weitere mögliche Lösungsansätze zur Verminderung des Kohlenstoffdioxids in der Atmosphäre. Als Anregung sei hierbei das Erreichen einer vermehrten Algenblüte genannt.
Offene Aufgabenstellung.
CSS-Technologie: „Carbon Capture und Storage"-Technologie. Ziel ist es, Kohlenstoffdioxid, das z. B. bei der Energieerzeugung entsteht, aus dem Abgas abzuscheiden, zu transportieren und im Boden zu speichern.
Meeresdüngung: Durch das Ausbringen von Düngern (z. B. Eisen) über den Meeren soll gezielt das Wachstum der Algen angeregt werden. Algen wandeln mithilfe von Fotosynthese Kohlenstoffdioxid in Biomasse um.
Schwefeldioxid: Durch Einbringen von Schwefeldioxid in die höhere Atmosphäre (Stratosphäre) soll ein Teil der Sonneneinstrahlung reflektiert werden. Dies würde die Strahlungsbilanz der Erde beeinflussen, sodass sich die Jahresdurchschnittstemperatur verringert.

Weitere Ansätze sind z. B über den Begriff Geoengineering recherchierbar.

Seite 104: Moleküle

1 Nenne die Aussagen, die sich aus einem chemischen Symbol und einer chemischen Formel ableiten.
Ein Symbol steht für das Element oder für ein Atom des Elements. Aus der Formel, die für ein Molekül dieser Substanz steht, lässt sich die Zusammensetzung des Moleküls ablesen.

2 Erläutere an einem Beispiel die Unterschiede zwischen einem Atom und einem Molekül.
Atome sind Grundbausteine der Materie. Moleküle sind Teilchen, die aus zwei oder mehreren fest miteinander verbundenen Atomen zusammengesetzt sind.

3 Prüfe, ob eine Formel auch $X_{2,5}$ lauten kann. Begründe.
Nein, das Symbol in der Formel kennzeichnet die Atomart. Ein Atom Sauerstoff wird z. B. durch das Symbol O gekennzeichnet, während das Molekül Sauerstoff durch die Formel O_2 angegeben wird. Dabei bestimmt der Index die Anzahl der zu einem Molekül vereinigten Atome. Ein Atom ist ein einzelnes, chemisch nicht weiter zerlegbares Teilchen, Moleküle dagegen sind aus zwei oder mehreren Atomen aufgebaut. Der Index muss daher immer eine ganze Zahl sein.

4 Das bei Raumtemperatur flüssige Brom, ein aus Molekülen aufgebauter Stoff, hat die Formel Br_2. Nenne die Formeln für Brom im festen und im gasförmigen Aggregatzustand. Begründe.
Die chemische Formel lautet auch für die beiden anderen Aggregatzustände Br_2, da eine Veränderung des Aggregatzustands keine Teilchenveränderung bewirkt.

Seite 107: Weitergedacht

Material A: Dichte von Stoffen

1 Beschreibe den Luftdruck in der Atmosphäre in Abhängigkeit von der Höhe (▶ A2).
Mit zunehmender Höhe nimmt der Luftdruck in der Atmosphäre ab. Die Abnahme ist dabei nicht linear: In 5 km Höhe beträgt der Luftdruck nur noch rund die Hälfte vom Ausgangswert, in 10 km Höhe ein Viertel und in 15 km Höhe ein Achtel. Der Luftdruck halbiert sich also etwa alle 5 km.

2 Erläutere den Zusammenhang zwischen Luftdruck und Dichte der Luft.
Genauso wie der Luftdruck sinkt mit zunehmender Höhe auch die Dichte der Luft. Das liegt daran, dass Luft (wie alle Gase) zusammengepresst werden kann. Dabei gilt: Je stärker die Luft zusammengepresst wird, desto größer ist ihre Dichte. Auf Meereshöhe wird die Luftschicht durch die darüber liegenden Luftschichten viel stärker zusammengepresst (hoher Luftdruck). Je höher man steigt, desto geringer werden der Luftdruck und damit die Dichte der Luft.

Hilfe: Die Dichte bei Gasen gibt an, wie schwer z. B. ein Liter einer Gasportion ist.
Gase können mithilfe einer Kraft zusammengepresst werden.
Beim Zusammenpressen verkleinert sich das Volumen, aber nicht die Anzahl der im Volumen enthaltenen Teilchen.
Der Luftdruck ist die Kraft, die Luft ausübt.

3 Formuliere eine begründete Vermutung darüber, welcher Wetterballon am höchsten aufsteigt: ein prall gefüllter oder ein weniger prall gefüllter (▶ A1).
Wasserstoff ist das Gas mit der geringsten Dichte aller Stoffe. Ein mit Wasserstoff gefüllter Wetterballon steigt auf. Da der Luftdruck mit zunehmender Höhe immer geringer wird, werden auch die Kräfte, die den Ballon zusammendrücken immer geringer. Der Ballon dehnt sich aus. Ein prall gefüllter Ballon würde schnell platzen. Daher werden Wetterballons nicht so prall gefüllt. Sie können sich ausdehnen, ohne zu platzen, und erreichen größere Höhen.

Hilfe: Betrachte zusätzlich das Diagramm ▶ 2.
Der Luftdruck ist die Kraft, die die Luft auf den Ballon ausübt und ihn zusammenpresst.

4 Holz und Eisen unterscheiden sich in ihren Eigenschaften.
a Vergleiche das Verhalten in Wasser (▶ A3).
Ein Stück Holz schwimmt auf dem Wasser, es geht nicht unter. Ein Stück Eisen sinkt auf den Boden des Gefäßes, es kann nicht auf dem Wasser schwimmen.

b Begründe das unterschiedliche Verhalten.
Ein Gegenstand/Stoff schwimmt auf dem Wasser, wenn seine Dichte kleiner ist als die des Wassers. Umgekehrt sinkt er zu Boden, wenn seine Dichte größer ist als die von Wasser. Holz hat demnach eine kleinere Dichte als Wasser, Eisen eine größere Dichte als Wasser.

5 Erkläre den Aufstieg eines Heißluftballons in Luft. Es gelten die gleichen Gesetze wie beim Aufstieg eines Körpers in Wasser.
Wird Luft erhitzt, verringert sich ihre Dichte. Gase mit einer geringeren Dichte als die sie umgebende Luft steigen auf. Auch im Wasser erfahren Stoffe mit einer geringeren Dichte als Wasser (z. B. Eis) Auftrieb.

Hilfe: Stoffe dehnen sich beim Erhitzen aus.
Beim Ausdehnen verringert sich die Dichte des Stoffs.

Material B: Sauerstoff

1 Beschreibe den Versuch, den Priestley bei der Entdeckung des Sauerstoffs durchgeführt hat (▶ B1).
Priestley führte zwei unterschiedliche Versuche mit ausgeatmeter Luft durch. Er füllte zwei Gefäße mit ausgeatmeter Luft, wobei eines von beiden eine Grünpflanze enthielt. Nach einiger Zeit wurde in beide Gefäße eine Maus gesetzt, wobei sie in dem Gefäß ohne Pflanze starb. In dem Gefäß mit Pflanze konnte sie aber überleben.

2 Deute die Beobachtungen des Versuchs in Bezug auf die unterschiedlichen Luftzusammensetzungen unter den Glasglocken.
Da Tiere Sauerstoff zum Überleben brauchen, kann man durch den Versuch ohne Grünpflanze schließen, dass die Ausatemluft keinen oder nur wenig Sauerstoff enthält. Die Maus erstickt. Die ausgeatmete Luft hat dafür einen höheren Kohlenstoffdioxidgehalt. Das Kohlenstoffdioxid wird von der Pflanze durch Fotosynthese in Biomasse umgewandelt, wobei sich als Produkt auch Sauerstoff bildet, der die Maus am Leben hält.

Hilfe: In beiden Gefäßen befindet sich zu Beginn des Versuchs nur ausgeatmete Luft.
Ausgeatmete Luft enthält nur wenig Sauerstoff.
Pflanzen setzen bei der Fotosynthese Sauerstoff frei.

3 Carl Wilhelm Scheele entdeckte 1772 den Sauerstoff. Er nannte ihn „Feuerluft". Erläutere ausführlich, was Scheele sich dabei wahrscheinlich gedacht hatte.
Scheele entdeckte den Sauerstoff bei der Untersuchung von Verbrennungsreaktionen mit Luft. Scheele fiel auf, dass bei den Experimenten immer nur ein bestimmter Anteil der Luft verbraucht wurde. Diesen Bestandteil nannte er „Feuerluft", weil ein wesentliches Merkmal von Verbrennungen Feuererscheinungen sind. Die „restliche" Luft unterhielt die Verbrennung nicht. Eine Flamme in dieser Restluft erlischt.

Hilfe: Sauerstoff unterhält die Verbrennung. Ein glimmender Holzspan flammt in reinem Sauerstoff auf.
Ein Merkmal der Verbrennung sind Flammen.

Verbrennungen – Oxide

Seite 110–111: Brände und Brandbekämpfung

1 Waldbrände werden manchmal gelöscht, indem breite Schneisen in den Wald geschlagen werden. Erläutere, was damit erreicht werden soll.

Schneisen verhindern das Ausbreiten des Brandes, da kein brennbares Material mehr zur Verfügung steht.

2 Informiere dich über Brandschutz und Brandschutzmittel im Chemieraum und in deiner Schule. Fertige eine Übersicht über Art und Verwendung dieser Brandschutzmittel an.

Offene Aufgabenstellung.

3 Überlege, wie folgende Brände zu löschen sind:
a Fett in einer Pfanne
Pfanne abdecken

b Papier in einem Papierkorb
mit Wasser oder Feuerlöscher löschen

c 20 ml Alkohol auf einem Labortisch
verbrennen lassen oder feuchtes Tuch darüberlegen

d ein Fernsehgerät
Feuerlöschdecke darüberdecken oder Pulverlöscher verwenden, notfalls Feuerwehr zu Hilfe rufen

e die Oberbekleidung einer Person
Person in Feuerlöschdecke oder andere Decke einwickeln, notfalls auf dem Boden rollen oder Feuerlöschbrause verwenden

4 Welche Telefonnummer hat die Feuerwehr und welche Angaben sind bei einer Brandmeldung zu machen?

Notruf Feuerwehr: 112; Angaben: Wo brennt es? Was brennt? Wie viele Verletzte? Wer meldet?

Seite 112–113: Chemie erlebt – Feuer – schön, nützlich und gefährlich

1 In öffentlichen Gebäuden wie Kaufhäusern oder Kinos sind häufig Sprinkleranlagen eingebaut. Informiere dich über die Arbeitsweise der Anlagen und beschreibe deren Wirkungsweise.

Internetquelle: http://de.wikipedia.org/wiki/Sprinkleranlage

2 Erkunde und beschreibe unterschiedliche Techniken des Entzündens von Feuer im Verlauf der Geschichte der Menschen.

Feuer machen in der Steinzeit:
Schlagfeuerzeug: Zuerst entfachte der Mensch Feuer, indem er ein Stück hartes Gestein auf ein Eisenerz schlug (z. B. Feuerstein auf Pyrit). Durch die entstehenden Funken wurde trockenes Moos oder Zunder zum Glimmen gebracht.
Feuerquirl: Ein Stab aus sehr hartem Holz wurde auf ein flaches, weiches Holzstück gesetzt. Auf dieser Unterlage drehte man den Holzstab schnell zwischen den Handflächen. Der Kopf des Holzstabes wurde heiß und das gebildete Bohrmehl begann zu glühen. Man gab trockenes Moos dazu und quirlte weiter. Durch vorsichtiges Blasen entstand ein Flämmchen.
Bogenfeuerbohrer: Hier wurde der Holzstab bereits mit einer Bogensehne angetrieben.
Internetquellen:
- http://www.planet-wissen.de/natur_technik/feuer_und_braende/feuer/video_feuer_machen.jsp
- http://www.youtube.com/Die Sendung mit der Maus – Feuer machen: Feuerstein und Zunder
- http://www.ijon.de/sonst/feuerg.html
  Gibt einen Abriss über feuererzeugende Geräte von den archaischen Methoden (Feuersägen, Feuerbohrer, ...) über Streichhölzer bis hin zu den Feuerzeugen.

3 Heizöl kann nicht durch einen brennenden Span entzündet werden. Erst nach dem Erhitzen lässt es sich entzünden. Formuliere eine Erklärung.

Ein brennender Span liefert durch kurzzeitiges Erhitzen nicht genügend Energie, um die Zündtemperatur des Heizöls von 250 bis 350 °C zu erreichen.

Seite 116–117: Verhalten von Stoffen gegenüber Sauerstoff

1 Weise nach, dass Oxidationen chemische Reaktionen sind.

Chemische Reaktionen sind Vorgänge der Stoffumwandlung, begleitet von Energieumwandlungen. Bei einer Oxidation reagiert ein Stoff mit Sauerstoff zu einem Oxid. Es tritt eine Stoffumwandlung ein. Oxidationen sind auch von Energieumwandlungen begleitet. Deshalb sind Oxidationen chemische Reaktionen.

2 Vergleiche das Verbrennen von Kohle mit dem Verrosten eines Fahrrads. Gib Unterschiede und Gemeinsamkeiten an.

Verbrennen und Verrosten sind chemische Reaktionen und gehören zu den Oxidationen. Verbrennen verläuft schnell unter Wärme- und Lichtabgabe. Verrosten erfolgt sehr langsam bei kaum wahrnehmbarer Wärmeabgabe. Es treten dabei keine Lichterscheinungen auf.

3 In vielen Zeitschriften kann man lesen, dass Nährstoffe im Organismus verbrannt werden. Weise nach, dass diese Behauptung falsch ist.
Verbrennungen sind schnell ablaufende chemische Reaktionen, bei denen ein Stoff mit dem Element Sauerstoff unter Entwicklung hoher Temperaturen und Lichterscheinungen reagiert. Verbrennungen gehören zu den Oxidationen. Viele Nährstoffe werden im Organismus durch Oxidationsreaktionen umgesetzt. Die anderen Merkmale einer Verbrennung treten dabei aber nicht auf. Deshalb ist die Behauptung falsch.

Seite 118–119: Einige Oxide

1 Beschreibe den Bau von Nichtmetall- und Metalloxiden.
Nichtmetalloxide sind Molekülverbindungen. Jedes Molekül besteht aus mindestens zwei fest miteinander verbundenen Atomen. Metalloxide sind nicht aus Molekülen aufgebaut. In ihnen sind Metallteilchen und Sauerstoffteilchen fest miteinander verbunden. Diese Teilchen ordnen sich zu großen Verbänden regelmäßig an.

2 Informiere dich über Verwendung und Bedeutung folgender Oxide: Magnesiumoxid, Stickstoffoxide, Eisenoxide, Schwefeldioxid. Ordne die Oxide den verschiedenen Oxidgruppen zu.
Metalloxide: Magnesiumoxid, Eisenoxide. *Nichtmetalloxide:* Stickstoffoxide, Phosphoroxide. *Magnesiumoxid:* feuerfeste Ausmauerungen in Öfen und Wärmeanlagen, Hitzeschilder in Weltraumfähren, Bestandteil von Hautsalben, Mittel gegen Magenübersäuerung und Säurevergiftungen. *Eisenoxide:* in der Metallurgie zur Eisengewinnung (Erze, Schrott), Eisen(III)-oxidpulver als Pigmentfärbemittel und zur Herstellung von Magnetbändern, Polierpulver für Gläser, Herstellung von Katalysatoren und Elektrodenmaterial. *Stickstoffoxide:* Lachgas (Distickstoffmonooxid N_2O): Inhalationsnarkotikum und Treibgas für Sprays, z.B. im pharmazeutischen, kosmetischen und Lebensmittelsektor (z.B. für Schlagsahne), für Möbelpolituren, Haushaltsstärken.
Stickstoffdioxid NO_2: als Oxidationsmittel für verschiedene chemische Prozesse, als Zusatz für Raketentreibstoffe. Im Gemisch mit Stickstoffmonooxid NO dient es der Herstellung von Salpetersäure und Ammoniumnitrit.
Phosphoroxide: Diphosphorpentaoxid P_2O_5: zum Trocknen von Gasen, Flüssigkeiten und festen Stoffen, zur Abspaltung von Wasser aus organischen Verbindungen, zur Herstellung von Phosphorsäure und anderen Phosphorverbindungen, zur Erhöhung des Erweichungspunktes von Asphalten.

3 Gib die Bedeutung folgender Formeln an: CaO, CO, Fe_2O_3, NO_2, SO_3 und TiO_2.
CaO: Stoff Calciumoxid; in einer Baueinheit CaO ist das Zahlenverhältnis Calciumteilchen zu Sauerstoffteilchen 1:1.
CO: Stoff Kohlenstoffmonooxid, ein Molekül Kohlenstoffmonooxid; in einem Molekül sind ein Kohlenstoffatom und ein Sauerstoffatom miteinander verbunden.
Fe_2O_3: Stoff Eisenoxid; in einer Baueinheit Fe_2O_3 ist das Zahlenverhältnis Eisenteilchen zu Sauerstoffteilchen 2:3.
NO_2: Stoff Stickstoffdioxid, ein Molekül Stickstoffdioxid; in einem Molekül sind ein Stickstoffatom und zwei Sauerstoffatome miteinander verbunden.
SO_3: Stoff Schwefeltrioxid, ein Molekül Schwefeltrioxid; in einem Molekül sind ein Schwefelatom und drei Sauerstoffatome miteinander verbunden.
TiO_2: Stoff Titanoxid; in einer Baueinheit TiO_2 ist das Zahlenverhältnis Titanteilchen zu Sauerstoffteilchen 1:2.

4 Leite aus den Namen die Formeln ab für: Stickstoffmonooxid, Calciumoxid, Dichlortrioxid und Diphosphorpentaoxid.
Stickstoffmonooxid: NO
Calciumoxid: CaO
Dichlortrioxid: Cl_2O_3
Diphosphorpentaoxid: P_2O_5

5 Vergleiche Bau und Eigenschaften von Nichtmetall- und Metalloxiden.
Nichtmetalloxide bestehen aus Molekülen. Metalloxide bestehen aus Baueinheiten, die große Teilchenverbände bilden. Viele Nichtmetalloxide sind gasförmig, sie haben also relativ kleine Schmelz- und Siedetemperaturen. Metalloxide sind fest und kristallin. Sie haben häufig hohe Schmelz- und Siedetemperaturen.

Seite 120–122: Vom Massenverhältnis zur Formel

1 Schreibe die Formeln für folgende Verbindungen:
a 2 Kupferteilchen, verbunden mit 1 Sauerstoffteilchen
Cu_2O

b 1 Kupferteilchen, verbunden mit 1 Sauerstoffteilchen
CuO

c 2 Aluminiumteilchen, verbunden mit 3 Sauerstoffteilchen
Al_2O_3

d 1 Zinkteilchen, verbunden mit 1 Schwefelteilchen
ZnS

2 Bestimme das Teilchenanzahlverhältnis in folgenden Verbindungen mithilfe der Formeln:
Fe_2O_3, PbO_2, Cu_2S, SnO_2, CO.
Fe_2O_3: $N(Fe) : N(O) = 2 : 3$
PbO_2: $N(Pb) : N(O) = 1 : 2$
Cu_2S: $N(Cu) : N(S) = 2 : 1$
SnO_2: $N(Sn) : N(O) = 1 : 2$
CO: $N(C) : N(O) = 1 : 1$

3 Begründe, dass man aus Verhältnisformeln für Verbindungen fester Stoffe nicht ableiten kann, wie viele Teilchen der Elemente der Stoff enthält.
Die Verhältnisformel gibt an, in welchem Zahlenverhältnis die Teilchen in der Verbindung vorliegen. Die Anzahl der Teilchen ist von der jeweiligen Masse der Stoffportion abhängig.

4 Berechne aus den Massenverhältnissen das jeweilige Teilchenanzahlverhältnis und die Verhältnisformel der Verbindung:

a $\dfrac{m(\text{Kohlenstoff})}{m(\text{Sauerstoff})} = \dfrac{3\,g}{8\,g}$

$\dfrac{N(C)}{N(O)} = \dfrac{m(C) \cdot m_a(1\,O)}{m_a(1\,C) \cdot m(O)}$

$= \dfrac{3\,g \cdot 16\,u}{12\,u \cdot 8\,g} = \dfrac{1}{2}$

Die Verhältnisformel ist CO_2.

b $\dfrac{m(\text{Magnesium})}{m(\text{Schwefel})} = \dfrac{3\,g}{4\,g}$

$\dfrac{N(Mg)}{N(S)} = \dfrac{m(Mg) \cdot m_a(1\,S)}{m_a(1\,Mg) \cdot m(S)}$

$= \dfrac{3\,g \cdot 32\,u}{24\,u \cdot 4\,g} = \dfrac{1}{1}$

Die Verhältnisformel ist MgS.

c $\dfrac{m(\text{Wasserstoff})}{m(\text{Sauerstoff})} = \dfrac{1\,g}{8\,g}$

$\dfrac{N(H)}{N(O)} = \dfrac{m(H) \cdot m_a(1\,O)}{m_a(1\,H) \cdot m(O)}$

$= \dfrac{1\,g \cdot 16\,u}{1\,u \cdot 8\,g} = \dfrac{2}{1}$

Die Verhältnisformel ist H_2O.

Seite 124: Von der chemischen Reaktion zur Reaktionsgleichung

1 Deute die folgenden Reaktionsgleichungen stofflich und teilchenmäßig.
a $2\,Mg + O_2 \rightarrow 2\,MgO$
Magnesium reagiert mit Sauerstoff zu Magnesiumoxid; 2 Atome Magnesium reagieren mit 1 Molekül Sauerstoff zu 2 Baueinheiten Magnesiumoxid.

b $4\,Fe + 3\,O_2 \rightarrow 2\,Fe_2O_3$
Eisen reagiert mit Sauerstoff zu Eisenoxid; 4 Atome Eisen reagieren mit 3 Molekülen Sauerstoff zu 2 Baueinheiten Eisenoxid.

2 Ermittle die fehlenden Faktoren und kontrolliere die Übereinstimmung der Teilchenanzahlen der einzelnen Elemente.
a $\ldots Al + 3\,O_2 \rightarrow \ldots Al_2O_3$
$\quad 4\,Al + 3\,O_2 \rightarrow 2\,Al_2O_3$
Ausgangsstoffe: 4 Aluminiumteilchen
6 Sauerstoffteilchen ($3 \cdot 2$)
Reaktionsprodukte: 4 Aluminiumteilchen ($2 \cdot 2$)
6 Sauerstoffteilchen ($2 \cdot 3$)

b $\ldots Ag + O_2 \rightarrow \ldots Ag_2O$
$\quad 4\,Ag + O_2 \rightarrow 2\,Ag_2O$
Edukte: 4 Silberteilchen
2 Sauerstoffteilchen ($1 \cdot 2$)
Produkte: 4 Silberteilchen ($2 \cdot 2$)
2 Sauerstoffteilchen

c $\ldots Fe + O_2 \rightarrow \ldots FeO$
$\quad 2\,Fe + O_2 \rightarrow 2\,FeO$
Edukte: 2 Eisenteilchen
2 Sauerstoffteilchen ($1 \cdot 2$)
Produkte: 2 Eisenteilchen
2 Sauerstoffteilchen

3 Entwickle schrittweise die Reaktionsgleichung für die Verbrennung von Kalium und interpretiere diese.
1. Formulieren der Wortgleichung:
 Kalium + Sauerstoff → Kaliumoxid
2. Einsetzen der chemischen Zeichen:
 $K + O_2 \rightarrow K_2O$
3. Ermitteln der Faktoren:
 $4\,K + O_2 \rightarrow 2\,K_2O$
4. Überprüfen der Anzahl der Atome jedes Elements in den Ausgangsstoffen und Reaktionsprodukten:

	Ausgangsstoffe		Reaktionsprodukte
Kalium:	$4 \cdot 1$	=	$2 \cdot 2$
Sauerstoff:	$1 \cdot 2$	=	$2 \cdot 1$

5. Reaktionsgleichung:
4 K (s) + O$_2$ (g) → 2 K$_2$O (s)
Interpretation: Kalium reagiert mit Sauerstoff zu Kaliumoxid. 4 Atome Kalium reagieren mit 1 Molekül Sauerstoff zu 2 Baueinheiten Kaliumoxid.

Seite 128–129: Weitergedacht

Material A: Gefahr durch Fettbrände

1 Nenne die Merkmale einer Verbrennung und überprüfe, ob diese auch auf den geschilderten Fettbrand zutreffend sind.
Verbrennungen sind chemische Reaktionen mit Sauerstoff. Sie laufen unter Entwicklung hoher Temperaturen und Lichterscheinungen ab.
Flammen als Lichterscheinung und hohe Temperaturen des Brandherds zeigen, dass ein Fettbrand eine Verbrennung ist.

2 Fette oder Öle lassen sich mit einem Streichholz nicht einfach entzünden. Erläutere, welche Bedingungen dennoch zu diesem Fettbrand führten.
Damit ein Brand ausbricht, muss neben dem Vorhandensein eines brennbaren Stoffs und Sauerstoffs auch die Entzündungstemperatur erreicht sein. Das Fett wurde auf dem Herd so stark erhitzt, dass die Entzündungstemperatur erreicht wurde und es sich selbst entzündet hat.

Hilfe: Bedingungen für einen Brand: brennbarer Stoff, ausreichend Sauerstoff, Erreichen der Entzündungstemperatur.

3 Erläutere die Löschempfehlung der Feuerwehr. Nenne weitere Möglichkeiten, einen Fettbrand zu löschen.
Durch Abdecken mit der feuchten Zeitung kann kein Sauerstoff mehr an den Brandherd treten. Das Feuer erlischt. Die Zeitung muss feucht sein, damit sie selbst nicht brennt. Auch das Abdecken des Topfs mit dem passenden Deckel, einer Decke oder die Verwendung eines speziellen Feuerlöschers sind Möglichkeiten, den Brand zu löschen.

Hilfe: Ein Feuer erlischt, wenn eine der drei Bedingungen zum Entstehen nicht mehr erfüllt ist.
Bedingungen für einen Brand: brennbarer Stoff, ausreichend Sauerstoff, Erreichen der Entzündungstemperatur.

4 Erläutere, warum Wasser als Löschmittel ungeeignet ist (▶ A1).
Brennende Fette oder Öle haben Temperaturen weit oberhalb der Siedetemperatur von Wasser (100 °C). Beim Löschversuch mit Wasser verdampft das Wasser schlagartig auf dem heißen Fett. Das Fett verspritzt und es bilden sich viele kleine Fett- und Wassertröpfchen. Die Fetttröpfchen haben eine sehr viel größere Oberfläche und es kommt zur Fettexplosion. Fett- und Ölbrände dürfen daher niemals mit Wasser gelöscht werden.

Hilfe: Fettbrände sind mehrere Hundert Grad heiß. Wasser siedet bei 100 °C und ist mit Fetten und Ölen nicht mischbar.
Betrachte Bild 4 auf Seite 113.

Material B: Oxide

1 Leite aus den Abbildungen (▶ B1, B2) einige Eigenschaften der Oxide ab und erstelle jeweils einen Steckbrief beider Oxide.

Calciumoxid
Farbe: weiß
Aggregatzustand bei Raumtemperatur: fest
Schmelztemperatur: 2 570 °C
Siedetemperatur: 2 850 °C
Dichte bei 25 °C: 3,4 g/cm^3
Löslichkeit in Wasser: schlecht, 1,65 g/l

Kohlenstoffdioxid
Farbe: farblos
Aggregatzustand bei Raumtemperatur: gasförmig
Sublimationstemperatur: –79 °C
Dichte bei 0 °C: 1,98 g/l
Löslichkeit in Wasser: gut, 4,3 g/l

Aus den Abbildungen sind z. B. der Aggregatzustand und die Farbe beider Oxide ableitbar. Zudem kann man ableiten, dass Kohlenstoffdioxid in Wasser löslich ist.

2 Formuliere die Wortgleichung der Herstellung von Branntkalk.
Kalkstein (s)
→ Branntkalk (s) + Kohlenstoffdioxid (g) | endotherm

3 Nenne jeweils eine Möglichkeit, wie die beiden Oxide auch gebildet werden können. Formuliere dazu jeweils eine Wort- und eine Reaktionsgleichung.
Beide Oxide können auch aus ihren Elementen gebildet werden.
Calciumoxid:
Calcium (s) + Sauerstoff (g) → Calciumoxid (s)
2 Ca (s) + O$_2$ (g) → 2 CaO (s)

Kohlenstoffdioxid:
Kohlenstoff (s) + Sauerstoff (g) → Kohlenstoffdioxid (g)
C (s) + O$_2$ (g) → CO$_2$ (g)

4 Ordne das Begriffschaos (▶ B3), indem du sinnvolle Beziehungen zwischen den Begriffen herstellst und diese erläuterst.

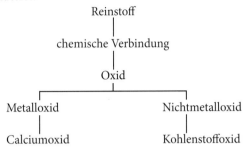

Calciumoxid ist ein Metalloxid, das aus den Elementen Calcium und Sauerstoff gebildet wird. Kohlenstoffdioxid ist ein Nichtmetalloxid, das aus den Elementen Kohlenstoff und Sauerstoff gebildet wird. Oxide sind chemische Verbindungen, da sie nur durch chemische Reaktionen gebildet werden können. Es sind Reinstoffe mit gleichbleibenden, einheitlichen Eigenschaften.

Hilfe: Ordne die Begriffe so, dass du oben mit dem Reinstoff beginnst und unten mit Calciumoxid bzw. Kohlenstoffdioxid endest.

Material C:
Experimentelle Untersuchung der Atemluft

1 Skizziere eine Experimentieranordnung, mit deren Hilfe die Ausatemluft aufgefangen werden kann. Nutze dazu das Material C1.

Offene Aufgabenstellung. Generell sind mehrere Aufbauten möglich. Erfolgreich kann die Luft prinzipiell aber entweder durch Luftverdrängung oder durch pneumatisches Auffangen aufgefangen werden.

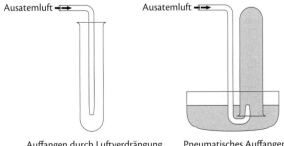

2 Erläutere die Beobachtungen (▶ C3) unter Zuhilfenahme der Tabelle (▶ C2).

Für eine Verbrennung, z.B. bei einer Kerze, wird Sauerstoff benötigt, der während der Verbrennung verbraucht wird. Die ausgeatmete Luft enthält anstelle von 21% nur 16% Sauerstoff. Dadurch steht weniger Sauerstoff für die Reaktion zur Verfügung und die Brenndauer ist kürzer als in normaler Luft.

3 Berechne die Veränderung des Sauerstoff- und des Kohlenstoffdioxidanteils in der Ausatemluft (▶ C2). Gib das Ergebnis als prozentuale Veränderung zum Grundwert (Luft) an.

Gegeben: G(Sauerstoff) = 21%
G(Kohlenstoffdioxid) = 0,04%
W(Sauerstoff) = −5% (16% − 21%)
W(Kohlenstoffdioxid) = 3,96% (4% − 0,04%)

Gesucht: p%(Sauerstoff)
p%(Kohlenstoffdioxid)

Lösung: $p\% = \dfrac{W}{G}$

$p\%(\text{Sauerstoff}) = \dfrac{-5\%}{21\%} \cdot 100\% = \underline{\underline{-23{,}8\%}}$

$p\%(\text{Kohlenstoffdioxid}) = \dfrac{3{,}96\%}{0{,}04\%} \cdot 100\% = \underline{\underline{9\,900\%}}$

In der Ausatemluft ist im Vergleich zur Luft der Sauerstoffanteil um 24% verringert, wohingegen der Kohlenstoffdioxidanteil um 9 900% gestiegen ist.

4 C4 zeigt einen anderen Versuch zur Untersuchung der Ausatemluft. Zähle die Beobachtungen auf, die gemacht werden können, und deute diese.

Beobachtungen: Bildung von Gasbläschen. Weiße Trübung des Kalkwassers.
Deutung: Die Ausatemluft wird durch die Gaswaschflaschen in das Kalkwasser geleitet.
Die weiße Trübung deutet auf das Vorhandensein von Kohlenstoffdioxid in der Ausatemluft hin.

5 Zur Brandbekämpfung werden u. a. Feuerlöscher mit Kohlenstoffdioxidfüllung eingesetzt. Erläutere mithilfe von ▶ C2 und ▶ C3, warum Kohlenstoffdioxid als Löschmittel eingesetzt werden kann.

Aus C2 und C3 kann geschlussfolgert werden, dass die kürzere Brenndauer der Kerzen direkt mit der Abnahme des Sauerstoffgehalts zusammenhängt. Im Gegensatz zu Sauerstoff unterhält Kohlenstoffdioxid die Verbrennung nicht. Kohlenstoffdioxidlöscher können dazu genutzt werden, den Sauerstoff am Brandherd zu verdrängen und die Flamme so zu ersticken.

Redoxreaktionen

Seite 134–136: Oxidation – Reduktion – Redoxreaktion

1 Vergleiche Oxidation und Reduktion miteinander.
Eine Oxidation ist eine chemische Reaktion, bei der ein Stoff mit Sauerstoff reagiert. Eine Reduktion ist eine chemische Reaktion, bei der einem Stoff Sauerstoff entzogen wird. Bei beiden Reaktionen ist Sauerstoff beteiligt.

2 Kennzeichne Reduktion und Oxidation sowie Oxidations- und Reduktionsmittel für die Reaktion von Kupferoxid (CuO) und Magnesium.

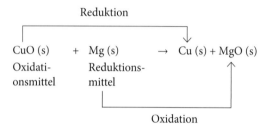

3 Formuliere für die Reaktion von Silberoxid mit Aluminium die Wortgleichung. Kennzeichne Reduktion und Oxidation sowie Oxidations- und Reduktionsmittel.

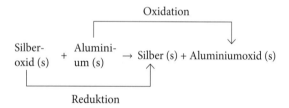

Oxidationsmittel: Silberoxid
Reduktionsmittel: Aluminium

Seite 138: Redoxreihe der Metalle

1 Entscheide, ob die Redoxreaktion zwischen diesen Stoffen möglich ist. Formuliere die Reaktionsgleichung.

a Zinkoxid und Magnesium
Möglich, da Magnesium unedler ist als Zink.
$ZnO + Mg \rightarrow Zn + MgO$

b Silberoxid und Eisen
Möglich, da Eisen unedler ist als Silber.
$Ag_2O + Fe \rightarrow 2\,Ag + FeO$

c Kupferoxid und Gold
Nicht möglich, da Gold edler ist als Kupfer.

d Kupferoxid und Natrium
Möglich, da Natrium unedler ist als Kupfer.
$CuO + 2\,Na \rightarrow Cu + Na_2O$

Seite 139: Chemie erlebt – Vom Quarzsand zum Mikrochip

1 Entwickle die Reaktionsgleichung zur Herstellung von Silicium aus Quarzsand und Kohlenpulver.
$SiO_2\,(s) + C\,(s) \rightarrow Si\,(s) + CO_2\,(g)$

2 Beschreibe das Zonenziehverfahren mithilfe der Abbildung.
Beim Zonenziehverfahren wird eine Säule aus Silicium stückweise von unten nach oben aufgeschmolzen. Beim langsamen Abkühlen bildet sich der Siliciumeinkristall, der durch das Verfahren zusätzlich von Fremdstoffen gereinigt wird.

3 Informiere dich über weitere Verwendungsmöglichkeiten des Siliciums.
Silicium ist u. a. Ausgangsstoff für Halbleiterprodukte (Dioden, Transistoren etc.), Mikrochips und Solarzellen.

Seite 140–142: Technisch bedeutsame Redoxreaktionen

1 Kennzeichne in der Reaktionsgleichung für die Reaktion von Eisenoxid (Fe_2O_3) mit Kohlenstoffmonooxid Oxidation und Reduktion und benenne Oxidations- und Reduktionsmittel (▶ 3). (Seite 141)

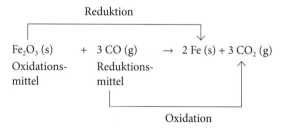

2 Beschreibe die Vorgänge im Hochofen mithilfe des Schemas (▶ 3). (Seite 141)
Die festen Ausgangsstoffe (Eisenerz, Koks und Zuschläge) werden oben in den Hochofen eingefüllt. Hier werden sie durch die heißen gasförmigen Stoffe getrocknet und vorgewärmt, die Gase werden hierdurch abgekühlt. Dann

werden die Eisenoxide durch Kohlenstoffmonooxid zu Eisen reduziert, dabei entsteht Kohlenstoffdioxid. Im unteren Bereich des Hochofens reagiert Kohlenstoff mit Kohlenstoffdioxid zu Kohlenstoffmonooxid. Weiterhin bildet sich hier Schlacke und Kohlenstoff löst sich im gebildeten Eisen. Im Bereich der Windzufuhr oxidiert Koks zu Kohlenstoffdioxid. Am Fuß des Hochofens werden flüssige Schlacke und geschmolzenes Eisen abgestochen.

3 Erkläre, warum die Schlacke das Roheisen vor einer Oxidation schützt. (Seite 141)
Schlacke schützt die darunterliegende Schicht aus Roheisen vor Oxidation, da die auf dem Eisen schwimmende Schlackeschicht den Kontakt von Eisen und Luftsauerstoff verhindert.

4 Informiere dich über Eigenschaften und Verwendung von Gusseisen. (Seite 141)
Eigenschaften: gießbar, geringe Bruch- und Schlag-festigkeit, hart, aber spröde
Verwendung: zur Herstellung von Kanaldeckeln, Heizkörpern, Öfen, Röhren, Motorblöcken, Maschinenteilen

1 Begründe, warum das aluminothermische Verfahren besonders zur Herstellung kleiner Stoffportionen geeignet ist. (Seite 142)
Aus der Sauerstoffaffinitätsreihe ist erkennbar, dass Aluminium selbst ein unedles Metall ist. In der Natur kommt es nur in Verbindungen vor. Aluminium muss daher mit einem hohen Energieaufwand gewonnen werden. Nur die Verwendung von kleinen Mengen im aluminothermischen Verfahren ist wirtschaftlich. Des Weiteren sind die Produkte stark verunreinigt und der Reinigungsprozess wäre zu teuer.

2 Formuliere die Reaktionsgleichungen für die aluminothermische Gewinnung von Mangan, Silicium und Chrom aus ihren Oxiden. (Seite 142)

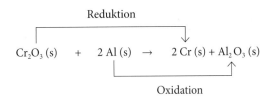

$$3\,MnO_2\,(s) + 4\,Al\,(s) \rightarrow 3\,Mn\,(s) + 2\,Al_2O_3\,(s)$$

$$3\,SiO_2\,(s) + 4\,Al\,(s) \rightarrow 3\,Si\,(s) + 2\,Al_2O_3\,(s)$$

$$Cr_2O_3\,(s) + 2\,Al\,(s) \rightarrow 2\,Cr\,(s) + Al_2O_3\,(s)$$

Seite 143: Chemie erlebt – Stahl

1 Informiere dich über die Entwicklung der Weltstahlproduktion (▶ 1), z. B. im Internet. Berücksichtige dabei auch Energie- und Umweltaspekte. Stelle die Ergebnisse anschaulich dar.
Offene Aufgabenstellung.
Die Weltstahlproduktion stieg 2013 um weitere 1,2 %. Dabei wird weltweit etwa 30 % des Stahls aus Stahlschrott hergestellt. Dieser Vorgang schont die Umwelt, da jede Tonne Stahl aus Stahlschrott 1,5 t Eisenerz, 0,65 t Kohle und 0,3 t Kalkstein spart sowie 1 t Kohlenstoffdioxid weniger freisetzt. Der Stahl verliert beim Recyceln keine seiner Eigenschaften. Auch Schwellenländer nutzen zunehmend Schrott zur Stahlproduktion, z. B. durch Ankauf aus den Industrieländern.

Hinweis: Schüler sollten die Aufgabe zum Schrottrecycling (▶ Lehrbuch S. 147) mit einbeziehen, wenn keine freie Internetrecherche gewünscht/möglich ist. Die Darstellung könnte in einer Gegenüberstellung von Schrottrecycling und Eisenverhüttung erfolgen. Bilder von Umweltschäden durch Bergbau aber auch zum Thema Treibhauseffekt sowie Klimafolgen können die Nachteile der traditionellen Eisenverhüttung darstellen. Die Form der anschaulichen Darstellung kann im Vorfeld je nach Lerngruppe bereits vorgegeben werden.

2 Berechne die Gesamtmasse an Kohlenstoffdioxid, die durch die Roheisenproduktion 2011 entstanden ist. Vergleiche mit der Gesamtemission von Kohlenstoffdioxid für 2011 (30 Billionen Kilogramm).
2011 wurden ca. 1 100 Mio. Tonnen (entspricht 1,1 Billionen Kilogramm) Roheisen hergestellt. Pro Kilogramm Roheisen entstehen 1,8 Kilogramm Kohlenstoffdioxid.
2011 sind durch die Roheisenproduktion 1,98 Billionen Kilogramm Kohlenstoffdioxid entstanden. Das entspricht ca. 6,6 % der globalen Kohlenstoffdioxidemissionen.

$$30\text{ Bio. kg} \Leftrightarrow 100\,\% \quad \Big| :30$$
$$1\text{ Bio. kg} \Leftrightarrow \tfrac{100\,\%}{30} \quad \Big| \cdot 1{,}98$$
$$1{,}98\text{ Bio. kg} \Leftrightarrow \tfrac{100\,\% \cdot 1{,}98}{30} = \underline{\underline{6{,}6\,\%}}$$

3 Erkunde, welche Auswirkungen der Zusatz von Chrom, Vanadium und Mangan auf die Eigenschaften von Stahl hat.

Der Zusatz von Chrom erhöht die Korrosionsbeständigkeit. Der Zusatz von Vanadium erhöht die Zähigkeit, Härte und Schlag- und Warmfestigkeit. Der Zusatz von Mangan erhöht die Härte und Zähigkeit.

Seite 146-147: Weitergedacht

Material A: Damaszener Stahl

1 Beschreibe den Aufbau eines Rennofens und erläutere die darin ablaufenden Vorgänge (▶ A1).

Auf einem großen Haufen Holzkohle werden mehrlagig abwechselnd Eisenerz und Holzkohle geschichtet. Wie in einem Kamin gelangt durch eine seitliche Öffnung am unteren Ende Wind/Luft in den Rennofen. Der Rauch entweicht nach oben. Durch den Wind gelangt Sauerstoff in den Ofen, der zuerst mit dem großen Haufen Holzkohle reagiert, um den Ofen anzuheizen. Zwischen dem Eisenerz (Eisenoxid) und der Holzkohle (Kohlenstoff) läuft im Betrieb eine Redoxreaktion ab. Die gebildete Schlacke fließt nach unten ab, während sich das Eisen in Form eines Eisenschwamms auf der Holzkohle sammelt.

2 Vergleiche die historische Herstellung im Rennofen mit einem modernen Hochofen (▶ A1).

Die Herstellung von Eisen im modernen Hochofen stimmt in vielen Punkten mit der historischen Herstellung im Rennofen überein: Bei beiden Verfahren wird jeweils Eisenerz gemischt mit Holzkohle eingesetzt und der für den Betrieb notwendige Sauerstoff (Wind) von unten in den Ofen geblasen. In modernen Hochöfen wird der Wind allerdings zuvor erhitzt und zudem weitere Stoffe wie Calciumoxid zugegeben. Die gasförmigen Reaktionsprodukte können jeweils am oberen Ende entweichen. Beim Hochofen wird dieses Gas zum Vorheizen des Windes genutzt.

Im Rennofen entsteht ein fester Eisenschwamm und kein flüssiges Eisen, sodass die Temperaturen niedriger sein sollten als im Hochofen. Im Gegensatz zum Roheisen aus dem Hochofen konnte das Eisen direkt geschmiedet werden.

Der Rennofen kann nicht kontinuierlich beschickt werden. Eine erneute Befüllung kann nur erfolgen, wenn der vorhergehende Herstellungsprozess vollständig abgeschlossen ist.

Zusatzinformation: Der Rennofen hatte in etwa eine Temperatur von 1 200 °C, lag also unter dem Schmelzpunkt von Eisen. So schmolz die Schlacke aufgrund von Eisenoxid-Siliciumdioxid-Verbindungen früher und konnte abfließen.

3 Formuliere die Reaktionsgleichungen für die Vorgänge im Rennofen (▶ A1).

$C\ (s) + O_2\ (g) \rightarrow CO_2\ (g)$
$CO_2\ (g) + C\ (s) \rightarrow 2\ CO\ (g)$
$Fe_2O_3\ (s) + 3\ CO\ (g) \rightarrow 2\ Fe\ (s) + 3\ CO_2\ (g)$

4 Damaszener Stahl könnte auch als Verbundstahl bezeichnet werden. Erläutere die Aussage mithilfe des Schemas (▶ A2).

Damaszener Stahl wird aus einem weichen Stahl (geringer Kohlenstoffanteil) und einem harten Stahl (hoher Kohlenstoffanteil) geschmiedet. Im Schmiedeprozess werden diese erhitzt, aufeinandergelegt und über die weichere Seite, die besser zu bearbeiten ist, geschmiedet. Anschließend wird das Produkt zerteilt und erneut in mehreren Lagen übereinandergelegt. Durch das erneute Erhitzen verbinden sich die Lagen und es entstehen somit mehrere Schichten von abwechselnd weicherem und härterem Stahl, die als Verbundstahl bezeichnet werden können.

5 Stelle den Zusammenhang zwischen dem Kohlenstoffanteil im Stahl und den daraus folgenden Eigenschaften tabellarisch dar. Erläutere daraus, warum vor allem Schwerter aus Damaszener Stahl hergestellt wurden (▶ A3).

Kohlenstoffanteil im Stahl	Eigenschaft
hoch	hohe Härte, spröde
niedrig	dehnbar, bearbeitbar
ab 0,5 %	überhaupt härtbar

Beim Damaszener Stahl werden zwei unterschiedliche Stähle miteinander verbunden und ihre Eigenschaften der Härte und Bearbeitbarkeit optimal kombiniert. Der weiche Stahl sorgt für die Schmiedbarkeit, Formbarkeit und hinterher für eine verringerte Spröde der Klinge. Der harte Stahl sorgt für die Härte der Klinge. Die Kombination dieser Eigenschaften ist ideal für ein Schwert.

Material B: Metallbrände

1 Begründe, warum nicht Wasser zum Löschen des Metallbrands genutzt wurde (▶ B1).

Brennende Metalle reagieren in einer Redoxreaktion mit Wasser und können daher so nicht gelöscht werden.

2 Erkläre, warum beim Löschen mit Wasser eine Stichflamme auftreten kann. Entwickle dazu eine passende Reaktionsgleichung (▶ B2).

Beim Löschen mit Wasser findet eine Reaktion zwischen Wasser und Metall statt, wobei entzündbarer Wasserstoff entsteht.

Bildung des Wasserstoffs:
Metall + Wasser → Metalloxid + Wasserstoff

Entstehen der Stichflamme:
$2 H_2 (g) + O_2 (g) \rightarrow 2 H_2O (g)$

3 Erläutere, warum ein Kohlenstoffdioxid-Löscher zur Bekämpfung von Bränden der Brandklassen A–C zugelassen ist, aber nicht für die Brandklasse F (▶ B3).

Ein Fettbrand wird am besten durch Abdecken des Brandherds gelöscht. Das Abdecken verhindert, dass Sauerstoff an den Brandherd gelangt. Ein Kohlenstoffdioxid-Löscher kann den Brandherd eines Fettbrandes nicht effektiv abdecken.

Material C: Schrottrecycling

1 Erläutere anhand von Stahlschrott, was man unter Recycling versteht. Begründe dabei die Notwendigkeit des Recyclings unter ökonomischen und ökologischen Aspekten (▶ C1).

Beim Recycling werden die Stoffe ausgedienter Produkte durch verschiedene Verfahrensschritte in neuen Produkten wiederverwendet. Der Stahl alter Weißblechverpackungen wird gesammelt, verpresst und eingeschmolzen. Durch Gießen, Walzen und Pressen kann er z. B. als Autokarosserie wiederverwendet werden. Auch die Autokarosserie kann am Ende ihrer Nutzung recycelt werden.

Durch das Recycling von Schrott werden die vorhanden Metall- und Kohlevorkommen in den Lagerstätten geschont. Jede Tonne Stahlschrott spart 1,5 Tonnen Eisenerz, 0,65 Tonnen Kohle und 0,3 Tonnen Kalkstein. Die Umwelt wird weniger durch den Bergbau und dessen Abfallprodukte belastet. Das Schrottrecycling setzt auch weniger Kohlenstoffdioxid frei (1 Tonne Ersparnis für jede Tonne Stahlschrott). Die Wiederverwendung von Produkten hilft außerdem Müll zu vermeiden. Auch aus ökonomischer Sicht ist Recycling sinnvoll. Durch die Verwendung von Schrott ist die Produktion von Stahl günstiger. Durch den Einsatz von Schrott werden zudem die natürlichen Ressourcen geschont, denn je seltener eine Ressource wird, desto teurer wird sie.

2 Bestimme den prozentualen Anteil des aus recyceltem Stahlschrott hergestellten Stahls (Recyclingquote) über die letzten Jahre (▶ C2). Stelle Vermutungen auf, warum der Anteil an Schrott bei der Stahlproduktion nicht größer ist.

Berechnungsbeispiel für 2006:

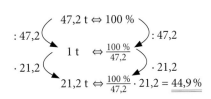

Jahr	Rohstahlproduktion in Mio. t	davon Stahlschrottverwendung in Mio. t	Recyclingquote in %
2006	47,2	21,2	44,9
2007	48,5	21,7	44,7
2008	45,8	20,7	45,2
2009	32,7	15,2	46,5
2010	43,8	19,2	43,8
2011	44,3	20,3	45,8
2012	42,7	19,7	46,1

Über die letzten Jahre ist der Anteil des Schrotts an der Rohstahlproduktion in etwa unverändert geblieben. Selbst im Jahr 2009 stieg die Quote nur um 1,3 % im Vergleich zum Vorjahr, obwohl deutlich weniger Rohstahl produziert wurde. Das legt den Schluss nahe, dass der Verwendung von Schrott bei der Herstellung von Rohstahl produktionstechnische Grenzen gesetzt sind. Zudem kann man vermuten, dass generell die Schrottmengen nicht ausreichen, um den Gesamtbedarf an Stahl abzudecken. Nicht bei allen Stahlprodukten lohnt das Recycling.

Stahlschrott könnte auch in andere Länder exportiert werden, um dort bei der Stahlproduktion eingesetzt zu werden.

Lebensgrundlage Wasser

Seite 152–155: Wasser – ein Element?

1 Begründe die Aussage: Wasser ist nicht gleich Wasser. (Seite 153)

Das Wort Wasser wird mehrdeutig verwendet. Deshalb ist damit ebenso reines Wasser wie Flusswasser, Meerwasser oder auch andere Wässer wie Tafelwasser oder Mineralwasser gemeint. Alle diese Wässer haben eine unterschiedliche Zusammensetzung, weshalb Wasser nicht gleich Wasser ist.

2 Beschreibe mithilfe des Teilchenmodells, was beim Sieden von Wasser passiert. Vergleiche mit der Zerlegung von Wasser durch den elektrischen Strom. (Seite 153)

Sieden von Wasser ist ein physikalischer Vorgang, bei dem Wasser vom flüssigen Aggregatzustand in den gasförmigen übergeht. Es findet keine Stoffumwandlung statt, der Stoff Wasser bleibt erhalten. Es findet keine Teilchenveränderung statt. Zerlegen von Wasser ist eine chemische Reaktion, es findet eine Stoffumwandlung statt, aus Wassermolekülen entstehen Wasserstoffmoleküle und Sauerstoffmoleküle. Die Anordnung und die Art der Teilchen ändern sich.

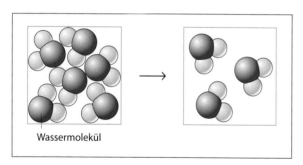

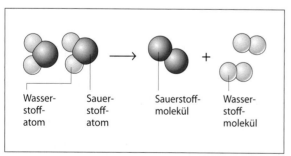

3 Entwickle die Reaktionsgleichung für die Redoxreaktion von Wasser mit Magnesium. Kennzeichne Reduktion und Oxidation sowie Reduktions- und Oxidationsmittel. (Seite 153)

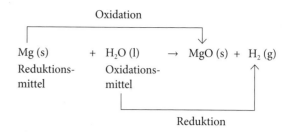

1 1 m³ Wasserstoff trägt etwa eine Masse von 1,2 kg. Berechne, welches Volumen an Wasserstoff benötigt wird, um die Masse deines Körpers zu tragen. Suche einen Raum oder Gegenstand mit vergleichbarem Volumen. (Seite 155)

Zum Tragen einer Masse von 1,2 kg wird ein Volumen von 1 m³ Wasserstoff benötigt. Wiegt z. B. ein Schüler 60 kg wird zum Tragen dieses Schülers ein Volumen von $V = 50\,m^3$ Wasserstoff benötigt. Dies entspricht einem Raum von 4 m · 4 m mit einer Deckenhöhe von ca. 3,13 m.

2 Entwickle die Reaktionsgleichungen für die Synthese und die Analyse von Wasser. (Seite 155)

Analyse: $2\,H_2O\,(l) \rightarrow 2\,H_2\,(g) + O_2\,(g)$ | endotherm
Synthese: $2\,H_2\,(g) + O_2\,(g) \rightarrow 2\,H_2O\,(l)$ | exotherm

3 Leite Aussagen über Wasser aus seiner Formel ab. (Seite 155)

Die Formel H_2O ermöglicht folgende Aussagen: Stoff Wasser; 1 Molekül Wasser bestehend aus 2 Wasserstoffatomen und 1 Sauerstoffatom, die miteinander verbunden sind. Die Formel ermöglicht keine Aussagen über die Eigenschaften und Reaktionen von Wasser. Sie gibt auch nicht den genauen Molekülbau an.

Seite 156–157: Chemie erlebt – Wasserstoff – eine saubere Energie für die Zukunft

1 Erkunde in Fachbüchern bzw. im Internet, wie lange die Vorräte an Erdöl, Erdgas und Kohle voraussichtlich noch reichen werden. Diskutiere die möglichen weltweiten Folgen eines Mangels an diesen Rohstoffen.

Bei gleichbleibendem Verbrauch reichen die Erdölvorräte voraussichtlich noch 43 Jahre, die Erdgasvorräte noch 70 Jahre und die Kohlevorräte noch 230 Jahre. 2. Teil: Offene Aufgabenstellung.

2 Die Fotovoltaik gilt als Energiequelle der Zukunft für die Gewinnung von Wasserstoff. Recherchiere, was man unter „Fotovoltaik" versteht.

Fotovoltaikanlagen sind Solaranlagen, die zur Gewinnung von elektrischem Strom mithilfe der Sonnenenergie genutzt werden.

3 Erläutere die Aussagen von ▶ 2 und ▶ 3. Gehe dabei auch auf die aktuelle Diskussion um Heizöl- und Benzinpreise ein.

In Abbildung 2 ist das heutige Energieversorgungssystem dargestellt, das hauptsächlich auf der Nutzung fossiler Energieträger basiert. Bei der Verbrennung fossiler Brennstoffe, deren Vorrat begrenzt ist, entsteht neben umweltgefährdenden Abgasen auch Kohlenstoffdioxid, das den Treibhauseffekt verstärkt und zum Klimawandel beiträgt. Das System in Abbildung 3 nutzt erneuerbare Energiequellen wie Solar-, Wasser- und Windenergie zur Gewinnung von elektrischem Strom, mit dem Wasser in Wasserstoff und Sauerstoff zerlegt werden kann. Wasserstoff kann gespeichert und transportiert werden und zur Energiegewinnung genutzt werden. Bei seiner Verbrennung entsteht lediglich Wasser. Das System bildet einen geschlossenen Kreislauf.

Seite 160–161: Lösemittel Wasser

1 Vergleiche die Löslichkeit von Kaliumnitrat und Natriumchlorid in Wasser bei 30 °C, 50 °C und 70 °C (▶ 6).

Die Löslichkeit von Kaliumnitrat steigt mit zunehmender Temperatur stark an. Bei 30 °C lösen sich etwa 50 g des Stoffs in 100 g Wasser, bei 60 °C sind es etwa 110 g und bei 90 °C etwa 210 g. Die Löslichkeit von Natriumchlorid bleibt mit zunehmender Temperatur etwa gleich bei etwa 40 g in 100 g Wasser.

2 Erstelle ein Löslichkeitsdiagramm für Sauerstoff und Kohlenstoffdioxid (▶ 4). Vergleiche die Kurven miteinander.

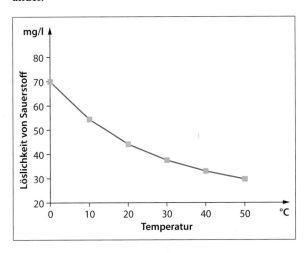

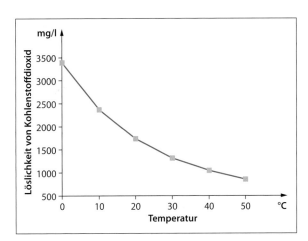

Sowohl bei Sauerstoff als auch bei Kohlenstoffdioxid sinkt die Löslichkeit mit zunehmender Temperatur. Bei Sauerstoff nimmt bis 50 °C die Löslichkeit um mehr als die Hälfte ab, bei Kohlenstoffdioxid um etwa ein Viertel. Die Löslichkeit von Kohlenstoffdioxid ist bei 0 °C um mehr als das 48-Fache größer als die von Sauerstoff.

3 In 100 ml Cola sind 10,6 g Zucker enthalten. Berechne die Massenkonzentration.

Gegeben: $V(\text{Cola}) = 100$ ml $= 0,1$ l; $m(\text{Zucker}) = 10,6$ g
Gesucht: $\beta(\text{Zucker})$

Lösung: $\beta(\text{Zucker}) = \dfrac{m(\text{Zucker})}{V(\text{Cola})} = \dfrac{10,6 \text{ g}}{0,1} = \underline{\underline{106 \text{ g/l}}}$

Antwort: Die Massenkonzentration von Zucker in Cola beträgt 106 g/l.

4 Berechne für 250 ml wässriger Lösung jeweils die Masse des gelösten Stoffes.

a Sirup mit $\beta(\text{Zucker}) = 40$ g/l
Gegeben: $V(\text{Lsg.}) = 250$ ml $= 0,250$ l; $\beta(\text{Zucker}) = 40$ g/l
Gesucht: $m(\text{Zucker})$
Lösung: $m(\text{Zucker}) = \beta(\text{Zucker}) \cdot V(\text{Lsg.})$
$= 40 \text{ g/l} \cdot 0,250 \text{ l}$
$= \underline{\underline{10 \text{ g}}}$

Antwort: Die Masse an Zucker in einem Viertel Liter Sirup beträgt 10 g.

b Lösung mit $\beta(\text{Kochsalz}) = 28$ g/l
Gegeben: $V(\text{Lsg.}) = 250$ ml $= 0,250$ l; $\beta(\text{Salz}) = 28$ g/l
Gesucht: $m(\text{Salz})$
Lösung: $m(\text{Zucker}) = \beta(\text{Salz}) \cdot V(\text{Lsg.})$
$= 28 \text{ g/l} \cdot 0,250 \text{ l}$
$= \underline{\underline{7 \text{ g}}}$

Antwort: Die Masse an Kochsalz in einem Viertel Liter Lösung beträgt 7 g.

Seite 162–163: Saure und alkalische Lösungen

1 Nenne Gründe, warum im Chemieunterricht der mögliche saure Geschmack einer Lösung nicht geprüft werden darf.
Viele saure Lösungen wirken stark ätzend. Eine Geschmacksprobe kann zu schweren gesundheitlichen Schäden führen. Im Chemieunterricht dürfen grundsätzlich keine Geschmacksproben genommen werden.

2 Nenne weitere saure Lösungen, die dir im Alltag schon begegnet sind.
Saft von Zitrusfrüchten, Speiseessig, Gewürzgurkensaft, Sauerkrautsaft, Joghurt, Salatsoßen

3 Erläutere die Vorteile, die der Universalindikator gegenüber den Indikatoren Lackmus und Phenolphthalein hat (▶ 5).
Universalindikatoren decken einen größeren pH-Bereich ab, in dem der Indikator seine Färbung mehr oder weniger kontinuierlich verändert. Ein Indikator wie Lackmus oder Phenolphthalein verändert seine Farbe in einem eng begrenzten pH-Bereich schlagartig. Der Universalindikator ist somit geeignet, den pH-Wert einer unbekannten Lösung relativ genau zu bestimmen. Andere Indikatoren sind geeignet, eine Lösung auf einen bestimmten pH-Wert einzustellen.

4 Erläutere, wozu Indikatoren dienen.
Indikatoren sind Anzeiger. Sie können z. B. zum Nachweis von sauren oder alkalischen Lösungen verwendet werden.

5 Weise verschiedenen pH-Werten die Begriffe schwach sauer, sauer, alkalisch, stark alkalisch zu.
sauer: pH = 3; schwach sauer: pH = 6; alkalisch: pH = 10; stark alkalisch: pH = 12

6 Erläutere, wie es zu den verschiedenen Bezeichnungen für Rotkohl bzw. Blaukraut kommen kann.
Ist der Saft, in dem der Rotkohl gekocht wird, sauer, so ist seine Farbe rot; ist der Saft alkalisch, so ist seine Farbe blau.

Seite 164–165: Trinkwasser und Abwasser

1 In verschiedenen Ländern wird aus Salzwasser Trinkwasser gewonnen. Überlege, wie das mit einfachen Mitteln realisiert werden kann.
Weithals-Erlenmeyerkolben etwa zu einem Viertel seines Volumens mit Salzwasser füllen. Kolben mit der Salzlösung auf einem Dreifuß mit Keramiknetz erhitzen. Wenn das Wasser siedet, ein mit Eis gefülltes, großes Reagenzglas unmittelbar über die Öffnung des Erlenmeyerkolbens halten, bis kondensiertes Wasser heruntertropft. Einige Tropfen des Wassers mit einem sauberen Esslöffel auffangen.

Hinweis: Das Experiment kann als Hausexperiment aufgegeben werden, dann können die Schüler das Wasser vorher und nachher kosten.

2 Abwasser muss immer einer Kläranlage zugeführt werden. Begründe die Notwendigkeit dieser Maßnahme.
Abwasser enthält mechanische, chemische und biologische Verunreinigungen, die nicht in natürliche Gewässer gelangen dürfen. Natürliche Gewässer besitzen eine bestimmte Selbstreinigungskraft. Diese würde durch die anfallende Menge an Abwasser überfordert werden, was zum Absterben der Gewässer führen könnte.

3 Erkundige dich, welche Kläranlage für die Reinigung häuslicher Abwässer in deinem Heimatort zuständig ist. Welche Reinigungsstufen sind dort vorhanden?
Offene Aufgabenstellung.

Seite 166–167: Chemie erlebt – Wie sauber ist mein Badesee?

1 Führe selbst einige Untersuchungen zur Erforschung der Qualität eines Gewässers durch. Präsentiere deine Ergebnisse.
Offene Aufgabenstellung.

2 Ordne anhand deiner Ergebnisse das von dir untersuchte Gewässer einer Güteklasse zu (▶ 2).
Offene Aufgabenstellung.

3 Vergleiche deine Ergebnisse mit Literaturangaben, die du für das Gewässer (oder ähnliche Gewässer) recherchieren konntest.
Offene Aufgabenstellung.

Seite 170–171: Weitergedacht

Material A: Modellkläranlage

1 Übernimm ▶ A1 in deinen Hefter und vervollständige den Versuchsaufbau für die Modellkläranlage.

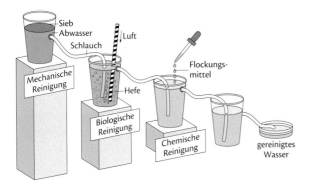

2 Beschrifte den Versuchsaufbau und kennzeichne die verschiedenen Reinigungsstufen. Beschreibe die dort ablaufenden Vorgänge.
Beschriftung siehe Skizze. Jeder Becher steht für eine Reinigungsstufe im Klärwerk.
Mechanische Reinigungsstufe: Über ein Sieb werden grobe Verunreinigungen abgetrennt. Feste, feinkörnige Bestandteile setzen sich am Grund des Becherbodens ab.
Biologische Reinigungsstufe: Mithilfe des Sauerstoffs aus der Luft können die Pilze in der Hefe biologische Verunreinigungen zersetzen.
Chemische Reinigungsstufe: Mithilfe eines Flockungsmittels, z. B. Eisen(III)-chlorid, werden chemische Verunreinigungen ausgefällt. Im anschließenden Absetzbecken wird das Wasser geklärt und kann gereinigt in die Petrischale geleitet werden.

3 Erläutere, warum die Schläuche bis zu den Becherböden reichen müssen.
Die Schläuche müssen bis zu den Becherböden reichen, um eine gute Reinigung der Flüssigkeiten zu erreichen. Würden die Schläuche das Wasser auf die Wasseroberfläche leiten, würde das ungereinigte Wasser sofort in die nächste Reinigungsstufe laufen.

Material B: Wasser als Lebensgrundlage

1 Stelle den Wasserverbrauch des Menschen grafisch dar (▶ B1).

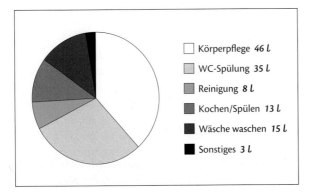

2 Erläutere mithilfe des Diagramms, warum ein Aquariumsbesitzer auf die Temperatur des Wassers achten muss (▶ B3).
Fische benötigen zum Überleben den Sauerstoff, der im Wasser gelöst ist. Aus dem Diagramm ist ersichtlich, dass die Löslichkeit von Sauerstoff in Wasser mit der Temperatur stetig abnimmt. So sind in 5 °C warmem Wasser etwas mehr als 12 mg/l Sauerstoff gelöst, während in 20 °C warmem Wasser nur noch 9 mg/l Sauerstoff gelöst sind. Damit Fische im Wasser mit ausreichend Sauerstoff versorgt sind, ist es daher notwendig, die Temperatur zu kontrollieren, damit sich das Wasser z. B. an heißen Tagen im Sommer nicht zu stark erwärmt.

*Hilfe: Auch Fische benötigen Sauerstoff zum Atmen.
Fische atmen den im Wasser gelösten Sauerstoff.*

3 Formuliere begründete Vermutungen darüber, welche Auswirkungen der Anstieg der Wassertemperatur auf relativ flache stehende Gewässer im Sommer haben könnte (▶ B3).
Die Löslichkeit von Sauerstoff nimmt mit steigender Temperatur im Sommer in flachen Gewässern besonders stark ab. Das kann Fischsterben und Sterben anderer Wasserlebewesen zur Folge haben. Sie können infolge des Sauerstoffmangels ersticken.

*Hilfe: Auch Fische benötigen Sauerstoff zum Atmen.
Fische atmen den im Wasser gelösten Sauerstoff.*

4 Entwickle eine Hypothese, wie ein dreidimensionaler Nebelfänger aufgebaut sein könnte. Berücksichtige dabei, dass der Nebelfänger bei starkem Wind nicht reißen oder umfallen sollte (▶ B2).
Der Nebelfänger sollte eine möglichst große Oberfläche haben, auf der sich die Wassertropfen absetzen können. Gleichzeitig muss der Wind den Nebelfänger durchlassen, damit er möglichst stabil stehen kann. Am geeignetsten erscheint deshalb ein Netz mit möglichst kleinen Maschen, aus einem reißfesten, rauen Kunststoff.

Material C: Trockeneis und Wasser

1 Benenne den Vorgang des „Verschwindens" von Trockeneis mit einem Fachbegriff (▶ C1) und erläutere den Vorgang anhand eines weiteren Beispiels.
Sublimation: Das Trockeneis sublimiert, d. h. es geht vom festen direkt in den gasförmigen Aggregatzustand über. Auch festes Iod sublimiert. Aus Iodkristallen entsteht beim Erhitzen farbiger Ioddampf.

*Hilfe: Stoffe können fest, flüssig oder gasförmig sein.
Betrachte Abbildung 3 auf Seite 33.*

2 Beschreibe die Vorgänge innerhalb der Filmdose, die zum Absprengen des Deckels führen (▶ C1).

Das Trockeneis sublimiert in der Filmdose. Durch die Sublimation steigt der Druck in der Dose, bis der Deckel abgesprengt wird und sich das gasförmige Trockeneis schlagartig ausdehnen kann.

Hilfe: Stoffe im gasförmigen Zustand nehmen ein viel größeres Volumen ein als Stoffe im festen Zustand.

3 Deute die verschiedenen Beobachtungen, die aus den Momentaufnahmen des Trockeneises in mit Universalindikator versetztem Wasser hervorgehen (▶ C2).

Trockeneis ist festes, stark abgekühltes Kohlenstoffdioxid. Bei Kontakt mit Wasser sublimiert es, sodass man Gasblasen im Wasser aufsteigen sehen kann. Der gebildete Nebel oberhalb des Wassers entsteht durch die Abkühlung der Luft. Der darin enthaltene Wasserdampf kondensiert zu feinen Wassertröpfchen, die als Nebel sichtbar sind. Gleichzeitig löst sich ein Teil des Trockeneis in Wasser und bildet eine saure Lösung, die Universalindikator rot färbt.

Hilfe: Neutrale Lösungen färben Universalindikator grün; saure Lösungen färben Universalindikator gelb bis rot.

4 Die Benutzung von Trockeneis in kleinen, geschlossenen Räumen kann lebensgefährlich sein! Nimm Stellung zu dieser Aussage.

Trockeneis ist festes Kohlenstoffdioxid. Kohlenstoffdioxid ist schwerer als Luft, sammelt sich am Boden und verdrängt die dort vorhandene Luft. In kleinen, geschlossenen Räumen kann der Kohlenstoffdioxidanteil mit der Zeit so groß werden, dass nicht mehr genug Sauerstoff zum Atmen vorhanden ist. Es besteht die Gefahr des Erstickens.

Hilfe: Trockeneis ist festes Kohlenstoffdioxid. Kohlenstoffdioxid entsteht beim Atmen aus Sauerstoff.

Material D: Wasseranalyse nach Lavoisier

1 Zur Auswertung des Versuchs wog Lavoisier die Eisennägel vor und nach dem Versuch. Beschreibe das zu erwartende Ergebnis beider Messungen und finde eine Erklärung dafür.

Die Eisennägel nach dem Versuch sind schwerer als die Eisennägel vor dem Versuch. Der Wasserdampf hat mit den heißen Eisennägeln reagiert, wobei die Verbindung Eisenoxid entstanden ist.

2 Erläutere die bei diesem Versuch ablaufenden chemischen Reaktionen. Formuliere dazu die Wort- und Reaktionsgleichung.

Eisen + Wasser → Eisenoxid + Wasserstoff

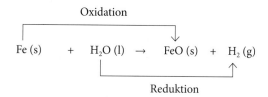

Zwischen Wasser und Eisen fand eine Redoxreaktion statt. Wasser ist eine Verbindung aus den Elementen Sauerstoff und Wasserstoff. Der Sauerstoff aus dem Wasser wurde während der Reaktion auf das Eisen übertragen, sodass die Masse nach dem Versuch größer sein muss. Bei dem aufgefangenen Gas am Ende des Flintenlaufs muss es sich dann um Wasserstoff gehandelt haben.

Hilfe: Als Reaktionsprodukt entsteht Eisenoxid.
Wasser ist eine Verbindung aus Sauerstoff und Wasserstoff.

3 Entwickle den Aufbau eines Schülerexperiments, mit dem der Versuch von Lavoisier möglichst einfach durchgeführt werden kann. Plane dabei auch den Nachweis des entstehenden Gases mit ein (▶ D1).

Ein mit Wasser gefülltes Reagenzglas mit seitlichem Ansatz oder ein mit einem durchbohrten Stopfen verschlossener wassergefüllter Erlenmeyerkolben wird mit dem Brenner über einem Drahtnetz erhitzt. Das entstehende Gas wird durch ein mit Eisenspänen gefülltes Verbrennungsrohr geleitet. Die Eisenspäne werden dabei mit einem zweiten Gasbrenner erhitzt. Das andere Ende des Verbrennungsrohrs ist mit einem durchbohrten Stopfen verschlossen, durch den eine Glasdüse mit etwas Kupferdraht als Rückschlagsicherung führt. Der entstehende Wasserstoff kann an der Glasdüse entzündet werden.

Hilfe: Betrachte die Abbildung von Experiment 5 auf Seite 151.
Überlege, durch welche dir bekannten Laborgeräte die in der Abbildung D1 dargestellten Materialien ersetzt werden können.

4 Erläutere, warum bei diesem Versuch ein wenig Kupferdraht als Rückschlagsicherung mit eingebaut werden sollte.

Werden am Ende des Versuchs die Bunsenbrenner abgeschaltet, kann die Wasserstoffflamme in das Verbrennungsrohr zurückschlagen. Bei Verwendung einer Rückschlagsicherung geht die Flamme aufgrund der hohen Wärmeleitfähigkeit des Kupferdrahts aus.

Quantitative Betrachtungen

Seite 175: Chemie erlebt – Wie viel Metall aus einem Erz?

1 Zink, Kupfer und Aluminium sind neben Eisen wichtige in Deutschland hergestellte Metalle. Informiere dich im Internet über:
a dafür erforderliche Erze
b die Jahresproduktionsmenge an Metallen
c Standorte der Metall erzeugenden Betriebe

Zinkerze: Bedeutsam sind Zinksulfide (ZnS als Sphalerit oder Wurtzit) und Zinkcarbonate ($ZnCO_3$ als Zinkspat). Größte Vorkommen: Kanada, USA, Australien, Osteuropa, Peru, Mexiko, Japan, Südafrika, Kongo, Polen, Schweden, Griechenland und Großbritannien. Weltjahresproduktion an Zink: etwa 6 Millionen Tonnen.

Kupfererze: Chalkopyrit (Kupferkies: $CuFeS_2$), Chalkosin (Kupferglanz: Cu_2S). Größte Vorkommen: Chile, USA, Russland, Sambia, Kanada und Peru. Weltjahresproduktion an Kupfer: etwa 14 Millionen Tonnen.

Aluminiumerze: Bauxit (Mischung verschiedener Aluminiumoxide/-hydroxide mit Verunreinigungen von Fe_2O_3, FeO(OH) und TiO_2). Größte Vorkommen: Australien, Westafrika, Brasilien und Jamaika. Weltjahresproduktion an Aluminium: etwa 20 Millionen Tonnen.

2 Aus Pyrit können durch Reaktion mit Sauerstoff Eisenoxid (Fe_2O_3) und Schwefeldioxid gewonnen werden. Das Schwefeldioxid dient zur Gewinnung von Schwefelsäure, das Eisenoxid zur Gewinnung von Roheisen.
a Entwickle für beide chemischen Reaktionen die Reaktionsgleichungen.

Rösten von Pyrit:
$4\ FeS_2\ (s) + 11\ O_2\ (g) \rightarrow 2\ Fe_2O_3\ (s) + 8\ SO_2\ (g)$

Reduktion von Eisenoxid:
$2\ Fe_2O_3\ (s) + 3\ C\ (s) \rightarrow 4\ Fe\ (s) + 3\ CO_2\ (g)$

b Deute die Reaktionsgleichungen stofflich und teilchenmäßig.

Rösten von Pyrit:
Stoffliche Deutung: Pyrit reagiert mit Sauerstoff zu Eisenoxid und Schwefeldioxid.
Teilchenmäßige Deutung: 4 Baueinheiten Pyrit reagieren mit 11 Sauerstoffmolekülen zu zwei Baueinheiten Eisenoxid und 8 Schwefeldioxidmolekülen.

Reduktion von Eisenoxid:
Stoffliche Deutung: Eisenoxid reagiert mit Kohlenstoff zu Eisen und Kohlenstoffdioxid.
Teilchenmäßige Deutung: 2 Baueinheiten Eisenoxid reagieren mit 3 Kohlenstoffatomen zu 4 Eisenatomen und 3 Kohlenstoffdioxidmolekülen.

Seite 176–177: Molare Masse

1 Ermittle mithilfe von Tabellen die molare Masse von Glucose ($C_6H_{12}O_6$).

$M(C_6H_{12}O_6) = 6 \cdot M(1\ C) + 12 \cdot M(1\ H) + 6 \cdot M(1\ O)$
$= 6 \cdot 12\ g/mol + 12 \cdot 1\ g/mol + 6 \cdot 16\ g/mol$
$= \underline{180\ g/mol}$

2 Berechne die jeweilige Masse und die jeweilige Stoffmenge der Stoffportion bei gegebener Teilchenanzahl.

a $N(He) = 12 \cdot 10^{23}$

$n(\text{Helium}) = \dfrac{N(He)}{N_A} = \dfrac{12 \cdot 10^{23}}{6{,}0 \cdot 10^{23}\ 1/mol} = \underline{2\ mol}$

$m(\text{Helium}) = n(\text{Helium}) \cdot M(\text{Helium})$
$= 2\ mol \cdot 4\ g/mol$
$= \underline{8\ g}$

b $N(Cl_2) = 1{,}5 \cdot 10^{23}$

$n(\text{Chlor}) = \dfrac{N(Cl_2)}{N_A} = \dfrac{1{,}5 \cdot 10^{23}}{6{,}0 \cdot 10^{23}\ 1/mol} = \underline{0{,}25\ mol}$

$m(\text{Chlor}) = n(\text{Chlor}) \cdot M(\text{Chlor})$
$= 0{,}25\ mol \cdot 71\ g/mol$
$= \underline{17{,}75\ g}$

c $N(CO_2) = 18 \cdot 10^{23}$

$n(CO_2) = \dfrac{N(CO_2)}{N_A} = \dfrac{18 \cdot 10^{23}}{6{,}0 \cdot 10^{23}\ 1/mol} = \underline{3\ mol}$

$m(CO_2) = n(CO_2) \cdot M(CO_2)$
$= 3\ mol \cdot 44\ g/mol$
$= \underline{132\ g}$

d $N(SO_2) = 3 \cdot 10^{23}$

$n(SO_2) = \dfrac{N(SO_2)}{N_A} = \dfrac{3 \cdot 10^{23}}{6{,}0 \cdot 10^{23}\ 1/mol} = \underline{0{,}5\ mol}$

$m(SO_2) = n(SO_2) \cdot M(SO_2)$
$= 0{,}5\ mol \cdot 64\ g/mol$
$= \underline{32\ g}$

3 Berechne die Stoffmenge und die Anzahl der Moleküle in einer Sauerstoffportion mit $m(O_2) = 48$ g.

$n(O_2) = \dfrac{m(O_2)}{M(O_2)} = \dfrac{48 \text{ g}}{32 \text{ g/mol}} = \underline{1,5 \text{ mol}}$

$N(O_2) = n(O_2) \cdot N_A = 1,5 \text{ mol} \cdot 6,0 \cdot 10^{23} \text{ 1/mol}$
$= \underline{9,0 \cdot 10^{23}}$

4 Berechne die Stoffmenge, die in einer Stoffportion Eisen mit $m(Fe) = 84$ g enthalten ist.

$n(Fe) = \dfrac{m(Fe)}{M(Fe)} = \dfrac{84 \text{ g}}{56 \text{ g/mol}} = \underline{1,5 \text{ mol}}$

5 Berechne, die Stoffmenge und Teilchenanzahl von Zucker ($C_{12}H_{22}O_{11}$) in einem Liter Cola [β(Zucker) = 106 g/l].
1 Liter Cola enthält 106 g Zucker.

$n(C_{12}H_{22}O_{11}) = \dfrac{m(C_{12}H_{22}O_{11})}{M(C_{12}H_{22}O_{11})} = \dfrac{106 \text{ g}}{342 \text{ g/mol}} = \underline{0,310 \text{ mol}}$

$N(C_{12}H_{22}O_{11}) = n(C_{12}H_{22}O_{11}) \cdot N_A$
$= 0,310 \text{ mol} \cdot 6,0 \cdot 10^{23} \text{ 1/mol}$
$= \underline{1,86 \cdot 10^{23}}$

6 Die Chemielehrerin einer Schule wird 60 Jahre alt. Die Schüler beschließen, ihr für jede Tausendstelsekunde ihres Lebens 1 Milliarde Goldatome zu schenken. Berechne, wie viel Geld die Schüler bei einem Goldpreis von 10 Euro je Gramm sammeln müssen.
1 Jahr hat 365 Tage mit 24 Stunden zu 3 600 Sekunden. Für jede Tausendstelsekunde erhält die Lehrerin 1 Milliarde Goldatome. Das sind insgesamt (ohne Berücksichtigung möglicher Schaltjahre):

$N(Au) = 60 \cdot 365 \cdot 24 \cdot 3600 \cdot 1000 \cdot 1\,000\,000\,000$
$= 1\,892\,160\,000\,000\,000\,000\,000$
$= 1,89 \cdot 10^{21}$

$m(Au) = \dfrac{N(Au)}{N_A} \cdot M(Au)$
$= \dfrac{1,89 \cdot 10^{21}}{6,0 \cdot 10^{23} \text{ 1/mol}} \cdot 197 \text{ g/mol}$
$= 0,62 \text{ g}$

Berechnung Geld:
0,62 g · 10 Euro/g = $\underline{6,20 \text{ Euro}}$

Die Schüler müssen 6,20 Euro einsammeln.

Seite 178–179: Massenberechnung bei chemischen Reaktionen

1 Entwickle die Reaktionsgleichung für die Reaktion von Stickstoff mit Sauerstoff zu Stickstoffdioxid. Leite aus der Gleichung alle möglichen quantitativen Aussagen ab.

N_2 (g) + 2 O_2 (g) → 2 NO_2 (g)

1 Stickstoffmolekül reagiert mit 2 Sauerstoffmolekülen zu 2 Stickstoffdioxidmolekülen.
$6 \cdot 10^{23}$ Stickstoffmoleküle reagieren mit $12 \cdot 10^{23}$ Sauerstoffmolekülen zu $6 \cdot 10^{23}$ Stickstoffdioxidmolekülen.
1 mol Stickstoff reagiert mit 2 mol Sauerstoff zu 2 mol Stickstoffdioxid.
28 g Stickstoff reagieren mit 64 g Sauerstoff zu 92 g Stickstoffdioxid.
Das Teilchenanzahlverhältnis (= Stoffmengenverhältnis) beträgt $N_2 : O_2 : NO_2 = 1 : 2 : 2$.

2 Berechne die Massenverhältnisse der Elemente in folgenden Verbindungen: Aluminiumoxid, Diphosphorpentaoxid, Calciumoxid, Schwefeldioxid.

Al_2O_3: $\dfrac{m(\text{Aluminium})}{m(\text{Sauerstoff})} = \dfrac{2 \cdot 27 \text{ g}}{3 \cdot 16 \text{ g}} = \dfrac{9 \text{ g}}{8 \text{ g}}$

P_2O_5: $\dfrac{m(\text{Phosphor})}{m(\text{Sauerstoff})} = \dfrac{2 \cdot 31 \text{ g}}{5 \cdot 16 \text{ g}} = \dfrac{31 \text{ g}}{40 \text{ g}}$

CaO: $\dfrac{m(\text{Calcium})}{m(\text{Sauerstoff})} = \dfrac{1 \cdot 40 \text{ g}}{1 \cdot 16 \text{ g}} = \dfrac{5 \text{ g}}{2 \text{ g}}$

SO_2: $\dfrac{m(\text{Schwefel})}{m(\text{Sauerstoff})} = \dfrac{1 \cdot 32 \text{ g}}{2 \cdot 16 \text{ g}} = \dfrac{1 \text{ g}}{1 \text{ g}}$

3 Berechne die Masse der Elemente, die zur Herstellung von 83 g Magnesiumoxid benötigt werden.
Gegeben: $m(MgO) = 83$ g; $M(MgO) = 40$ g/mol; $M(Mg) = 24$ g/mol
Gesucht: $m(Mg); m(O_2)$
Lösung:
2 Mg + O_2 → 2 MgO
Daraus folgt $n(Mg) = 2$ mol und $n(MgO) = 2$ mol.

$\dfrac{m(Mg)}{m(MgO)} = \dfrac{n(Mg) \cdot M(Mg)}{n(MgO) \cdot M(MgO)}$

$m(Mg) = \dfrac{n(Mg) \cdot M(Mg)}{n(MgO) \cdot M(MgO)} \cdot m(MgO)$

$= \dfrac{2 \text{ mol} \cdot 24 \text{ g/mol}}{2 \text{ mol} \cdot 40 \text{ g/mol}} \cdot 83 \text{ g}$

$= \underline{49,8 \text{ g}}$

$m(O_2) = m(MgO) - m(Mg) = 83 \text{ g} - 49,8 \text{ g}$
$= \underline{33,2 \text{ g}}$

Antwort: Für die Synthese von 83 g Magnesiumoxid ist

eine Masse von 49,8 g Magnesium und 33,2 g Sauerstoff erforderlich.

4 Ein Heizkraftwerk verbrennt schwefelhaltige Kohle. Dabei entstehen täglich 212 kg Schwefeldioxid. Berechne die Masse an Schwefel, die in der Kohle enthalten ist.

Gegeben: $m(SO_2) = 212$ kg; $M(SO_2) = 64$ g/mol; $M(S) = 32$ g/mol

Gesucht: $m(S)$

Lösung:
$S + O_2 \rightarrow SO_2$

Daraus folgt $n(S) = 1$ mol und $n(SO_2) = 1$ mol.

$$\frac{m(S)}{m(SO_2)} = \frac{n(S) \cdot M(S)}{n(SO_2) \cdot M(SO_2)}$$

$$m(S) = \frac{n(S) \cdot M(S)}{n(SO_2) \cdot M(SO_2)} \cdot m(SO_2)$$

$$= \frac{1 \text{ mol} \cdot 32 \text{ g/mol}}{1 \text{ mol} \cdot 64 \text{ g/mol}} \cdot 212 \text{ kg}$$

$$= \underline{106 \text{ kg}}$$

Antwort: In der Kohle ist eine Masse von 106 kg Schwefel enthalten.

5 1 mol Schwefel und 1 mol Sauerstoff reagieren zu 1 mol Schwefeldioxid. Ein Schüler folgert daraus, dass 10 g Schwefel mit 10 g Sauerstoff zu 20 g Schwefeldioxid reagieren. Überprüfe, ob die Folgerung richtig ist.

Die Folgerung ist in diesem Fall korrekt, da für Schwefeldioxid das Massenverhältnis 1 : 1 beträgt.

$$\frac{m(\text{Schwefel})}{m(\text{Sauerstoff})} = \frac{1 \cdot 32 \text{ g}}{2 \cdot 16 \text{ g}} = \frac{10 \text{ g}}{10 \text{ g}}$$

6 Eine Stoffportion von 160 g Magnesium reagiert in einer Redoxreaktion mit Kohlenstoffdioxid zu Magnesiumoxid und Kohlenstoff.

a Berechne die Anzahl der Magnesiumatome in der Stoffportion.

$$N(Mg) = n(Mg) \cdot N_A = \frac{m(Mg)}{M(Mg)} \cdot N_A$$

$$= \frac{160 \text{ g}}{24 \text{ g/mol}} \cdot 6,0 \cdot 10^{23} \text{ 1/mol}$$

$$= \underline{4,0 \cdot 10^{24}}$$

In der Stoffportion befinden sich $4,0 \cdot 10^{24}$ Magnesiumatome.

b Gib die Stoffmenge an Magnesium an.

$$n(Mg) = \frac{m(Mg)}{M(Mg)} = \frac{160 \text{ g}}{24 \text{ g/mol}} = \underline{6,67 \text{ mol}}$$

Die Stoffmenge an Magnesium beträgt 6,67 mol.

c Berechne die entstehende Masse an Magnesiumoxid, wenn das Magnesium vollständig mit Kohlenstoffdioxid reagiert.

Gegeben: $m(Mg) = 160$ g; $M(Mg) = 24$ g/mol; $M(MgO) = 40$ g/mol

Gesucht: $m(MgO)$

Lösung:
$2 \text{ Mg} + CO_2 \rightarrow 2 \text{ MgO} + C$

Daraus folgt $n(Mg) = 2$ mol und $n(MgO) = 2$ mol.

$$\frac{m(MgO)}{m(Mg)} = \frac{n(MgO) \cdot M(MgO)}{n(Mg) \cdot M(Mg)}$$

$$m(MgO) = \frac{n(MgO) \cdot M(MgO)}{n(Mg) \cdot M(Mg)} \cdot m(Mg)$$

$$= \frac{2 \text{ mol} \cdot 40 \text{ g/mol}}{2 \text{ mol} \cdot 24 \text{ g/mol}} \cdot 160 \text{ g}$$

$$= \underline{266,67 \text{ g}}$$

Bei der Reaktion entstehen 266,67 g Magnesiumoxid.

Seite 182–183: Weitergedacht

Material A: Kanaldeckel aus Eisen

1 Beschreibe die chemische Reaktion der Umsetzung von Roteisenstein zu Eisen in einem Hochofen.

Der Roteisenstein reagiert im Hochofen mit Kohlenstoffmonooxid zu elementarem Eisen. Dabei entsteht Kohlenstoffdioxid.

$Fe_2O_3 \text{ (s)} + 3 \text{ CO (g)} \rightarrow 2 \text{ Fe (s)} + 3 CO_2 \text{ (g)}$

2 Erläutere die Begriffe Stoffmenge und molare Masse.

Die Stoffmenge gibt die Teilchenanzahl in einer Stoffportion in mol an, wobei 1 mol für $6 \cdot 10^{23}$ Teilchen steht. Die molare Masse eines Stoffes ist die Masse einer Stoffportion, in der genau 1 mol Teilchen enthalten ist.

3 Berechne für diesen Kanaldeckel die Stoffmenge und die Teilchenanzahl an Eisen (▶ A1).

Gegeben: $m(Fe) = 62$ kg $= 62\,000$ g; $M(Fe) = 56$ g/mol; $N_A = 6 \cdot 10^{23}$ 1/mol

Gesucht: $n(Fe); N(Fe)$

Lösung: $n(Fe) = \frac{m(Fe)}{M(Fe)} = \frac{62\,000 \text{ g}}{56 \text{ g/mol}} = \underline{1\,107 \text{ mol}}$

$N(Fe) = n(Fe) \cdot N_A = 1\,107 \text{ mol} \cdot 6,0 \cdot 10^{23} \text{ 1/mol} = \underline{6,6 \cdot 10^{26}}$

Antwort: Der Kanaldeckel besteht aus 1 107 mol bzw. $6{,}6 \cdot 10^{26}$ Eisenatomen.

*Hilfe: Notiere zuerst gegebene und gesuchte Größen.
Wende die Formel $n = m/M$ an.
Wende die Formel $N = n \cdot N_A$ an.*

4 Berechne die Massen für die angegebenen Stoffe, die für die Herstellung des Gusseisens für diesen Kanaldeckel umgesetzt werden müssen.

a Roteisenstein

Gegeben: $m(\text{Fe}) = 62$ kg; $M(\text{Fe}) = 56$ g/mol;
$M(\text{Fe}_2\text{O}_3) = 160$ g/mol; $w(\text{Eisen}) = 70\,\%$

Gesucht: $m(\text{Fe}_2\text{O}_3)$

Lösung:
Jedes Kilogramm Eisenerz enthält etwa 70 % Eisen:

$$m(\text{Fe}_2\text{O}_3) = \frac{62\text{ kg}}{0{,}70} = 88{,}6\text{ kg}$$

Oder aus der Reaktionsgleichung oben folgt:
$n(\text{Fe}_2\text{O}_3) = 1$ mol und $n(\text{Fe}) = 2$ mol.

$$\frac{m(\text{Fe}_2\text{O}_3)}{m(\text{Fe})} = \frac{n(\text{Fe}_2\text{O}_3) \cdot M(\text{Fe}_2\text{O}_3)}{n(\text{Fe}) \cdot M(\text{Fe})}$$

$$m(\text{Fe}_2\text{O}_3) = \frac{n(\text{Fe}_2\text{O}_3) \cdot M(\text{Fe}_2\text{O}_3)}{n(\text{Fe}) \cdot M(\text{Fe})} \cdot m(\text{Fe})$$

$$= \frac{1\text{ mol} \cdot 160\text{ g/mol}}{2\text{ mol} \cdot 56\text{ g/mol}} \cdot 62\text{ kg}$$

$$= \underline{88{,}6\text{ kg}}$$

Antwort: Zur Herstellung des Kanaldeckels werden etwa 89 kg Roteisenstein benötigt.

b Kohlenstoff

Gegeben: $m(\text{Fe}) = 62$ kg; $M(\text{Fe}) = 56$ g/mol;
$M(\text{C}) = 12$ g/mol; $M(\text{CO}) = 28$ g/mol;
$w(\text{Kohlenstoff}) = 3{,}21\,\%$

Gesucht: $m(\text{C})$

Lösung:
Aus der Reaktionsgleichung oben folgt:
$n(\text{CO}) = 3$ mol und $n(\text{Fe}) = 2$ mol.

$$\frac{m(\text{CO})}{m(\text{Fe})} = \frac{n(\text{CO}) \cdot M(\text{CO})}{n(\text{Fe}) \cdot M(\text{Fe})}$$

$$m(\text{CO}) = \frac{n(\text{CO}) \cdot M(\text{CO})}{n(\text{Fe}) \cdot M(\text{Fe})} \cdot m(\text{Fe})$$

$$= \frac{3\text{ mol} \cdot 28\text{ g/mol}}{2\text{ mol} \cdot 56\text{ g/mol}} \cdot 62\text{ kg}$$

$$= 46{,}5\text{ kg}$$

Das Kohlenstoffmonooxid entsteht aus der Verbrennung von Kohlenstoffdioxid.

$2\,\text{C (s)} + \text{O}_2\text{ (g)} \rightarrow 2\,\text{CO (g)}$

Daraus folgt $n(\text{C}) = 2$ mol und $n(\text{CO}) = 2$ mol.

$$\frac{m(\text{C})}{m(\text{CO})} = \frac{n(\text{C}) \cdot M(\text{C})}{n(\text{CO}) \cdot M(\text{CO})}$$

$$m(\text{C}) = \frac{n(\text{C}) \cdot M(\text{C})}{n(\text{CO}) \cdot M(\text{CO})} \cdot m(\text{CO})$$

$$= \frac{2\text{ mol} \cdot 12\text{ g/mol}}{2\text{ mol} \cdot 28\text{ g/mol}} \cdot 46{,}5\text{ kg}$$

$$= \underline{19{,}9\text{ kg}}$$

Ein Kanaldeckel enthält zudem rund 3,21 % Kohlenstoff.

$m(\text{C}) = 62\text{ kg} \cdot 0{,}0321 = \underline{2{,}0\text{ kg}}$

Antwort: Für die Herstellung eines Kanaldeckels werden rund 22 kg Kohlenstoff benötigt.

*Hilfe: Notiere zuerst gegebene und gesuchte Größen.
Wende z. B. die Methode von Seite 180 (Lehrbuch) an.*

Material B: Schülermeinungen

1 Finde die richtige(n) Meinung(en) heraus und begründe (▸ B1).

Aussage 1 ist falsch, da sich die Elemente in ihren molaren Massen unterscheiden. Zum Beispiel enthält 1 g Kohlenstoff nur 0,08 mol Teilchen.

Aussage 2 ist falsch, da sich die Elemente in ihren molaren Massen unterscheiden. Zum Beispiel enthält 1 g Kohlenstoff 0,08 mol Teilchen. 1 g Schwefel ($M(\text{S}) = 32$ g/mol) enthält 0,03 mol Teilchen.

Aussage 3 ist falsch, da es molekulare Elemente gibt. 1 mol Wasserstoff enthält genau $2 \cdot 6 \cdot 10^{23}$ Wasserstoffatome. Schließt man die molekularen Elemente aus, ist die Aussage richtig, da 1 mol Atome $6 \cdot 10^{23}$ Atomen entspricht.

Nur Aussage 4 ist richtig. In einer Stoffportion von 12 g Kohlenstoff sind genau 1 mol Teilchen enthalten, da Kohlenstoff die molare Masse $M = 12$ g/mol besitzt. 1 mol entspricht dabei immer einer Teilchenanzahl von $6 \cdot 10^{23}$.

2 Begründe, warum unterschiedliche Stoffproben eines Stoffes, z. B. von Eisen immer eine unterschiedliche Masse besitzen, aber der Stoff Eisen immer die gleiche molare Masse besitzt.

Die Eisenatome besitzen immer dieselbe Masse. 1 mol Eisenatome (also immer $6 \cdot 10^{23}$ Eisenatome) haben deshalb auch immer dieselbe Masse. Dies wird durch die molare Masse ausgedrückt. Sind in unterschiedlichen Stoffproben („Portionen") unterschiedlich viele Eisenatome vorhanden, dann besitzen diese Proben dementsprechend auch immer unterschiedliche Massen.

3 Erläutere die Zusammenhänge zwischen Masse, molarer Masse und Stoffmenge.

Der Zusammenhang zwischen den drei Größen lässt sich durch folgende Formel beschreiben: $m = M \cdot n$. M als stoffspezifische Konstante steht für die Masse m von 1 mol der Teilchensorte und n als Stoffmenge beschreibt die Anzahl der Teilchen in mol in der Stoffportion.

Material C: Lachgas

1 Übertrage die Tabelle (▶ C1) in dein Heft und vervollständige sie. Stelle das kleinste ganzzahlige Massenverhältnis fest.

$m(N_2) : m(O_2) : m(N_2O) = \ldots : \ldots : \ldots$

$m(N_2)$	7 g	14 g	28 g	56 g	112 g
$m(O_2)$	4 g	8 g	16 g	32 g	64 g
$m(N_2O)$	11 g	22 g	44 g	88 g	176 g

$m(N_2) : m(O_2) : m(N_2O) = 7\,g : 4\,g : 11\,g$

2 Stelle die vollständigen Angaben aus der Tabelle (▶ C1) grafisch in einem Koordinatensystem dar [x-Achse: $m(N_2)$; y-Achse: $m(N_2O)$].

a Kennzeichne die zusammengehörigen Paare als Punkte im Koordinatensystem und verbinde die Punkte mit einem Lineal.

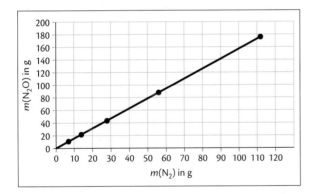

b Ermittle mithilfe dieses Koordinatensystems die erforderlichen Massen Stickstoff zur Herstellung von 20 g, 34 g und 50 g Lachgas.

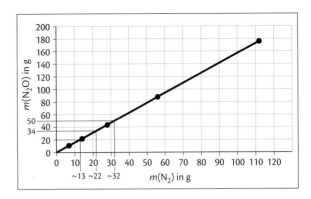

3 Ermittle mithilfe dieses Koordinatensystems die erforderlichen Massen Sauerstoff, die benötigt werden, wenn 4 g, 10 g und 30 g Stickstoff reagieren. Überprüfe die Ergebnisse rechnerisch mithilfe der entsprechenden Größengleichungen.

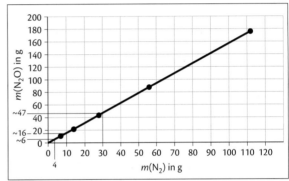

Aus dem Diagramm kann man nur die Masse des Lachgases ablesen. Die Masse des Sauerstoffs ergibt sich aber einfach aus Differenz der $m(N_2O) - m(N_2)$.

$m(N_2)$	4 g	10 g	30 g
$m(N_2O)$; abgelesen	6 g	16 g	47 g
$m(O_2)$; abgelesen	2 g	6 g	17 g
$m(O_2)$; berechnet	2,3 g	5,7 g	17,1 g

Berechnung für $m(N_2) = 4\,g$:

$m(N_2) : m(O_2) = 7\,g : 4\,g = 7 : 4$

$m(O_2) = \frac{4}{7} \cdot m(N_2)$

$m(O_2) = \frac{4}{7} \cdot 4\,g = \underline{\underline{2,3\,g}}$

Elementfamilien

Seite 188–189: Natrium und seine chemischen Reaktionen

1 Nenne drei typische Eigenschaften, die zeigen, dass Natrium ein Metall ist.
Natrium zeichnet sich durch metallischen Glanz, gute elektrische Leitfähigkeit, gute Wärmeleitfähigkeit sowie eine sehr gute Verformbarkeit aus. Deshalb ist es ein Metall.

2 Erkläre, warum die frischen Schnittflächen von Natrium schnell wieder matt anlaufen. Notiere dazu auch die Reaktionsgleichung.
Natrium ist ein sehr unedles Metall. An den glänzenden, frischen Schnittflächen bildet sich durch die chemische Reaktion mit Luftsauerstoff schnell wieder ein matter Überzug von Natriumoxid.

4 Na (s) + O_2 (g) → 2 Na_2O (s)

3 Im Labor soll untersucht werden, ob ein unbekanntes Pulver Natriumverbindungen enthält. Beschreibe ein mögliches Untersuchungsverfahren.
Ein Magnesiastäbchen wird in konzentrierte Salzsäure getaucht und dann in der Brennerflamme bis zum Glühen erhitzt. Nun wird das Stäbchen in das Pulver getaucht und erneut in die Brennerflamme gehalten. Färbt sich die Brennerflamme intensiv gelb, enthält das Pulver Natriumverbindungen.

4 Erläutere, warum Natriumbrände nicht mit Wasser gelöscht werden dürfen.
Natrium reagiert heftig mit Wasser unter Bildung von sehr leicht entzündlichem Wasserstoff.

5 Erkläre, warum Natrium und Lithium bei der Reaktion mit Wasser auf der Oberfläche schwimmen.
Natrium und Lithium besitzen eine geringere Dichte als Wasser.
ϱ(Natrium) = 0,97 g/cm³, ϱ(Lithium) = 0,53 g/cm³, ϱ(Wasser) = 1,00 g/cm³

6 Begründe, warum Natrium mit einer Pinzette und Gummihandschuhen angefasst werden muss.
Natrium reagiert heftig mit Wasser und die Feuchtigkeit der Hände würde diese chemische Reaktion auslösen.

7 Formuliere für die Reaktion von Lithium mit Wasser die Wort- und Reaktionsgleichung.
Lithium (s) + Wasser (l) → Lithiumhydroxid (aq) + Wasserstoff (g)
2 Li (s) + 2 H_2O (l) → 2 LiOH (aq) + H_2 (g)

8 Beschreibe den Bau von Natrium.
Im festen Natrium bilden die Natriumatome einen Atomverband. Die Atome werden durch starke Anziehungskräfte untereinander an ihre Plätze gebunden.

9 Berechne die notwendige Masse Natriumchlorid, um jährlich 400 000 t Natrium zu produzieren.
Gegeben: M(NaCl) = 58,5 g/mol
M(Na) = 23 g/mol
m(Na) = 400 000 t
Gesucht: m(NaCl)
Lösung:
Da im Natriumchlorid Natrium- und Chlorteilchen im Verhältnis 1 : 1 vorliegen, kann die Berechnung ganz einfach über das Verhältnis der molaren Massen erfolgen:

$$m(\text{NaCl}) = \frac{M(\text{NaCl})}{M(\text{Na})} \cdot m(\text{Na})$$

$$= \frac{58{,}5 \text{ g/mol}}{23 \text{ g/mol}} \cdot 400\,000 \text{ t} = \underline{\underline{1\,017\,391 \text{ t}}}$$

Antwort: Um 400 000 t Natrium zu gewinnen, werden 1 017 391 t Natriumchlorid benötigt.

Seite 190: Die Elementfamilie der Alkalimetalle

1 Begründe, warum Alkalimetalle in der Natur nur als Verbindungen vorkommen.
Alkalimetalle sind sehr reaktiv und reagieren sowohl mit dem Luftsauerstoff als auch mit Wasser.

2 Die Eigenschaften der Alkalimetalle ändern sich regelmäßig von Lithium bis Caesium. Bestätige diese Aussage anhand zweier Beispiele.
Die Schmelztemperatur nimmt von Lithium zu Caesium kontinuierlich ab (Li: 180 °C, Na: 98 °C, K: 64 °C, Rb: 38,9 °C, Cs: 28,4 °C). Auch die Siedetemperatur nimmt von Lithium zu Caesium kontinuierlich ab (Li: 1 372 °C, Na: 892 °C, K: 760 °C, Rb: 688 °C, Cs: 679 °C).

Seite 191: Die Elementfamilie der Erdalkalimetalle

1 Vergleiche die Eigenschaften der Alkalimetalle mit denen der Erdalkalimetalle.
Gemeinsamkeiten: Alkali- und Erdalkalimetalle weisen eine große Reaktivität z. B. mit Sauerstoff und mit Wasser auf. Sie besitzen ein silbriges Aussehen.
Unterschiede: Alkalimetalle reagieren stürmisch mit Wasser, Erdalkalimetalle reagieren erst ab Magnesium mit (heißem) Wasser und weit weniger heftig. Erdalkalimetalle sind härter als Alkalimetalle. Alle Alkalimetalle werden in einer Schutzflüssigkeit aufbewahrt; bei den Erdalkalimetallen ist dies nur bei Barium notwendig. Fast alle Alkaliverbindungen sind wasserlöslich, viele der Erdalkaliverbindungen sind dagegen unlöslich.

2 Erläutere, warum die Erdalkalimetalle eine eigene Elementfamilie bilden.
Die Erdalkalimetalle haben untereinander sehr ähnliche Eigenschaften, zeigen ähnliche chemische Reaktionen und bilden deshalb eine eigene Elementfamilie.

3 Formuliere die Reaktionsgleichungen für die Reaktionen von Calcium, Strontium und Barium mit Wasser.
$Ca\,(s) + 2\,H_2O\,(l) \rightarrow Ca(OH)_2\,(aq) + H_2\,(g)$ | exotherm
$Sr\,(s) + 2\,H_2O\,(l) \rightarrow Sr(OH)_2\,(aq) + H_2\,(g)$ | exotherm
$Ba\,(s) + 2\,H_2O\,(l) \rightarrow Ba(OH)_2\,(aq) + H_2\,(g)$ | exotherm

Seite 192: Calcium und Magnesium

1 Formuliere für folgende Reaktionen die Reaktionsgleichungen:
a Magnesium und Calcium mit Sauerstoff
$2\,Mg\,(s) + O_2\,(g) \rightarrow 2\,MgO\,(s)$ | exotherm
$2\,Ca\,(s) + O_2\,(g) \rightarrow 2\,CaO\,(s)$ | exotherm

b Magnesium und Calcium mit Wasser
$Mg\,(s) + 2\,H_2O\,(l) \rightarrow Mg(OH)_2\,(aq) + H_2\,(g)$ | exotherm
$Ca\,(s) + 2\,H_2O\,(l) \rightarrow Ca(OH)_2\,(aq) + H_2\,(g)$ | exotherm

2 Informiere dich über die Bedeutung von Calcium- und Magnesiumverbindungen für den menschlichen Organismus. Recherchiere geeignete Nahrungsmittel für die Versorgung.
Für die optimale Funktion des menschlichen Körpers ist ein gewisser Gehalt an gebundenem Magnesium und Calcium in der Nahrung notwendig. Magnesium ist wichtig für die Muskeln, Calcium für Knochen und Zähne. Ein Teil dieser Stoffe wird vom Körper verwertet, einen Teil verliert der Körper über den Harn und durch Schweiß. Daher muss über die Nahrung ausreichend gebundenes Magnesium und Calcium nachgeliefert werden. Zu den magnesiumhaltigen Lebensmitteln zählen Getreideprodukte wie Schrot- und Vollkornbrot, aber auch Nüsse, Vollreis, Sojabohnen. Zu den calciumhaltigen Lebensmitteln zählen Milch und Milchprodukte, Spinat, Brokkoli, Eigelb.

Seite 193: Chemie erlebt – Feuerwerk

1 Informiere dich im Internet, über die Kennzeichnung von in Deutschland zugelassenen Feuerwerksartikeln.
Feuerwerk in Deutschland ist in der Regel von der Bundesanstalt für Materialforschung (BAM) geprüft und mit einer speziellen Nummer versehen (BAM-XX-XXXX). Zudem ist das Etikett mit dem CE-Zeichen, Gefahrenpiktogrammen und speziellen Anweisungen für den Umgang und der Abgabe (z. B. Altersbeschränkung) versehen. Fehlen eine oder mehrere dieser Angaben, so sollte der Feuerwerksartikel nicht verwendet werden, da dann auch bei sachgemäßem Umgang große Risiken bestehen.

2 Recherchiere über die Gefahren von Feuerwerk. Diskutiere, warum der Umgang mit Feuerwerk in Deutschland stark eingeschränkt ist.
Mögliche Gefahren: Verbrennungsgefahr bei der Benutzung, Verletzungsgefahr für unbeteiligte Personen aufgrund unsachgemäßer Handhabung oder durch herumfliegende Feuerwerkskörper, Brandgefahr durch Feuerwerk, z. B. beim Aufstellen unter Bäumen oder Benutzung in geschlossenen Räumen.
Von Feuerwerk gehen potenziell viele Gefahren aus, deshalb ist der Umgang in Deutschland stark eingeschränkt. Generell ist die Abgabe von Feuerwerk nur an Personen ab 18 erlaubt. Ihre (private) Nutzung ist in der Regel nur in der Silvesternacht erlaubt. Feuerwerk bei Veranstaltungen (Konzerte, Theater, Jubiläen, etc.) dürfen nur von Personen mit besonderer Sachkunde (Pyrotechniker) durchgeführt werden. Sie müssen für den Brandschutz und die Sicherheit aller beteiligten Personen sorgen.

Seite 194–195: Die Elementfamilie der Halogene

1 Erläutere, wie sich die Schmelz- und Siedetemperaturen sowie die Wasserlöslichkeit innerhalb der Elementgruppe der Halogene verändern.
Die Schmelz- und Siedetemperaturen steigen von Fluor zu Iod an, die Wasserlöslichkeit nimmt von Fluor zu Iod hin ab.

2 Informiere dich, welche chlorhaltigen Stoffe im Haushalt verwendet werden.
Bleichmittel (z. B. in Chlorreinigern, Waschmitteln für Geschirrspülmaschinen), Desinfektionsmittel für Swimmingpools, Kunststoffe (PVC).

3 Vergleiche die Eigenschaften der Halogene mit denen der Alkali- oder Erdalkalimetalle. Gehe dabei besonders auf die Veränderungen innerhalb der Gruppen ein.
Grundsätzlich sind die Halogene im Gegensatz zu den Alkali- und Erdalkalimetallen Nichtmetalle. Weiterhin sind die Elemente der Halogene aus zweiatomigen Molekülen aufgebaut. Bei Raumtemperatur sind alle Alkali- und Erdalkalimetalle fest, während die Halogene Fluor und Chlor gasförmig, Brom flüssig und Iod fest sind.
Im Gegensatz zu den Alkali- und Erdalkalimetallen steigen die Schmelz- und Siedetemperaturen der Halogene innerhalb der Elementfamilie.
Auch die Reaktivität der Halogene nimmt von Fluor zu Iod ab. Bei den Alkali- und Erdalkalimetallen ist dieser Trend genau umgekehrt. Zudem reagiert nur Fluor mit Wasser.

Seite 196–197: Halogenide – die Salze der Halogene

1 Formuliere die Reaktionsgleichungen für folgende Reaktionen:
a Aluminium mit Chlor
$2\,Al\,(s) + 3\,Cl_2\,(g) \rightarrow 2\,AlCl_3\,(s)$

b Magnesium mit Brom
$Mg\,(s) + Br_2\,(l) \rightarrow MgBr_2\,(s)$

c Kalium mit Iod
$2\,K\,(s) + I_2\,(s) \rightarrow 2\,KI\,(s)$

2 Bei chemischen Reaktionen werden Stoffe umgewandelt und es entstehen neue Stoffe mit anderen Eigenschaften. Belege diese Aussage anhand der Reaktion von Natrium mit Chlor.
$2\,Na\,(s) + Cl_2\,(g) \rightarrow 2\,NaCl\,(s)$ | exotherm

Aus Natrium und Chlor entsteht Natriumchlorid. Das Metall Natrium ist weich, elektrisch leitfähig, und sehr reaktiv. Chlor ist gasförmig, giftig und ebenfalls sehr reaktiv. Das Reaktionsprodukt ist ein weißer, spröder Stoff, der sich leicht in Wasser löst. Es ist ungiftig und reaktionsträge. Zudem verläuft die Reaktion stark exotherm.

3 Nenne die Ausgangsstoffe für die folgenden Reaktionsprodukte:
a Silberiodid
Silber und Iod

b Eisenbromid
Eisen und Brom

c Kaliumchlorid
Kalium und Chlor

d Lithiumchlorid
Lithium und Chlor

4 Erstelle einen Steckbrief von Kaliumchlorid.

Kaliumchlorid
Farbe: weiß
Geruch: geruchlos
Aggregatzustand bei Raumtemperatur: fest
Schmelztemperatur: 770 °C
Siedetemperatur: 1 405 °C
Dichte (bei 25 °C): 1,98 g/cm^3
Elektrische Leitfähigkeit: im festen Zustand keine, in der Schmelze und in Lösung ja

Seite 198: Chemie erlebt – Halogenide – lebensnotwendige Mineralien

1 Informiere dich über die Fluoridierung von Trinkwasser. Stelle Vor- und Nachteile gegenüber.

Vorteile	Nachteile
flächendeckende Beseitigung von Mangelerscheinungen	Überversorgung durch zusätzlichen Verzehr von fluorhaltigen Speisen
Kariesvorbeugung	mögliche Fluorose

2 Recherchiere Lebensmittel, die besonders reich an Iodverbindungen sind.
Zu den iodhaltigen Lebensmitteln zählen Seefisch, Seetang und Käse.

3 Durch die überwiegende Nutzung von iodiertem Speisesalz zählt Deutschland nicht mehr zu den Ländern mit Iod-Unterversorgung. Erkläre.
Die meisten Lebensmittel sind auf naturbelassene Art iodarm, sodass der Bedarf an Iod durch die Nahrung nicht ausreichend gedeckt werden kann. Durch Würzen von Speisen mit iodiertem Salz ist es möglich einer Unterversorgung vorzubeugen.

4 Ermittle die Masse an Natriumchlorid, die in den Lebensmitteln enthalten ist, die du gerne isst.
Offene Aufgabenstellung. Auf vielen Produkten findet man neben den Angaben zum Kalorien-, Fett-, und Zuckergehalt auch häufig eine Angabe zum Salzgehalt.

Hierbei muss man beachten, dass diese auf eine bestimmte Masse des Produkts bezogen wird, z. B. pro 100 g oder pro 30 g des Lebensmittels. In vielen Fällen wird auch nicht der Salzgehalt (Kochsalzgehalt bzw. Natriumchloridgehalt), sondern nur die Masse an Natrium angegeben. 1 g Natrium entspricht ungefähr einer Masse von 2,54 g Natriumchlorid.

Seite 199: Chlorwasserstoff – ein Halogenwasserstoff

1 Vergleiche die Reaktionen von Wasserstoff mit Sauerstoff und von Wasserstoff mit Chlor.

Beide Reaktionen verlaufen stark exotherm. In Sauerstoff verbrennt Wasserstoff mit blauer Flamme, in Chlor mit fahlweißer. Die Gemische von Wasserstoff mit Sauerstoff (Knallgas) bzw. Chlor (Chlorknallgas) sind explosiv. Chlorknallgas kann leichter gezündet werden.

2 Formuliere die Reaktionsgleichungen für die Reaktionen von Wasserstoff mit Fluor, Brom und Iod.

F_2 (g) + H_2 (g) → 2 HF (g)
Br_2 (l) + H_2 (g) → 2 HBr (g)
I_2 (s) + H_2 (g) → 2 HI (g)

3 Erstelle eine tabellarische Übersicht über die Eigenschaften von Fluor-, Brom- und Iodwasserstoff. Verwende dabei auch Tabellenwerke.

Eigenschaft	Fluorwasserstoff	Chlorwasserstoff	Bromwasserstoff	Iodwasserstoff
Molare Masse in g/mol	20	36,5	81	128
Aggregatzustand bei 25 °C	gasförmig	gasförmig	gasförmig	gasförmig
Dichte bei 0 °C in g/l	0,99 (g/ml)	1,639	3,64	5,79
Löslichkeit in Wasser	sehr gut	sehr gut	sehr gut	sehr gut
Schmelztemperatur in °C	−83	−112	−87	−51
Siedetemperatur in °C	19	−85	−67	−35
Farbe	farblos	farblos	farblos	farblos

Seite 200–201: Edelgase – eine Familie für sich

1 Vergleiche die Eigenschaften von Fluor und Argon und begründe die Zuordnung zu ihren Elementfamilien.

Eigenschaft	Fluor	Argon
Aggregatzustand bei Raumtemperatur	gasförmig	gasförmig
Farbe	schwach grünlich	farblos
Reaktivität	sehr reaktiv	reaktionsträge
Bau der Teilchen	Fluormoleküle aus 2 Fluoratomen	Argonatome

Argon ist aufgrund seiner Eigenschaften und dem Teilchenbau ein typischer Vertreter der Edelgase.
Da Fluor sehr reaktiv ist und vor allem mit Metallen Verbindungen eingeht, wobei sich Metallhalogenide (Salze) bilden, gehört es zur Elementfamilie der Halogene.

2 Die meisten Edelgase werden aus der Luft gewonnen, indem diese zunächst so lange abgekühlt wird, bis alle Gase flüssig sind. Dann wird langsam erwärmt. Gib die Reihenfolge an, in der die Edelgase aufgefangen werden können.

Wenn die Luft auf unter −186 °C abgekühlt wird, können die Edelgase in der Reihenfolge Argon (Siedetemperatur: −186 °C), Krypton (−153 °C), Xenon (−108 °C) aufgefangen werden.

3 Informiere dich über „Tiefenrausch" und „Taucherkrankheit". Nutze dafür das Internet.

Der Tiefenrausch ist ein rauschartiger Zustand, der beim Tauchen in größere Tiefen auftreten kann. Symptome sind u. a. Euphorie, mangelndes Urteilsvermögen, eingeschränkt logisches Denken.
Die Taucherkrankheit entsteht durch das Ausperlen gelöster Gase (Stickstoff, Helium) in verschiedenen Körpergeweben bei einer zu schnellen Druckänderung, z. B. bei einem zu raschen Auftauchen.

4 Begründe die Verwendungsmöglichkeit von Helium als Traggas und Argon als Schutzgas beim Schweißen.

Die Dichte von Helium ist viel geringer als die Dichte der Luft. Deshalb lässt es sich in der Ballonfahrt als Traggas aufgrund des guten Auftriebs nutzen. Zudem ist es (im Gegensatz zu Wasserstoff) nicht brennbar.

Argon besitzt eine höhere Dichte als Luft und kann somit den Luftzutritt beim Schweißen und damit eine mögliche Oxidation des zu schweißenden Werkstoffes verhindern. Gleichzeitig bleibt Argon auch bei solch hohen Temperaturen, die beim Schweißen nötig sind, reaktionsträge.

Seite 204–205: Weitergedacht

Material A: Entdeckung der Edelgase

1 Stelle Vermutungen darüber an, warum die Edelgase im Vergleich zu Sauerstoff und Stickstoff erst so spät entdeckt wurden (▶ A1, A2).
Der Anteil an Edelgasen in der Luft ist im Vergleich zu Sauerstoff und Stickstoff sehr viel geringer. Sie kommen ansonsten in der Natur nicht vor.
Der Nachweis der anderen Luftbestandteile erfolgte über chemische Reaktionen. Da die Edelgase sehr reaktionsträge sind, konnte man diese damals nicht mithilfe von chemischen Reaktionen nachweisen.

2 Material ▶ A3 illustriert eine Beobachtung von Ramsay, die zur Entdeckung von Argon führte.
a Erläutere die Beobachtung und gib an, welche Schlussfolgerungen daraus gezogen werden können.
Die aus der Luft gewonnene Gasportion Stickstoff ist etwas schwerer als die chemisch gewonnene Gasportion. Daraus lässt sich schließen, dass sich im Stickstoff aus der Luft noch weitere (schwere) Stoffe befinden, welche nicht abgetrennt werden konnten.

b Beschreibe jeweils eine Möglichkeit, die anderen Luftbestandteile Sauerstoff, Wasserdampf und Kohlenstoffdioxid zuvor aus der Luft zu entfernen.
Sauerstoff kann z. B. an Eisenwolle chemisch gebunden werden. Kohlenstoffdioxid kann durch mehrmaliges Einleiten der Luft in Kalkwasser gebunden werden. Wasserdampf kann durch Trocknung der Luft mit weißem Kupfersulfat gebunden werden.
Alternative: Abkühlen und verflüssigen der Luft auf unter –183 °C. Bei dieser Temperatur sind nur noch Stickstoff und die Edelgase gasförmig und können so von den anderen Luftbestandteilen abgetrennt werden.

Hilfe: Sauerstoff bildet mit Metallen feste Metalloxide.
Kohlenstoffdioxid bildet mit Kalkwasser Kalk.
Wasser bildet mit weißem Kupfersulfat blaues Kupfersulfat.

Material B: Feuerwerk

1 Beschreibe den Aufbau der Silvesterrakete. Erläutere dabei die Funktion der Treib- und Zerlegerladung (▶ B1).
Eine Silvesterrakete besteht aus einer Papphöhre, in der sich die Zerlegerladung mit den Effekten befindet. Unterhalb der Zerlegerladung befindet sich die Treibladung, die mit einer Zündschnur gezündet werden kann. Die Rakete ist mit einem langen Holzstab versehen.
Treibladung: Dient zur Fortbewegung (Aufstieg) der Rakete, indem die gebildeten, gasförmigen Reaktionsprodukte an der Düse ausgestoßen werden.
Zerlegerladung: Ermöglicht die akustischen und optischen Effekte bei einer Silvesterrakete, z. B. durch Zusatz verschiedener Alkali- und Erdalkalimetallverbindungen (siehe Flammenfärbung Seite 31 und 33).

2 In Feuerwerk werden Alkali- und Erdalkalimetallverbindungen verwendet.
a Begründe ihre Verwendung im Feuerwerk. Gib an, in welchen Farben die Leuchteffekte der Rakete erscheinen (▶ B1).
Alkali- und Erdalkalimetallverbindungen werden aufgrund ihrer unterschiedlichen Flammenfärbung genutzt.

Element	Flammenfärbung
Natrium	Gelb
Kalium	Rotviolett
Strontium	Rot

b Gib an, welche Verbindungen in einer Rakete verbaut werden müssen, deren Effekte grün und blau leuchten sollen.
Grün: eine Bariumverbindung, z. B. Bariumchlorid
Blau: eine Caesiumverbindung, z. B. Caesiumchlorid

3 In der Rakete wird elementares Magnesium als Pulver verwendet (▶ B1).
a Erläutere die Verwendung des Magnesiums. Gib dazu auch eine Reaktionsgleichung an.
Magnesium verbrennt mit einer grellweiß leuchtenden Flamme unter Bildung von Magnesiumoxid. Magnesium erzeugt also sehr helle, weiße Effekte.

$2\ Mg\ (s) + O_2\ (g) \rightarrow 2\ MgO\ (s)$ | exotherm

b Begründe, warum elementares Magnesium verwendet werden kann, elementares Natrium aber nicht.

Natrium kann nur unter Luftabschluss gelagert werden. Als Bestandteil einer Rakete würde es unkontrolliert mit etwaiger Luftfeuchtigkeit oder dem Luftsauerstoff reagieren. Magnesium hingegen kann an der Luft gelagert werden, es bildet eine sehr dünne, undurchlässige Oxidschicht, die es vor weiterer Reaktion schützt.

Material C: Halogenlampen

1 Glühlampen haben im Vergleich zu Halogenlampen einen viel größeren Glaskolben.

a Beschreibe, wie es bei einer Glühlampe nach längerer Betriebsdauer zum Lichtverlust kommt.

Das Leuchten einer Glühlampe entsteht durch das Glühen eines auf 3 000 °C erhitzten Wolframdrahts. Bei solchen Temperaturen sublimiert ein Teil des Wolframs, woraufhin der Draht mit der Zeit immer dünner wird und irgendwann bricht. Wenn das Wolfram an der Innenwand der Glühlampe resublimiert, färbt es diese nach und nach schwarz, wodurch ein Teil des Lichts die Innenwand des Kolbens nicht mehr passieren kann.

b Begründe, warum Glühlampen einen größeren Glaskolben als Halogenlampen besitzen.

Je größer der Glaskolben ist, desto größer ist auch die Fläche, auf der sich das resublimierte Wolfram verteilen kann. Glühlampen besitzen daher einen möglichst großen Kolben, um die Schwärzung so gering wie möglich zu halten.

Da bei Halogenlampen keine Kolbenschwärzung stattfindet, können diese Glühlampen kompakter angefertigt werden als herkömmliche Glühlampen.

Hilfe: Bei Halogenlampen spielt die Kolbenschwärzung keine Rolle.
Die Oberfläche des Glaskolbens nimmt mit seinem Durchmesser zu.

2 Bei Halogenlampen findet keine Schwärzung des Kolbens statt, weil sich kein Wolfram an der Innenwand absetzen kann.

a Erläutere mithilfe von ▸ C2 die Vermeidung der Kolbenschwärzung.

Sublimiertes Wolfram reagiert mit Brom zu Wolframbromid, das sich nicht an der Glaswand abscheidet. Das Wolframbromid wird zurück an die Glühwendel transportiert und dort in die Ausgangsstoffe Wolfram und Brom zerlegt. Das Wolfram kann so auch wieder an der Glühwendel resublimieren.

b Fertige von den chemischen Vorgängen in der Halogenlampe zwei Energiediagramme an und erläutere diese. Stelle dazu passende Reaktionsgleichungen auf.

Die Bildung von Wolframbromid aus Wolfram und Brom ist eine exotherme Reaktion. Sie findet an den kühleren Stellen innerhalb des Glaskolbens statt. Es ist lediglich ein Energiebetrag zur Aktivierung der Reaktion notwendig.

W (s) + Br_2 (g) → WBr_2 (g) | exotherm

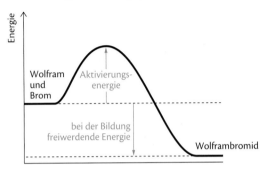

Die Zerlegung von Wolframbromid in Wolfram und Brom ist eine endotherme Reaktion, die zum Ablauf Energie benötigt. Sie findet nur an den heißen Stellen des Glaskolbens in der Nähe der Glühwendel statt, sodass dort auch wieder das Wolfram abgeschieden werden kann.

WBr_2 (g) → W (s) + Br_2 (g) | endotherm

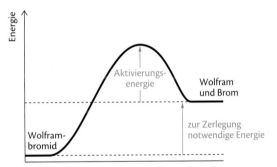

3 In sehr hochwertigen Halogenlampen wird statt Argon Xenon als Füllgas verwendet.

a Erkläre die Vorteile von Xenon als Füllgas gegenüber Argon (▸ C3).

Xenonatome sind mit einer Atommasse von 131 u mehr als dreimal so schwer wie Argonatome (40 u). Der Wärmeverlust bei mit Xenon gefüllten Halogenlampen ist geringer, womit weniger elektrische Energie benötigt wird, um die Glühwendel aufzuheizen. Bei solchen Lampen sind die Kosten zum Betrieb also geringer.

Hilfe: Der Wärmeverlust in Halogenlampen wird durch die Verwendung von Argon verringert, da Argonatome schwerer als die Teilchen der Luft sind. Die Wärmeleitfähigkeit eines Gases ist umso geringer, je schwerer die Gasteilchen sind.

b Begründe, warum Xenon nur in sehr hochwertigen Lampen zum Einsatz kommt.

Das Edelgas Xenon ist sehr viel seltener als Argon. Für die gleiche Menge Xenon muss ein etwa 10 000-mal größeres Volumen an Luft verflüssigt werden. Das macht die Gewinnung von Xenon sehr aufwendig und teuer, weshalb es nur in hochwertigen Lampen zum Einsatz kommt.

Hilfe: Die Edelgase werden durch fraktionierte Destillation flüssiger Luft gewonnen. Dieses Verfahren ist sehr energieaufwendig.
In 1 000 l Luft sind rund 1 l Argon und 0,1 ml Xenon enthalten.

4 Gelegentlich werden Halogenlampen als „selbst heilende Lichtquellen" bezeichnet, da Wolfram sich an der Glühwendel wieder anlagert.
Beurteile diese Bezeichnung (▶ C2).

Im ersten Augenblick erscheint diese Aussage richtig, da die Betriebsdauer von Halogenlampen um bis zu 3-mal länger ist als die von herkömmlichen Glühlampen. Aber auch in diesen Lampen kommt es mit der Zeit zu Abnutzungserscheinungen. Das Wolfram sublimiert an den heißesten Stellen der Glühwendel am stärksten, wird aber nicht unbedingt dort wieder abgeschieden, sodass die Glühwendel irgendwann bricht.

Hilfe: Halogenlampen haben eine sehr lange Lebensdauer.
Die Sublimation des Wolframs findet immer an den heißesten Stellen der Wendel statt.
An den heißesten Stellen der Wendel kann sich deshalb nicht gleichzeitig das meiste Wolfram wieder absetzen.

Atombau und Periodensystem der Elemente

Seite 208–209: Bau des Atoms

1 Erläutere die Ergebnisse des Streuversuchs mithilfe der Modelldarstellung (▶ 3).

Nach dem Kern-Hülle-Modell ist nur ein sehr kleiner Teil des Atoms massiv: der Atomkern. Die Wahrscheinlichkeit ist daher sehr gering, dass Alpha-Strahlung direkt auf diesen Kern trifft und zurückgeworfen wird. Da Atomkern und Alpha-Strahlung positiv geladen sind, kommt es bei einem Teil der Strahlung zur Ablenkung aus der geradlinigen Flugbahn aufgrund der Abstoßungskräfte zwischen den gleichnamigen Ladungen.

2 Erkläre mit dem Kern-Hülle-Modell, warum Atome elektrisch neutral sind.

Im Atomkern befinden sich immer genauso viele positiv geladene Teilchen (Protonen), wie sich negativ geladene Teilchen (Elektronen) in der Atomhülle befinden. Dadurch gleichen sich die Ladungen gegenseitig aus.

3 Zeichne das Kern-Hülle-Modell von Neon (Ordnungszahl 10).

Schalenmodell des Neonatoms

4 Berechne, wie groß ein Atom wäre, wenn der Kern die Größe eines Fußballs hätte (Ø 22 cm).

Der Durchmesser eines Atoms ist ungefähr 10 000-mal größer als der Durchmesser seines Kerns. Hätte der Atomkern die Größe eines Fußballs (22 cm), dann hätte das ganze Atom einen Durchmesser von

10 000 · 22 cm = 220 000 cm = 2,2 km.

Seite 210–211: Der Atomkern

1 Gib an, welche Informationen sich den folgenden Angaben entnehmen lassen: $^{12}_{6}$C, $^{20}_{10}$Ne, $^{63}_{29}$Cu.

Isotop	$^{12}_{6}$C	$^{20}_{10}$Ne	$^{63}_{29}$Cu
Elementname	Kohlenstoff	Neon	Kupfer
Ordnungszahl	6	10	29
Massenzahl	12	20	63
Protonen	6	10	29
Neutronen	6	10	34
Elektronen	6	10	29

2 Gib in einer Tabelle die Ordnungszahl, die Kernladungszahl, die Massenzahl, die Zahl der einzelnen Elementarteilchen sowie die Symbolschreibweise für die Atome der Elemente der zweiten Periode an.

Tabelle, siehe unten

3 Begründe, warum die Angabe der Kernladungszahl bei der Symbolschreibweise weggelassen werden kann (z. B. ^{35}Cl statt $^{35}_{17}$Cl).

Die Kernladungszahl beschreibt die Anzahl der Protonen im Atomkern. Bei verschiedenen Isotopen bleibt die Anzahl der Protonen bei einem Element immer gleich. Sie ist für ein Element charakteristisch, d. h. durch die Angabe

Tabelle zu Aufgabe 2 (Seite 210–211: Der Atomkern):

| Name | Symbol | Ordnungszahl | Massenzahl | Anzahl | | |
				Protonen	Neutronen	Elektronen
Lithium	Li	3	7	3	4	3
Beryllium	Be	4	9	4	5	4
Bor	B	5	11	5	6	5
Kohlenstoff	C	6	12	6	6	6
Stickstoff	N	7	14	7	7	7
Sauerstoff	O	8	16	8	8	8
Fluor	F	9	19	9	10	9
Neon	Ne	10	20	10	10	10

des Elementsymbols kann die Kernladungszahl z. B. aus der Ordnungszahl geschlossen werden. Somit braucht man zur eindeutigen Charakterisierung eines Isotops nur die Massenzahl.

4 Recherchiere, welche Isotope des Urans existieren. Stelle die Angaben (Atommasse, Massenzahl, Kernladungszahl, relative Häufigkeit) tabellarisch dar.
Isotope des Urans, die bei der Bildung der irdischen Materie entstanden sind:

	Atommasse	Massenzahl	Kernladungszahl	Relative Häufigkeit
$^{234}_{92}U$	234 u	234	92	0,0055 %
$^{235}_{92}U$	235 u	235	92	0,7200 %
$^{238}_{92}U$	238 u	238	92	99,2745 %

5 Berechne aus den Angaben zu den zwei Bromisotopen die durchschnittliche Atommasse in u: ^{79}Br (50,7 %; 78,9 u) und ^{81}Br (49,3 %; 80,9 u).
$m_a(Br) = 78,9\ u \cdot 0,507 + 80,9\ u \cdot 0,493 = 79,90\ u$

6 Recherchiere die Bedeutung und Verwendung von Deuterium und Tritium.
Deuterium: Eingesetzt wird Deuterium als Moderator in Kernreaktoren (hier in Form von schwerem Wasser), als Brennstoff in Wasserstoffbomben, als Lösungsmittel in der ^{1}H-NMR-Spektroskopie und als Tracer in der Chemie und Biologie. Außerdem soll in zukünftigen Fusionsreaktoren ein Gemisch aus Deuterium und Tritium als Brennstoff verwendet werden.
Tritium: Unter anderem in der Biologie, Chemie und Medizin wird Tritium als Tracer zur Markierung bestimmter Substanzen verwendet. Als Leuchtmittel wird gasförmiges Tritium zusammen mit einem Fluoreszenzmittel in versiegelten Borsilikatglasröhrchen verwendet. Tritium wird in bestimmten Kernfusionsreaktoren zusammen mit Deuterium als Fusionsstoff verwendet. Durch die Verwendung von Tritium sinkt die dafür notwendige Zündtemperatur auf etwa 100 Mio. °C (gegenüber 400 Mio. °C bei einer Deuterium-Deuterium-Reaktion). Tritium wird auch als Leuchtmittel, z. B. auf Uhrenzifferblättern, verwendet. Tritium ist ein entscheidender Bestandteil bestimmter Kernwaffen. Gegenwärtig wird der Einsatz von Tritium zur autarken Energieversorgung von Mikroprozessoren aus Silicium durch die Ausnutzung der beim Beta-Zerfall freiwerdenden Wärme diskutiert.

Seite 212–214: Die Atomhülle

1 Erläutere die Energiestufen für die Elektronen des Aluminiumatoms anhand einer Skizze.

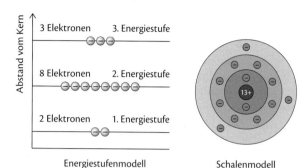

Energiestufenmodell — Schalenmodell

Die 13 Elektronen des Aluminiumatoms verteilen sich auf 3 Energiestufen. Auf der untersten – der kernnächsten – befinden sich 2 Elektronen und der mittleren 8 Elektronen. Beide Energiestufen (Schalen) sind somit maximal besetzt. Auf der obersten Energiestufe befinden sich 3 Elektronen. Diese 3 Elektronen bilden die Valenzschale des Aluminiumatoms und haben einen wesentlichen Einfluss auf die chemischen Eigenschaften von Aluminium.

2 Erläutere anhand des Chloratoms, wie man von der Darstellung der Ionisierungsenergie (▶ 3) zur Annahme von Energiestufen (▶ 2) kommt.
Für die Ionisierungsenergien der Chlorelektronen gilt grundsätzlich, dass mit jedem entfernten Elektron die Ionisierungsenergie ansteigt. Zwischen dem 10. und 11. sowie 2. und 3. Elektron gibt es allerdings größere Sprünge. Beim Energiestufenmodell sind jeweils 2, 8 bzw. 7 Elektronen zu einer gemeinsamen Energiestufe zusammengefasst, dabei gilt: Je größer der Abstand vom Kern, desto geringer ist auch die Energie, die zum Abspalten der Elektronen auf dieser Energiestufe aufgebracht werden muss.
Die Energiestufen entsprechen dabei gerade den Sprüngen in den Ionisierungsenergien der Chlorelektronen, d. h., alle Elektronen mit einer ähnlichen Ionisierungsenergie werden einer Energiestufe zugeordnet, wobei die 2 Elektronen mit der höchsten Ionisierungsenergie der ersten Energiestufe zugeordnet werden, die folgenden 8 Elektronen der zweiten Energiestufe und die letzten 7 der dritten Energiestufe.

3 Vergleiche das Kern-Hülle-Modell mit dem Schalenmodell der Atomhülle.
Erläutere dabei, warum man das Schalenmodell als Erweiterung betrachten kann.
Kern-Hülle-Modell: Die positive Ladung eines Atoms ist in einem winzigen Atomkern konzentriert, die negative Ladung befindet sich in Form von Elektronen in der Atomhülle, die den Atomkern umgibt.

Schalenmodell: Die Elektronen der Atomhülle verteilen sich auf mehrere Schalen, die den Atomkern kugelförmig umgeben. Dabei bilden Gruppen von Elektronen, die sich auf einem ähnlichen Energieniveau befinden, jeweils eine Elektronenschale.

Die Erweiterung des alten Kern-Hülle-Modells wurde notwendig, weil man bei der Untersuchung der Ionisierungsenergie auf ein bestimmtes Phänomen gestoßen war: Es hat sich gezeigt, dass es jeweils Gruppen von Elektronen mit ähnlicher Ionisierungsenergie gibt, wobei sich die einzelnen Gruppen von den anderen Gruppen in der Ionisierungsenergie deutlich unterscheiden. Diese unterschiedlichen Energieniveaus der Elektronen werden als Schalen interpretiert. Die Grundidee des Kern-Hülle-Modells (positive Ladung im Atomkern und Elektronen in der Außenhülle) gilt noch immer, weshalb das Schalenmodell als eine Erweiterung angesehen wird.

1 Gib die jeweilige Elektronenanordnung für ein Lithium-, Fluor- und Neonatom an. Erläutere die Gemeinsamkeiten und Unterschiede. (Seite 214)

Element	Elektronenschale	Zahl der Elektronen
Li	K bzw. 1	2
	L bzw. 2	1
F	K bzw. 1	2
	L bzw. 2	7
Ne	K bzw. 1	2
	L bzw. 2	8

Bei den Atomen aller drei Elemente ist die innere K-Schale voll besetzt. Die äußere L-Schale ist unterschiedlich mit Valenzelektronen besetzt. Ein Neonatom besitzt ein Elektronenoktett.

2 Zeichne das jeweilige Schalenmodell für ein Calcium- und ein Kaliumatom. (Seite 214)

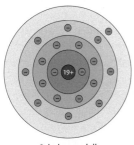

Schalenmodell des Kaliumatoms Schalenmodell des Calciumatoms

3 Gib für die Elemente Lithium, Kohlenstoff, Stickstoff und Sauerstoff die Elektronenschreibweise an. (Seite 214)

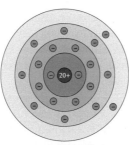

4 Erstelle für die Atome der ersten fünf Elemente der II. Hauptgruppe die Elektronenverteilung wie in ▸ 1 für die Edelgasatome. Begründe mit der Elektronenverteilung, dass diese Elemente eine gemeinsame Elementfamilie bilden. (Seite 214)

Element und Symbol	Anzahl der Elektronen in der Elektronenschale					
	1	2	3	4	5	6
Beryllium (Be)	2	2				
Magnesium (Mg)	2	8	2			
Calcium (Ca)	2	8	8	2		
Strontium (Sr)	2	8	18	8	2	
Barium (Ba)	2	8	18	18	8	2

Anhand der Elektronenverteilung ist erkennbar, dass alle Atome der Elemente der II. Hauptgruppe 2 Außenelektronen besitzen. Diese bestimmen im Wesentlichen das chemische Verhalten und begründen die Zugehörigkeit zur Elementfamilie der Erdalkalimetalle.

Seite 215: Chemie erlebt – Entstehung der Elemente

1 Viele künstliche Elemente wurden nach wichtigen Persönlichkeiten aus der Wissenschaft oder dem Ort der Ersterzeugung benannt. Recherchiere mit dem PSE (▸ Anhang) nach weiteren künstlichen Elementen und finde mehr über deren Namen und Entstehung heraus.

Element (Beispiele)	Herkunft des Namens	Fundort
Bohrium	Niels Bohr (dänischer Physiker)	GSI Darmstadt, Deutschland (1981)
Seaborgium	Glenn T. Seaborg (amerikanischer Chemiker)	Kernforschungszentrum Dubna, Russland (1974)

Element (Beispiele)	Herkunft des Namens	Fundort
Curium	Marie und Pierre Curie	Universität von Kalifornien, Berkeley, USA (1944)
Flerovium	Georgi Fljorov (russischer Physiker)	Kernforschungszentrum Dubna, Russland (1999)
Hassium	Hassia (lateinisch für Hessen)	GSI Darmstadt, Deutschland (1984)

Seite 216–217: Vom Atombau zum Periodensystem der Elemente

1 Erläutere die Elektronenverteilung bei Atomen als Ordnungsprinzip des Periodensystems für die Elemente der 2. und 3. Periode.

Elemente der 2. Periode: Die innere K-Schale ist jeweils mit zwei Elektronen voll besetzt. Auf die äußere L-Schale passen acht Elektronen. Vom Lithium bis zum Neon kommt mit jedem Element jeweils ein Elektron auf der L-Schale hinzu. Die Nummer der Hauptgruppe des betreffenden Elements entspricht der Anzahl der Valenzelektronen auf der äußeren Schale. So steht z. B. Lithium in der I. Hauptgruppe; ein Lithiumatom besitzt ein Valenzelektron auf der L-Schale. Stickstoff steht in der V. Hauptgruppe, seine Atome besitzen jeweils fünf Valenzelektronen. Neonatome besitzen mit acht Elektronen eine voll besetzte Außenschale. Daher sind die Atome des Edelgases Neon besonders stabil.

Elemente der 3. Periode: Die innere K-Schale der Atome ist jeweils mit zwei Elektronen voll besetzt, die mittlere L-Schale jeweils mit acht Elektronen. Die äußere M-Schale der Atome wird mit Elektronen gefüllt, beginnend mit Natrium mit nur einem Elektron bis hin zum Argon, dessen Atome mit acht Elektronen eine stabile Edelgaskonfiguration besitzen.

2 Zeichne ein Schalenmodell der Atomhülle des Elements, das in der V. Hauptgruppe in der 3. Periode steht. Benenne das Element.

Es handelt sich um das Element Phosphor.

Schalenmodell des Phosphoratoms

3 Beschreibe ▶ 5. Gib Tendenzen für die Atomradien der Elemente im Periodensystem an. Nenne Ursachen dafür.

In der Abbildung sind die Atomradien der Hauptgruppenelemente bis zur 4. Periode dargestellt. Innerhalb einer Gruppe nimmt der Radius von oben nach unten zu, da mit jedem weiteren Element eine neue Schale hinzukommt. Innerhalb einer Periode nimmt der Radius von links nach rechts ab, da die Elektronen aufgrund der zunehmenden Kernladung stärker angezogen werden. Dieser Effekt nimmt mit zunehmender Zahl der Schalen ab.

4 Alkalimetalle reagieren heftig mit Sauerstoff. Begründe das mit dem Atombau.

Alle Elemente der I. Hauptgruppe besitzen ein Elektron auf der äußeren Schale. Durch die Abgabe des Valenzelektrons erreichen die Atome der Alkalimetalle eine stabile Edelgaskonfiguration. Das Sauerstoffatom besitzt sechs Valenzelektronen. Mit der Aufnahme zweier weiterer Elektronen wird ein stabiles Elektronenoktett erreicht.

Seite 218: Die IV. Hauptgruppe – vom Kohlenstoff zum Blei

1 Entscheide, ob die Elemente der IV. Hauptgruppe eine gemeinsame Elementfamilie bilden (▶ 1, 2). Begründe deine Wahl.

Obwohl die Atome der Elemente der IV. Hauptgruppe alle 4 Valenzelektronen besitzen, bilden sie keine Elementfamilie im eigentlichen Sinn, da sie sich in ihren Eigenschaften stark unterscheiden: Kohlenstoff (Diamant) ist ein typisches Nichtmetall, während Blei ein Metall ist.

2 Blei zeigt typische metallische Eigenschaften, Silicium nicht. Begründe mit dem Atombau.

Die Atome beider Elemente haben gemeinsam, dass sie jeweils 4 Elektronen auf der Valenzschale besitzen. Die Valenzelektronen der Bleiatome befinden sich aber auf der 6. Elektronenschale, die viel weiter weg vom Kern ist. Sie sind nicht so stark an das Atom gebunden und können – wie es für Metallatome typisch ist – einfacher abgegeben werden. Diese Tatsache begründet auch die metallischen Eigenschaften von Blei.

3 Begründe, warum die Elemente der I. Hauptgruppe bis auf Wasserstoff (Alkalimetalle) Metalle sind.

Die Atome der Elemente der I. Hauptgruppe (Alkalimetalle) besitzen jeweils nur 1 Elektron auf der Außenschale. Dieses Elektron ist nur gering gebunden und kann leicht abgegeben werden, sodass die Edelgasregel erfüllt ist. Eine Ausnahme bildet das Nichtmetall Wasserstoff, dass auch in der I. Hauptgruppe steht. Da es nur ein Elektron besitzt, kann es durch Abgabe dieses Elektrons auch nicht die Edelgasregel erfüllen.

Seite 220–221: Chemie erlebt – Entwicklung von Atommodellen

1 Nenne wissenschaftliche Erkenntnisse, die die Entwicklung der einzelnen Atommodelle notwendig machten.
Dalton-Modell: Das Gesetz von der Erhaltung der Masse und das Gesetz der konstanten Proportionen (Stoffe verbinden sich nur in einem bestimmten, festen Massenverhältnis) sind nur durch einen teilchenartigen Aufbau der Stoff erklärbar.
Rosinenkuchen-Modell: Stoffe können elektrisch aufgeladen werden und ziehen andere Stoffe an oder stoßen sie ab. Daraus folgt das Vorhandensein von verschiedenen Ladungen, die nur aus den Atomen kommen können.
Kern-Hülle-Modell: Rutherfordscher Streuversuch: Beim Bestrahlen einer Goldfolie mit positiv geladenen Alpha-Teilchen zeigt sich, dass der Großteil der Teilchen ungehindert durch die Goldfolie fliegt und nur ein kleiner Teil abgelenkt wird. Daraus folgt ein kleines, positiv geladenes Massezentrum und eine Hülle mit negativ geladenen Teilchen (Elektronen).
Schalenmodell der Atomhülle: Der Vergleich von verschiedenen Ionisierungsenergien von Elektronen zeigt, dass sich die Energien einiger Elektronen stark ähneln und zwischen einigen Elektronen Energiesprünge bestehen. Daraus folgt, dass Elektronen sich auf bestimmten Energiestufen befinden.

2 Erläutere anhand selbst gewählter Beispiele erklärbare und nicht erklärbare Sachverhalte zu den einzelnen Atommodellen.
Offene Aufgabenstellung. Beispiele:
Dalton Atommodell
Erklärbar: Unterscheidung von Elementen und Verbindungen. Nach Dalton haben alle Atome eines Elements die gleiche Masse und Größe. Somit lässt sich ein Element von einem Verbindung unterscheiden, da bei letzterem mehrere Atomsorten beteiligt sind.
Nicht erklärbar: Elektrische Leitfähigkeit. Nach Dalton sind alle Stoffe aus elektrisch neutralen Atomen aufgebaut. Für eine elektrische Leitfähigkeit werden jedoch freie Ladungsträger benötigt.
Schalenmodell
Erklärbar: Ordnungsprinzipien der Elemente im Periodensystem. Mithilfe des Schalenmodells und den auf bestimmten Energiestufen befindlichen Elektronen lassen sich die verschiedenen Elemente in Gruppen und Perioden aufgrund ihrer unterschiedlichen Anzahl an Protonen im Kern und Elektronen in der Hülle (Ordnungszahl/Kernladungszahl) einordnen.
Nicht erklärbar: Stabilität der Edelgaskonfiguration (Elektronenoktett). Das Schalenmodell trifft keine Aussage über die höchstmögliche Anzahl der Elektronen innerhalb einer Schale, sodass das Konzept von gefüllten Energieschalen nicht erklärbar ist.

3 Zwischen Protonen und Elektronen als elektrisch geladenen Teilchen wirken Kräfte. Prüfe, ob dies im Kern-Hülle-Modell und im Schalenmodell der Atomhülle berücksichtigt wird.
In beiden Modellen bewegen sich die Elektronen in der Atomhülle um den Atomkern, sodass die Anziehung der Protonen im Atomkern ausgeglichen werden kann. Jedoch stellt das Schalenmodell mit seinen bestimmten Kreisbahnen eine anschaulichere Darstellung der Kräfteverhältnisse in einem Atom dar.

4 Erstelle ein Begriffsnetz (Concept-Map) zur Entwicklung der Atommodelle.
Offene Aufgabenstellung.

Seite 224–225: Weitergedacht

Material A: Dem Bau der Atome auf der Spur

1 Prüfe die drei Skizzen a, b und c auf ihre Vereinbarkeit mit dem Kern-Hülle-Modell des Atoms und interpretiere die Überraschung Rutherfords zum Ausgang seines Streuversuchs (▶ A2, A1).
Bei Skizze a wurden auf dem gesamten Schirm etwa gleich viele Einschläge registriert, d. h. praktisch alle Alpha-Teilchen wurden abgelenkt.
Bei Skizze b werden vor allem Einschläge direkt hinter der Folie (ohne Ablenkung) registriert. Die restlichen Einschläge verteilen sich auf dem gesamten Schirm.
Bei Skizze c wurden alle Alpha-Teilchen an der Folie zurückgeworfen.
Skizze b entspricht am ehesten dem Kern-Hülle-Modell, da viele Alpha-Teilchen ohne Ablenkung durch die Folie geflogen sind.
Rutherfords Äußerung bezieht sich auf die Beobachtung, dass ein Teil der Alpha-Strahlung beim Versuch von der Goldfolie zurückgeworfen wurde. Er nahm ursprünglich an, dass die Strahlung ungehindert die Folie passieren würde.

Hilfe: Das Kern-Hülle-Modell sagt aus, dass Atome aus einem sehr kleinen, massiven Atomkern und einer dazu 10 000-mal größeren Atomhülle bestehen, die bis auf die Elektronen fast vollständig leer ist.
Alpha-Strahlung sind elektrisch positiv geladene Teilchen.
Atomkerne sind elektrisch positiv geladen.
Zum Zeitpunkt des Streuversuchs war bekannt, dass Elektronenstrahlung (Beta-Strahlung) dünne Folien ungehindert passieren konnten. Rutherford schloss daraus, dass dies auch für andere radioaktive Strahlung zutreffend sei.

2 Zeichne eine mögliche Modelldarstellung der Flugbahn der Alpha-Teilchen durch die Goldfolie anhand der Skizzen, die zwar zu Daltons oder Thomsons Vorstellungen von Atomen passen, aber im Widerspruch zum Kern-Hülle-Modell stehen (▸ A2).
Alpha-Strahlung müsste an den massiven Atomen abprallen bzw. zurückgeworfen werden (Dalton). Bei Thomsons Rosinenkuchen-Modell wäre auch denkbar, dass die Alpha-Teilchen in den Atomen „stecken bleiben" und diese positiv aufladen.

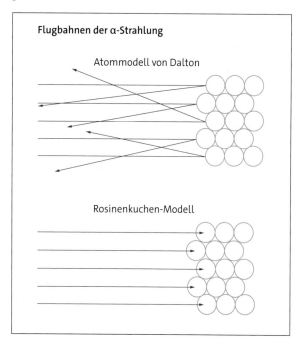

Hilfe: Nach Daltons Modell sind Atome harte, massive Kugeln, die nicht weiter teilbar sind.
Nach Thomson bestehen Atome aus kleinen, elektrisch negativ geladenen Elektronen, die sich in einer positiv geladenen Masse verteilen.

3 Diskutiere, ob die drei Gegenstände dazu geeignet sind, Vorstellungen zum Bau der Atome zu vermitteln (▸ A3).
Eine Boule-Kugel eignet sich als Veranschaulichung für das Dalton-Modell, bei dem Atome starre, feste Kugeln mit einer bestimmten Masse und Größe sind. Boule-Kugeln gibt es allerdings nur in einer Größe, sodass keine verschiedenen Atomarten dargestellt werden können.
Die Muschel eignet sich als Veranschaulichung für das Kern-Hülle-Modell. Die Muschelschale stellt dabei die Atomhülle dar, in der sich die Perle als Atomkern befindet. Allerdings ist auch nach dem Kern-Hülle-Modell das Atom kugelförmig. Zudem ist die Atomhülle nur der Bereich, in dem sich die Elektronen aufhalten und kein „greifbarer" Bestandteil des Atoms wie eine Muschelschale.

Die Wassermelone eignet sich als Veranschaulichung für das Rosinenkuchen-Modell von Thomson. Die Melonenkerne stellen die Elektronen dar, die im „positiv geladenen" Fruchtfleisch verteilt sind.

Material B: Unregelmäßigkeiten im Periodensystem

1 Kennzeichne das Ordnungsprinzip von Döbereiners Triaden. Berechne dazu den Mittelwert der Atommassen der beiden Elemente Lithium und Kalium und vergleiche ihn mit der Atommasse von Natrium (▸ B1).

Element	Atommasse in u	Mittelwert
Lithium	6,94	
Natrium	22,99	23,02
Kalium	39,10	

Der Mittelwert entspricht der Atommasse von Natrium. Döbereiner fasste also solche Elemente zu Triaden zusammen, bei denen der Mittelwert der Atommasse zweier Elemente der Atommasse des mittleren Elements entsprach.

2 Mendelejew und Meyer ordneten die Elemente ursprünglich aufgrund ihrer Atommassen an.
a Vergleiche die Angaben der Elemente mit den Ordnungszahlen 33–36 und 51–54, die hinsichtlich des Atombaus (Atommasse, Anzahl Elektronenschalen, Anzahl der Außenelektronen) aus dem PSE ableitbar sind (▸ B2).

Ordnungszahlen 33–36				
	OZ	Atommasse in u	Anzahl Schalen	Anzahl Außenelektronen
Arsen	33	74,92	4	5
Selen	34	78,96	4	6
Brom	35	79,90	4	7
Krypton	36	83,80	4	8
Ordnungszahlen 51–54				
	OZ	Atommasse in u	Anzahl Schalen	Anzahl Außenelektronen
Antimon	51	121,76	5	5
Tellur	52	127,60	5	6
Iod	53	126,90	5	7
Xenon	54	131,29	5	8

Die erste Gruppe (33–36) besitzt jeweils 4 besetzte Elektronenschalen, die zweite Gruppe 5 besetzte Elektronenschale. Das heißt in den Zeilen (Perioden) stehen die Elemente mit der gleichen Anzahl an besetzten Elektronenschalen. Außerdem kann man ableiten, dass Elemente mit gleicher Anzahl an Außenelektronen untereinander stehen.

b Benenne die Erkenntnis, die daraus für das grundlegende Ordnungsprinzip des heutigen PSE abgeleitet wurde.

Im heutigen PSE sind die Elemente nicht nach steigender Atommasse geordnet, sondern nach der Ordnungszahl, die der Kernladungszahl – also der Anzahl an Protonen und damit auch Elektronen – entspricht. Das ermöglicht Elemente mit gleicher Anzahl an Außenelektronen untereinander und Elemente mit gleicher Anzahl besetzter Elektronenschalen nebeneinander anzuordnen. Daraus folgt, dass die Stellung eines Elements im Periodensystem von seinem Atombau bestimmt wird. Oder umgekehrt aus der Stellung des Elements im PSE kann auf den Atombau geschlossen werden.

3 Begründe die Anordnung der chemischen Elemente in Gruppen aufgrund von regelmäßig wiederkehrenden chemischen Eigenschaften.

Das chemische Verhalten der Elemente wird maßgeblich von den Elektronen der Außenschale bestimmt. In den Gruppen (Spalten) stehen die Elemente, die in der Anzahl ihrer Außenelektronen übereinstimmen. Diese Elemente bilden eine gemeinsame Elementfamilie mit sich ähnelnden Eigenschaften.

Material C: Mendelejews Voraussagen

1 Erläutere den Atombau für das Element Germanium. Formuliere die Reaktionsgleichung zur Darstellung von reinem Germanium (▶ C3).

Germanium besitzt die Ordnungszahl 32, somit hat es 32 Protonen im Kern und 32 Elektronen auf 4 Schalen aufgeteilt, da es in der 4. Periode im PSE steht. Es besitzt 4 Valenzelektronen, da es sich in der IV. Hauptgruppe befindet. Aufgrund der gebrochenen Atommasse von 72,61 u, kann man davon ausgehen, dass mehrere Isotope von diesem Element existieren.

$GeO_2 + C \rightarrow Ge + CO_2$ oder

$GeO_2 + 2\,H_2 \rightarrow Ge + 2\,H_2O$

2 Vergleiche die Eigenschaften des 15 Jahre später entdeckten Germaniums mit Mendelejews Voraussagen und beurteile seine Bemerkung, „Eka-Silizium" sei ein Musterbeispiel für die Leistungsfähigkeit seines Periodensystems (▶ C1, C2).

Eigenschaft	Eka-Silizium	Germanium
Atommasse	72	72,61
Schmelzpunkt	hoch	938,3 °C
Farbe	dunkelgrau	gräulich-weiß
Schmelzpunkt Oxid	hoch	> 1 000 °C
Gewinnung	aus seinem Oxid	Reaktion von Germaniumoxid mit Kohlenstoff oder Wasser

Natürlich konnte Mendelejew die Eigenschaften von Germanium nicht exakt vorhersagen. Jedoch liegt er mit vielen seiner Annahmen fast vollständig richtig. Er sortierte die Elemente so, dass sich chemisch ähnliche Elemente in einer Gruppe befanden. Er konnte somit vorhersagen, welche Eigenschaften die Elemente in den Lücken haben müssten. Somit ist seine Aussage durchaus nachvollziehbar.

Hilfe: Erstelle zum Vergleich eine Tabelle mit den Eigenschaften der beiden Elemente.

3 Ermittle die Elementnamen für Mendelejews Lücken. Gib die Bezeichnung von Mendelejew für diese damals unbekannten Elemente an (▶ C1).

Lücke	Atommasse	Elementname	Name nach Mendelejew
44	44,96	Scandium	Eka-Bor
68	69,72	Gallium	Eka-Aluminium
72	72,61	Germanium	Eka-Silizium

Hilfe: Mendelejew nannte das damals unbekannte Germanium Eka-Silizium, weil die Lücke auf Silicium folgte.

Material D: Atombau und Ionisierungsenergie

1 Beschreibe und erläutere den Verlauf der Ionisierungsenergien in der Schülerskizze (▶ D1).

In der Schülerskizze erkennt man, dass die Ionisierungsenergie vom Wasserstoff (Ordnungszahl (OZ) = 1) zum Helium (OZ = 2), vom Lithium (OZ = 3) zum Neon (OZ = 10) und vom Natrium (OZ = 11) zum Argon (OZ = 18) jeweils stetig steigt.
Die Anziehungskraft des Atomkerns auf die Elektronen wächst in diesen drei Reihen aufgrund der größer werdenden Kernladungszahl. Zum Abspalten des ersten Elektrons muss deshalb eine immer größer werdende Energie aufgewandt werden.
Der sprunghafte Abfall der ersten Ionisierungsenergie von Helium zu Lithium und von Neon zu Natrium ergibt sich dadurch, dass sich bei den Alkalimetallen Lithium bzw. Natrium das jeweils abgespaltene Elektron auf der nächsthöheren Schale (Energiestufe) befindet. Aus der Skizze lässt sich also der schalenartige Aufbau der Atomhülle ableiten.

Hilfe: Die Ionisierungsenergie ist ein Maß für die Anziehungskraft des Atomkerns auf die Elektronen in der Atomhülle. Sie nimmt mit der Kernladungszahl zu und mit dem Abstand der Elektronen vom Atomkern ab.

2 Vergleiche die Schülerskizze mit dem tatsächlichen Verlauf der Ionisierungsenergien (▶ D1, D2).

Beide Darstellungen ähneln sich, auch wenn bei D2 ein Säulendiagramm gezeichnet wurde: Die Elemente Helium, Neon und Argon nehmen jeweils einen Maximalwert ein, Lithium und Natrium einen Minimalwert. Der Anstieg zwischen den Edelgasen ist allerdings nicht so kontinuierlich wie bei D1. Bei Bor (OZ = 5), Sauerstoff (OZ = 8), Aluminium (OZ = 13) und Schwefel (OZ = 16) ist die Ionisierungsenergie jeweils geringer als die Ionisierungsenergie des direkten Vorgängerelements.

Hilfe: Vergleiche die Diagramme qualitativ. Betrachte vor allem die Elemente mit der OZ 5, 8, 13 und 16 näher.

3 Erläutere, warum der Verlauf in D2 allein mit dem Schalenmodell der Atomhülle nicht zu erklären ist.

Das kontinuierliche Ansteigen zwischen den Elementen mit der Ordnungszahl 3 bis 10 und Ordnungszahl 11 bis 18 wird beim Schalenmodell so erklärt, dass sich die Elektronen jeweils auf einer gemeinsamen Elektronenschale befinden, die den gleichen Abstand zum Atomkern hat. Die Ionisierungsenergie nimmt zu, weil mit größer werdender Ordnungszahl (Kernladungszahl) auch die Anziehungskraft auf diese Elektronen zunimmt. Der sprunghafte Abfall wird damit gedeutet, dass sich die weiteren Elektronen auf der nächsthöheren Schale befinden, die einen größeren Abstand zum Kern hat. Das Abfallen der Ionisierungsenergie bei den Elementen Bor, Sauerstoff, Aluminium und Schwefel kann man dann eigentlich auch nur damit deuten, dass sich nicht alle Elektronen auf der gleichen Schale befinden können. Diese „Unterschalen" sind im Schalenmodell aber nicht vorgesehen.

Hilfe: Die Veränderung der Ionisierungsenergie kann mit dem schalartigen Aufbau der Atomhülle erklärt werden.
Je weiter entfernt die Schale ist, auf den sich das entfernte Elektron befand, desto geringer war die Anziehungskraft des Atomkerns.
Elektronen auf einer Schale werden umso stärker angezogen, je größer die Kernladungszahl (Ordnungszahl) des Atomkerns (Elements) ist.

Salze und Metalle – Elektronenübertragung

Seite 230–231: Elektrische Leitfähigkeit von Salzen

1 Begründe die elektrische Leitfähigkeit von Salzschmelzen und Salzlösungen.
Die elektrische Leitfähigkeit beruht auf beweglichen Ladungsträgern. In Salzschmelzen und Salzlösungen sind die Ionen, aus denen die Salze bestehen, frei beweglich. Daher leiten sie den elektrischen Strom.

2 Erkläre, warum man bei herannahendem Gewitter ein Gewässer sofort verlassen sollte.
In Gewässern sind verschiedene Salze gelöst, die den elektrischen Strom leiten. Dadurch kann es gefährlich sein, bei Gewitter in Gewässern zu baden, weil die elektrischen Entladungen beim Gewitter durch das Gewässer zum Badenden geleitet und dieser davon getroffen werden kann. Dies kann zu schweren Verletzungen führen.

3 Nenne jeweils die Anionen und Kationen aus denen die folgenden Salze bestehen
a Kaliumnitrat
Kationen: Kalium-Ionen
Anionen: Nitrat-Ionen

b Natriumsulfat
Kationen: Natrium-Ionen
Anionen: Sulfat-Ionen

c Kupferchlorid
Kationen: Kupfer-Ionen
Anionen: Chlorid-Ionen

d Lithiumbromid
Kationen: Lithium-Ionen
Anionen: Bromid-Ionen

e Kupfersulfat
Kationen: Kupfer-Ionen
Anionen: Sulfat-Ionen

f Kaliumchromat
Kationen: Kalium-Ionen
Anionen: Chromat-Ionen

4 Formuliere einen Merksatz hinsichtlich der Bewegungsrichtung der Anionen und Kationen.
Beim Anlegen einer elektrischen Spannung an eine Salzlösung bewegen sich die darin gelösten Anionen stets zum Pluspol (Anode), die Kationen hingegen immer zum Minuspol (Kathode).

5 Beschreibe unter Verwendung von Fachbegriffen die Ionenwanderung in Bild ▶ 3.
In eine Salzlösung werden zwei Elektroden gestellt und an sie eine elektrische Spannung angelegt. Die Kationen in der Salzlösung beginnen nun aufgrund ihrer positiv elektrischen Ladung zum Minuspol (Kathode) zu wandern. Die Anionen in der Salzlösung wandern dagegen in die entgegengesetzte Richtung zum Pluspol (Anode).

6 In eine Lösung, die Permanganat-Ionen und positiv geladene Nickel-Ionen (erkennbar an der grünen Färbung) enthält, werden zwei Elektroden eingetaucht und Spannung angelegt. Beschreibe die Vorgänge, die beobachtet werden können.
Es wird eine farbliche Auftrennung der Lösung beobachtet. Die negativ geladenen Permanganat-Ionen wandern in Richtung der positiv geladenen Anode. An dieser bildet sich somit eine violette Farbe. Die positiv geladenen Nickel-Ionen wiederum wandern in Richtung der negativ geladenen Kathode, an der nun eine grüne Färbung der Lösung sichtbar ist.

Seite 232–233: Vom Atom zum Ion

1 Vergleiche in einer Tabelle die Anzahl der Protonen und Elektronen und die elektrische Ladung von
a Kaliumatomen und Kalium-Ionen,

Teilchen	Anzahl der Protonen	Anzahl der Elektronen	Elektrische Ladung
Kaliumatom	19	19	±0
Kalium-Ion	19	18	+1

b Bromatomen und Bromid-Ionen.

Teilchen	Anzahl der Protonen	Anzahl der Elektronen	Elektrische Ladung
Bromatom	35	35	±0
Bromid-Ion	35	36	−1

2 Erläutere, warum bestimmte Atomsorten nur positiv geladene Ionen, andere nur negativ geladene Ionen bilden.

Metalle (allgemein Elemente, die im Periodensystem links stehen) besitzen in der Regel nur wenige Außenelektronen. Durch Bildung positiv geladener Ionen können diese Atome sehr einfach die Oktettregel erfüllen. Sie bilden daher durch Elektronenabgabe bevorzugt positiv elektrisch geladene Ionen (Kationen). Nichtmetalle (allgemein Elemente, die im Periodensystem rechts stehen) fehlen in der Valenzschale in der Regel nur wenige Elektronen bis zum Elektronenoktett. Durch Bildung negativ geladener Ionen können diese Atome sehr einfach die Oktettregel erfüllen. Sie bilden daher durch Elektronenaufnahme elektrisch negativ geladene Ionen (Anionen).

3 Erläutere die Bildung der folgenden Ionen und ermittle die Edelgase, deren Elektronenkonfiguration durch die Ionenbildung erreicht wurde.

a Barium-Ion

Barium-Ionen (Ba^{2+}) entstehen durch die Abgabe von 2 Elektronen aus Bariumatomen. Dadurch wird die stabile Elektronenkonfiguration von Xenonatomen erreicht.

b Fluorid-Ion

Fluorid-Ionen (F^-) entstehen durch die Aufnahme von 1 Elektron aus Fluoratomen. Dadurch wird die stabile Elektronenkonfiguration von Neonatomen erreicht.

c Nitrid-Ion

Nitrid-Ionen (N^{3-}) entstehen durch die Aufnahme von 3 Elektronen aus Stickstoffatomen. Dadurch wird die stabile Elektronenkonfiguration von Neonatomen erreicht.

4 Erläutere, warum ein Magnesium-Ion kleiner bzw. ein Oxid-Ion größer als das entsprechende Atom ist.

Magnesium-Ionen sind zweifach positiv geladen. Sie besitzen die Elektronenkonfiguration von Neonatomen. Im Vergleich zu Magnesiumatomen besetzen die Elektronen in Magnesium-Ionen daher nur noch 2 statt 3 Schalen. Zusätzlich werden die verbliebenen Elektronen in Magnesium-Ionen stärker angezogen als die Elektronen in Neonatomen, da die Kernladungszahl um 2 größer ist. Magnesium-Ionen sind daher deutlich kleiner als Magnesiumatome.

Oxid-Ionen sind zweifach negativ geladen. Sie besitzen ebenfalls die Elektronenkonfiguration von Neonatomen. Die Elektronen der Oxid-Ionen besetzen mit 3 Schalen genauso viele wie bei Sauerstoffatomen. Durch die Aufnahme von zwei zusätzlichen Elektronen kommt es allerdings zu einer stärken Abstoßung der Elektronen untereinander, sodass sich die Atomhülle vergrößert. Im Vergleich zu Sauerstoffatomen sind Oxid-Ionen daher größer.

Seite 234–235: Ionenbindung – Bau salzartiger Stoffe

1 Stelle die Verhältnisformeln folgender Ionenverbindungen auf.

a Kaliumfluorid
K^+ und F^-: KF

b Lithiumoxid
Li^+ und O^{2-}: Li_2O

c Eisen(III)-chlorid
Fe^{3+} und Cl^-: $FeCl_3$

d Magnesiumnitrid
Mg^{2+} und N^{3-}: Mg_3N_2

e Aluminiumoxid
Al^{3+} und O^{2-}: Al_2O_3

f Calciumbromid
Ca^{2+} und Br^-: $CaBr_2$

2 Ermittle aus den folgenden Verhältnisformeln von Ionenverbindungen die Ladungen der Ionen. Nutze dazu Tabelle ▶ 4 und benenne die Verbindungen.

a ZnO
b Ag_2O
c Fe_2O_3
d $CuCl$

Verhältnisformel	Kation	Anion	Kleinstmögliches Zahlenverhältnis	Name
ZnO	Zn^{2+}	O^{2-}	1:1	Zinkoxid
Ag_2O	Ag^+	O^{2-}	2:1	Silberoxid
Fe_2O_3	Fe^{3+}	O^{2-}	2:3	Eisen(III)-oxid
$CuCl$	Cu^+	Cl^-	1:1	Kupfer(I)-chlorid

3 Erläutere den Bau folgender Salze anhand ihrer Modelle.

a Natriumchlorid (▶ 2)

Natrium-Ionen und Chlorid-Ionen sind im Natriumchlorid durch Ionenbindung gebunden. Starke allseitig wirkende Anziehungskräfte halten die ungleichnamig elektrisch geladenen Ionen in regelmäßiger Anordnung zusammen. Jedes Natrium-Ion ist hierbei von 6 Chlorid-Ionen und jedes Chlorid-Ion wiederum von 6 Natrium-Ionen umgeben. Somit ergibt sich ein Verhältnis der beiden Ionen von 1:1, weshalb die Verhältnisformel NaCl lautet.

b Calciumfluorid (▶ 3)
Die Calcium-Ionen und Fluorid-Ionen sind im Calciumfluorid durch Ionenbindungen gebunden. Starke allseitig wirkende Anziehungskräfte halten die ungleichnamig elektrisch geladenen Ionen in regelmäßiger Anordnung zusammen. Jedes Calcium-Ion ist von 8 Fluorid-Ionen umgeben. Dies wird deutlich, wenn man bedenkt, dass es sich bei dem dargestellten Modell nur um einen Teil des Ionengitters handelt und jedes Calcium-Ion, das sich auf einer Ecke bzw. einer Fläche dieses Ausschnittes befindet, noch weitere Fluorid-Ionen als Nachbarn hat, die im Modell durch leicht angedeutete Striche dargestellt wurden. Weiterhin ist jedes Fluorid-Ion von 4 Calcium-Ionen umgeben. Somit ergibt sich ein Verhältnis der beiden Ionen von 1:2, auch erkennbar an der Verhältnisformel CaF_2.

4 Erläutere, warum die kleinste Baueinheit von Aluminiumchlorid immer aus einem Aluminium-Ion und drei Chlorid-Ionen aufgebaut ist.
Aluminium-Ionen sind aufgrund der Oktettregel stets dreifach positiv geladen (Al^{3+}). Chlorid-Ionen sind stets einfach negativ geladen (Cl^-). Um eine elektrisch neutrale Verbindung aus diesen Ionen zu erhalten, muss auf 3 Chlorid-Ionen jeweils 1 Aluminium-Ion kommen.

Seite 236: Eigenschaften von Ionenverbindungen

1 Erkläre, warum sich salzartige Stoffe nicht verformen lassen.
Salzartige Stoffe sind spröde, das heißt bei Einwirken einer Kraft entstehen Bruchstücke des Salzes mit glatten Flächen, es kommt hierbei nicht zu einer Verformung des Salzes. Dies passiert, da im Ionengitter die Ionenschichten bei Krafteinwirkung verschoben werden. Dabei kommen sich gleichgeladene Ionen nahe, was zu einer Abstoßung führt und somit zu einem Zerspringen des Salzkristalls.

2 Überlege, ob die Schmelztemperatur von Kaliumchlorid höher oder niedriger liegt als die Schmelztemperatur von Natriumchlorid und begründe deine Entscheidung.
Eine hohe Schmelztemperatur resultiert aus einer starken Bindung der beiden Ionenarten im Gitter. Ionenbindungen sind umso stärker, je kleiner und je höher geladen die Ionen sind. Die Ladungen von Natrium-Ionen und Kalium-Ionen sind identisch, jedoch sind Kalium-Ionen größer als Natrium-Ionen, da sie eine weitere Schale mit Elektronen besitzen. Aus diesem Grund müsste die Schmelztemperatur von Kaliumchlorid niedriger sein als die von Natriumchlorid. Die Chlorid-Ionen spielen bei der Betrachtung keine Rolle, da sie in beiden Verbindungen vorhanden sind.

3 Begründe, warum sich Ionenverbindungen im Allgemeinen in warmem Wasser besser lösen als in kaltem.
Beim Lösen einer Ionenverbindung werden die Ionenkristalle zerstört. Zum Abbau des Ionengitters muss Energie aufgewendet werden, um die Ionenbindungen zu überwinden. Bei höherer Temperatur kann diese aus dem erwärmten Wasser gewonnen werden. Dadurch lösen sich die meisten Salze besser.

4 Entwickle die Ionengleichungen für das Lösen der folgenden Salze in Wasser.
a Kupfer(II)-chlorid
$CuCl_2$ (s) → Cu^{2+} (aq) + 2 Cl^- (aq)

b Kaliumiodid
KI (s) → K^+ (aq) + I^- (aq)

Seite 237: Chemie erlebt – Salze und Gesundheit

1 Recherchiere auf Etiketten von „Iso-Drinks" (isotonischen Getränken) die Inhaltsstoffe und deren Anteil im Getränk. Bewerte die Angaben im Hinblick auf ihre gewünschte Wirkung als besonders geeigneter Durstlöscher nach sportlicher Betätigung.
Offene Aufgabenstellung. Bei sportlicher Betätigung kommt es durch Schwitzen nicht nur zu einem Flüssigkeitsverlust, sondern auch die im Schweiß enthaltenen Mineralien gehen verloren. Isotonische Getränke enthalten Mineralien in einer ähnlichen Zusammensetzung und Gehalt wie die Flüssigkeiten des Körpers und führen nicht zu einem weiteren „Auslaugen".

2 Ermittle Lebensmittel, die einen hohen Massenanteil an Kochsalz haben. Nutze dafür auch Nährwerttabellen. Stelle die Ergebnisse in einer Tabelle zusammen.
Offene Aufgabenstellung.

3 Recherchiere, warum in Deutschland das Speisesalz iodiert und fluoriert ist.
Der menschliche Körper benötigt gewisse Mengen an Iod und Fluor, da jedoch die meisten Lebensmittel nur geringe oder gar keine Mengen von ihnen enthalten, wird das Speisesalz mit diesen Mineralien angereichert, um den täglichen Bedarf zu decken.

Seite 240–241: Redoxreaktionen von Metallen mit Nichtmetallen

1 Aluminium reagiert mit Brom zu Aluminiumbromid. Formuliere die Ionengleichungen für die Elektronenabgabe und Elektronenaufnahme sowie die Reaktionsgleichung für die Elektronenübertragung.

Elektronenabgabe: $2\,Al \rightarrow 2\,Al^{3+} + 6\,e^-$

Elektronenaufnahme: $3\,Br_2 + 6\,e^- \rightarrow 6\,Br^-$

Elektronenübertragung: $2\,Al + 3\,Br_2 \rightarrow 2\,Al^{3+} + 6\,Br^-$
$2\,Al + 3\,Br_2 \rightarrow 2\,AlBr_3$

2 Erläutere die Begriffe Elektronendonator und Elektronenakzeptor an einem selbstgewählten Beispiel.
Elektronendonator: Teilchen, das bei einer chemischen Reaktion Elektronen abgibt.
Beispiel: $Zn \rightarrow Zn^{2+} + 2\,e^-$
Elektronenakzeptor: Teilchen, das bei einer chemischen Reaktion Elektronen aufnimmt.
Beispiel: $I_2 + 2\,e^- \rightarrow 2\,I^-$

3 Silber reagiert mit Sauerstoff zu Silberoxid und mit Chlor zu Silberchlorid.
a Stelle beide Reaktionen als Redoxreaktionen dar und vergleiche sie.

Oxidation: $4\,Ag \rightarrow 4\,Ag^+ + 4\,e^-$

Reduktion: $O_2 + 4\,e^- \rightarrow 2\,O^{2-}$

Redoxreaktion: $4\,Ag + O_2 \rightarrow 2\,Ag_2O$

Oxidation: $2\,Ag \rightarrow 2\,Ag^+ + 2\,e^-$

Reduktion: $Cl_2 + 2\,e^- \rightarrow 2\,Cl^-$

Redoxreaktion: $2\,Ag + Cl_2 \rightarrow 2\,AgCl$

In beiden Reaktionen wird Silber oxidiert und gibt Elektronen an den Reaktionspartner ab. Bei der Reaktion mit Sauerstoff müssen allerdings pro Atom Sauerstoff zwei Silberatome oxidiert werden, wohingegen pro Chloratom nur ein Silberatom oxidiert wird.

b Überlege, welche Teilchen die Oxidationsmittel bzw. die Reduktionsmittel sind. Formuliere eine allgemeine Aussage.

Bei „klassischen" Redoxreaktionen oxidiert das Oxidationsmittel den Reaktionspartner und wird dabei selbst reduziert. Umgekehrt wird das Reduktionsmittel oxidiert (▶ S. 135, Lehrbuch).
Im Beispiel werden die Silberatome (Ag) bei beiden Reaktionen zu positiv geladenen Silber-Ionen (Ag^+) oxidiert. Sauerstoffmoleküle (O_2) und Chloratome (Cl) jeweils zu Oxid-Ionen (O^{2-}) bzw. Chlorid-Ionen (Cl^-) reduziert.

Oxidationsmittel: Silberatome
Reduktionsmittel: Chlormoleküle, Sauerstoffmoleküle

Seite 242–243: Reaktionen von Metallen mit Salzlösungen

1 Beschreibe die Vorgänge, die beim Eintauchen eines Zinkstabs in eine Kupfersulfatlösung bzw. in eine Magnesiumsulfatlösung ablaufen.
Beim Eintauchen eines Zinkstabes in eine Kupfersulfatlösung scheidet sich auf dem Zinkstab elementares Kupfer ab. Da Zink ein unedleres Metall ist als Kupfer, geben die Zinkatome an der eingetauchten Oberfläche jeweils 2 Elektronen ab und gehen als zweifach positiv geladene Zink-Ionen in Lösung. Die zweifach positiv geladenen Kupfer-Ionen nehmen jeweils zwei Elektronen auf und werden zu Kupferatomen entladen. Das so entstandene elementare Kupfer scheidet sich als Belag auf dem Zinkstab ab. Beim Eintauchen des Zinkstabes in eine Magnesiumsulfatlösung kommt es dagegen zu keiner Metallabscheidung, da Magnesium ein unedleres Metall ist als Zink.

2 Ein Eisennagel taucht in eine Silbernitratlösung. Formuliere für die chemische Reaktion die Reaktionsgleichung und kennzeichne Oxidations- und Reduktionsmittel.
Reaktion beim Eintauchen eines Eisennagels in eine Silbernitratlösung:
$Fe\,(s) + 2\,Ag^+\,(aq) + 2\,NO_3^-\,(aq)$
$\rightarrow 2\,Ag\,(s) + Fe^{2+}\,(aq) + 2\,NO_3^-\,(aq)$

Oxidationsmittel: Silber-Ionen
Reduktionsmittel: Eisenatome

3 Nenne die Metall-Ionen, an denen Kupferatome Elektronen abgeben können. Begründe.
Kupferatome können an alle Metall-Ionen von Metallen Elektronen abgeben, deren Bestreben, Elektronen aufzunehmen größer ist, als das der Kupferatome. Das sind Silber, Platin und Gold.

4 Entwickle eine Möglichkeit, wie man nachweisen kann, dass beim Experiment 12 die Chlorid-Ionen, die Sulfat-Ionen und die Nitrat-Ionen an den Elektronenübertragungen nicht beteiligt waren.

Man könnte dieselben Versuche mit anderen Salzlösungen durchführen, bspw. statt Zinkchloridlösung eine Zinknitratlösung verwenden. Das Ergebnis müsste gleich bleiben.

5 Formuliere Voraussagen darüber, welche Metallatome von Magnesium-Ionen oxidiert werden können und welche Metall-Ionen Magnesiumatome oxidieren können. Begründe.

Um Magnesium-Ionen zu reduzieren, braucht es Metallatome, deren Bestreben, Elektronen aufzunehmen, noch geringer ist als das der Magnesiumatome. Dies könnten Calcium- oder Lithiumatome sein. Um Magnesiumatome zu Magnesium-Ionen zu oxidieren, braucht es dagegen Metallatome, deren Bestreben, Elektronen aufzunehmen, größer ist als das der Magnesiumatome. Hierzu zählen alle Metallatome, die rechts vom Magnesium stehen, z. B. Eisen oder Kupfer.

6 Erläutere, warum man Kupfermünzen versilbern kann.

Beim Versilbern von Kupfermünzen nehmen Silber-Ionen Elektronen der Kupferatome auf und werden zu elementarem Silber reduziert. Silberatome haben das größere Bestreben, Elektronen aufzunehmen.

7 Es stehen $m = 24$ g Magnesium zur Verfügung. Berechne die Masse Kupfer, die damit aus einer Kupfersulfatlösung abgeschieden werden kann.

Gegeben: $m(Mg) = 24$ g
$M(Mg) = 24{,}31$ g/mol
$M(Cu) = 63{,}55$ g/mol

Gesucht: m(Kupfer)

Lösung:
$Mg + CuSO_4 \rightarrow MgSO_4 + Cu$
Daraus folgt, dass $n(Mg) : n(Cu) = 1 : 1$ $n(Cu) = n(Mg)$

$$\frac{m(Cu)}{m(Mg)} = \frac{n(Cu) \cdot M(Cu)}{n(Mg) \cdot M(Mg)} = 0{,}99 \text{ mol}$$

$$m(Cu) = \frac{n(Cu) \cdot M(Cu)}{n(Mg) \cdot M(Mg)} \cdot m(Mg) = 0{,}99 \text{ mol}$$

$$= \frac{1 \text{ mol} \cdot 63{,}55 \text{ g/mol}}{1 \text{ mol} \cdot 24{,}31 \text{ g/mol}} \cdot 24 \text{ g}$$

$$= \underline{62{,}7 \text{ g}}$$

Antwort: Es können 62,7 g Kupfer abgeschieden werden.

8 Aluminium ist unedler als Blei. Formuliere Ionengleichungen für die Teilreaktionen und die Gesamtreaktion zwischen metallischem Aluminium und Blei-Ionen.

Elektronenabgabe: $\quad 2 Al \rightarrow 2 Al^{3+} + 6 e^-$

Elektronenaufnahme: $\quad 3 Pb^{2+} + 6 e^- \rightarrow 3 Pb$

Elektronenübertragung: $\quad 2 Al + 3 Pb^{2+} \rightarrow 2 Al^{3+} + 3 Pb$

Seite 244–245: Korrosion und Korrosionsschutz

1 Nenne Bedingungen, die das Rosten von Eisen fördern.

Kontakt mit Wasser, Sauerstoff, edlere Metalle.

2 Erkläre, warum Autofelgen, Gartenmöbel oder Fensterrahmen aus Aluminium der Witterung trotzen und sehr lange haltbar sind.

Aluminium bildet auf seiner Oberfläche eine sehr dünne Schicht aus Aluminiumoxid (Passivierung). Diese ist für Sauerstoff nicht durchlässig, sodass das darunter liegende Metall vor weiterer Korrosion geschützt ist. Durch Eloxieren wird die Schicht häufig noch zusätzlich verdickt, sodass die Gegenstände noch länger haltbar sind.

3 Begründe, warum eine Fahrradkette durch das Schmieren mit Öl vor Korrosion geschützt ist.

Durch das Öl wird verhindert, dass Wasser und Luft mit dem Eisen der Fahrradkette in Kontakt kommen.

4 Beschreibe die Vorgänge die nach der Verletzung des Kupferüberzugs auf einem Eisengegenstand ablaufen.

Wird der Überzug verletzt, kann an der Kontaktstelle eine elektrochemische Reaktion stattfinden. Da Eisen das unedlere Metall ist, löst es sich nach und nach auf. Eisenatome werden dabei zu Eisen-Ionen oxidiert. Die dabei freigesetzten Elektronen werden durch Ionen der Elektrolytlösung (Feuchtigkeit) aufgenommen.

5 Schiffe haben als Korrosionsschutz Zinkblöcke an der Kontaktfläche der Schiffswand mit dem Meerwasser. Erläutere die Notwendigkeit dieser Maßnahme

Durch den Kontakt des Eisens mit dem Meerwasser würde der Schiffsrumpf korrodieren. Dadurch dass Zink unedler als Eisen ist, korrodiert nicht das Eisen des Schiffsrumpfs, sondern das Zink. Dieses kann leicht ersetzt werden, wenn es verbraucht ist.

Seite 246–247: Elektrolysen

1 Formuliere für die Elektrolyse der Zinkiodidlösung die Teil- und Gesamtreaktionsgleichung der Elektronenübertragung.

Elektronenabgabe/Oxidation:
$2\,I^- \rightarrow I_2 + 2\,e^-$

Elektronenaufnahme/Reduktion:
$Zn^{2+} + 2\,e^- \rightarrow Zn$

Elektronenübertragung/Redoxreaktion:
$Zn^{2+} + 2\,I^- \rightarrow Zn + I_2$

2 Erläutere die Reaktionen an den Elektroden beim Herstellen eines Silberüberzugs und begründe das Vorliegen einer Redoxreaktion.

Beim Herstellen eines Silberüberzugs wird der zu versilbernde Gegenstand als Kathode (Minuspol) geschaltet und in eine Silbersalzlösung eingetaucht. Die positiv geladenen Silber-Ionen der Lösung werden von der Kathode angezogen, nehmen dort jeweils ein Elektron auf und werden so entladen. Elementares Silber scheidet sich als Belag auf dem Gegenstand ab. Die Anode (Pluspol) besteht aus Silber. Jedes Silberatom gibt ein Elektron ab und geht als positiv geladenes Silber-Ion in Lösung. Die Konzentration der Silbersalzlösung bleibt so konstant.

Elektronenabgabe/Oxidation an der Anode:
$Ag \rightarrow Ag^+ + e^-$

Elektronenaufnahme/Reduktion an der Kathode:
$Ag^+ + e^- \rightarrow Ag$

Es handelt sich um eine Redoxreaktion, da Oxidation (Elektronenabgabe) und Reduktion (Elektronenaufnahme) gleichzeitig stattfinden.

3 Formuliere für die Elektrolyse einer Natriumchloridschmelze die Ionengleichungen für die Teilreaktionen an Kathode und Anode sowie die Reaktionsgleichung für die Elektronenübertragung.

Oxidation (Anode):	$2\,Cl^- \rightarrow Cl_2 + 2\,e^-$
Reduktion (Kathode):	$2\,Na^+ + 2\,e^- \rightarrow 2\,Na$
Redoxreaktion:	$2\,Na^+ + 2\,Cl^- \rightarrow 2\,Na + Cl_2$
	$2\,NaCl \rightarrow 2\,Na + Cl_2$

4 Erkläre, warum Elektrolysen stets endotherme Reaktionen sind.

Bei der Bildung von Salzen aus den Elementen handelt es sich um exotherme Reaktionen. Die Salze haben einen geringeren Energiegehalt als die Stoffe, aus denen sie entstanden sind. So muss zur „Zerlegung" der Salze mithilfe der Elektrolyse dieselbe Energiemenge wieder zugeführt werden, wie sie bei der Bildung des Salzes frei wurde. Da bei einer Elektrolyse die Elektronenübergänge an den Elektroden nur dann stattfinden, wenn elektrischer Strom fließt, muss beständig elektrische Energie zugeführt werden.

Seite 248–249: Galvanische Zellen – Batterien

1 Erläutere, warum im Daniell-Element die Zinkelektrode den Minuspol bildet.

Im Daniell-Element läuft eine freiwillige chemische Reaktion ab. An der Zink-Elektrode werden Zinkatome zu Zink-Ionen oxidiert und setzen dabei Elektronen frei. An der Zinkelektrode herrscht also ein Überschuss an negativer Ladung (Minuspol).

2 Nenne weitere Halbzellen bestehend aus einem Metall und seiner Salzlösung, die in Kombination mit einer Zink/Zinksalz-Halbzelle als elektrische Spannungsquellen genutzt werden können.

Teilweise offene Aufgabenstellung. Prinzipiell sind alle Metall/Metallsalzlösungen (außer Zink selbst) geeignet, um mit Zink eine Spannungsquelle zu bilden. Werden edlere Metalle als Zink verwendet, so bildet die Zinkhalbzelle immer den Minuspol, da Zinkatome oxidiert werden. Verwendet man unedlere Metalle bildet die Zinkhalbzelle den Pluspol, da Zink-Ionen aus der Lösung zu Zinkatomen reduziert werden.

Seite 250–251: Chemie erlebt – Brennstoffzellen

1 Gestalte z. B. als Plakat eine Übersicht über die aktuelle Entwicklung bei den Brennstoffzellen. Informiere dich dazu bei weiteren Quellen.

Offene Aufgabenstellung.

2 Stelle die Reaktionsgleichungen der Vorgänge an den Elektroden in der Brennstoffzelle auf.

Minuspol/Elektronenabgabe:
$2 H_2 \rightarrow 4 H^+ + 4 e^-$

Pluspol/Elektronenaufnahme:
$O_2 + 4 e^- \rightarrow 2 O^{2-}$
$4 H^+ + 2 O^{2-} \rightarrow 2 H_2O$

Seite 254–255: Weitergedacht

Material A: Kupferradierung

1 Erläutere die einzelnen Schritte zur Anfertigung einer Kupferradierung (▶ A1).

Zunächst wird eine Kupferplatte komplett mit Wachs überzogen. Das Wachs geht mit der Eisen(III)-chloridlösung keine chemischen Reaktionen ein und schützt so die Kupferplatte. In die Wachsschicht wird dann die gewünschte Zeichnung seitenverkehrt eingeritzt. Die Platte wird in eine Eisen(III)-chloridlösung gegeben. Diese ist in der Lage Kupferatome zu oxidieren und zu lösen. Somit entsteht in den freigelegten Stellen eine Vertiefung gegenüber dem vom Wachs geschützten Rest der Kupferplatte. Das übriggebliebene Wachs wird nun mit heißem Wasser entfernt und in die nun entstandenen Vertiefungen wird die Druckfarbe eingerieben. Unter hohem Druck entsteht nun auf dem Papier die gewünschte seitenrichtige Abbildung.

2 Entwickle die Teilgleichungen und die Gesamtreaktionsgleichung für das Verfahren der Kupferradierung. Begründe deine Entscheidung mithilfe der Redoxreihe (▶ A1, A2).

Oxidation: $Cu \rightarrow Cu^{2+} + 2 e^-$

Reduktion : $2 Fe^{3+} + 2 e^- \rightarrow 2 Fe^{2+}$

Redoxreaktion: $Cu + 2 Fe^{3+} \rightarrow Cu^{2+} + 2 Fe^{2+}$

Anhand des Materials A2 ist ersichtlich, dass die unedlen Metalle (z.B. Natrium) oben stehen und die edlen Metalle (z.B. Gold) unten. Das Bestreben von Eisen(III)-Ionen Elektronen aufzunehmen, ist daher stärker als bei Kupfer(II)-Ionen. Das Besondere ist, dass die Eisen(III)-Ionen dabei nicht zu Atomen reduziert werden, sondern nur ein Elektron aufnehmen, denn Kupferatome können keine Eisen(II)-Ionen zu Eisenatomen reduzieren. Eisen ist unedler als Kupfer.

Hilfe: In A2 stehen oben die unedlen Metalle und unten die edlen Metalle.
Stelle zuerst die Gleichung für die Oxidation (Elektronenabgabe) und anschließend die Gleichung für die Reduktion (Elektronenaufnahme) auf.

3 Nimm begründet Stellung zu der Aussage, dass sich nach demselben Verfahren auch Goldradierungen herstellen lassen (▶ A2).

Eine Goldradierung ist mit dieser Versuchsanordnung nicht möglich, wie aus der Redoxreihe der Metalle (▶ A2) ablesbar ist.
Das Bestreben zur Elektronenaufnahme ist von Gold-Ionen höher als von Eisen(III)-Ionen, sodass die Eisen-Ionen nicht in der Lage sind Gold zu oxidieren. Eine Goldradierung ist mit einer Eisen(III)-chloridlösung nicht durchführbar.

Hilfe: Gold ist edler als Kupfer.

Material B: Haushaltsrezept zur Silberreinigung

1 Erläutere den „Reinigungsvorgang". Nutze dazu deine Kenntnisse über die Redoxreihe der Metalle. Wenn nötig, formuliere Reaktionsgleichungen (▶ B1).

Die Redoxreihe der Metalle (▶ A2) zeigt, dass das Bestreben von Aluminiumatomen zur Elektronenabgabe höher ist als das von Silberatomen. Aluminiumatome sind daher in der Lage in einer Redoxreaktion Silber-Ionen zu Silberatomen zu reduzieren.

Oxidation: $Al \rightarrow Al^{3+} + 3 e^-$

Reduktion: $3 Ag^+ + 3 e^- \rightarrow 3 Ag$

Redoxreaktion: $Al + 3 Ag^+ \rightarrow Al^{3+} + 3 Ag$

Das Oxidationsmittel sind die Silberatome und diese werden reduziert. Die Aluminiumatome sind das Reduktionsmittel und werden selber oxidiert.
Das gelöste Natriumchlorid dient als Elektrolyt.

Hilfe: Aluminium ist ein unedles Metall. Silber ist ein Edelmetall.

2 Formuliere den Haushaltstipp (▶ B1) in eine Experimentieranleitung um. Gib dabei mögliche Gefahren an.

Materialien: angelaufenes Silberstück oder -blech, Kristallisierschale, Aluminiumfolie, heißes Wasser, Esslöffel Kochsalz

Durchführung: Die Schale wird mit Aluminiumfolie ausgelegt und in diese dann das angelaufene Silberstück hi-

neingelegt. In die Schale wird heißes Wasser gegeben und anschließend ein Esslöffel Kochsalz gelöst.
Mögliche Gefahren: Verbrühung mit heißem Wasser

Hilfe: Notiere zuerst die verwendeten Materialien. Formuliere anschließend die Durchführung.

3 Bewerte die Aussage der Überschrift des Haushaltstipps: „Silberschmuck reinigen ohne Chemie".
Die Aussage ist irreführend und nicht richtig. Jeder Stoff ist prinzipiell eine Chemikalie (z. B. auch das Wasser oder Kochsalz). Der Reinigungsprozess beruht auf einer chemischen Reaktion, auch wenn diese mit Haushaltsmitteln durchgeführt wurden.

4 Erläutere den Vorteil dieser Methode gegenüber einer mechanischen Reinigung, z. B. durch Abschleifen des dunklen Belags.
Die Oxidschicht wird abgetragen und gleichzeitig lagern sich die gelösten Silber-Ionen wieder am Löffel an. Somit entsteht kein (bzw. kaum) Materialverlust. Hingegen würde man beim wiederholten Abschleifen nach und nach den Silberlöffel mit der Zeit komplett zerstören.

Material C: Gewinnung von Aluminium durch Schmelzflusselektrolyse

1 Beschreibe den Aufbau des Elektrolyseofens und den Ablauf der Schmelzflusselektrolyse zur Aluminiumgewinnung (▸ C1).
Aufbau: Die ganze Apparatur befindet sich in einer Stahlwanne, die noch zusätzlich mit feuerfestem Mauerwerk ausgekleidet ist. Die Kathode, bestehend aus Graphit, bildet darin eine etwas kleinere Wanne mit einer Öffnung, aus der später das geschmolzene Aluminium abgeführt werden kann. Die beiden Anoden, bestehend aus Kohle, befinden sich in dieser Wanne umgeben von einer Kryolith-Aluminiumoxid-Schmelze, welche den Elektrolyt darstellt.

Ablauf der Schmelzflusselektrolyse: Flüssiges Aluminiumoxid versetzt mit Kryolith befindet sich in der Reaktionswanne. An der Kathode werden Aluminium-Ionen zu Aluminiumatomen oxidiert. An der Anode werden Oxid-Ionen zu elementaren Sauerstoff reduziert, der mit dem Kohlenstoff der Anode zu Kohlenstoffdioxid bzw. Kohlenstoffmonooxid reagiert. Aufgrund der hohen Temperaturen, die während dieser Elektrolyse vorherrschen, liegt das Aluminium in flüssiger Form vor und kann durch einen Abfluss für die weitere Bearbeitung weitergeleitet werden.

2 Formuliere die Teilgleichungen der Reaktionen an Anode und Kathode sowie die Reaktionsgleichung für die Elektronenübertragung (▸ C1).

Kathode/Reduktion: $4\,Al^{3+} + 12\,e^- \rightarrow 4\,Al$

Anode/Oxidation: $6\,O^{2-} \rightarrow 3\,O_2 + 12\,e^-$
$(6\,O^{2-} + 3\,C \rightarrow 3\,CO_2 + 12\,e^-)$

Redoxreaktion: $4\,Al^{3+} + 6\,O^{2-} \rightarrow 4\,Al + 3\,O_2$
$(4\,Al^{3+} + 6\,O^{2-} + 3\,C \rightarrow 4\,Al + 3\,CO_2)$

Hilfe: An der Kathode findet die Reduktion statt. An der Anode die Oxidation.
Das flüssige Aluminium bildet sich an der Kathode.

3 Erkläre, warum die Kohleanoden bei der Elektrolyse „verbraucht" werden und ständig von oben nachgeschoben werden müssen.
In der Anodenreaktion reagiert der Kohlenstoff bei den hohen Temperaturen mit dem gebildeten Sauerstoff zu gasförmigen Kohlenstoffdioxid. Dabei trägt sich die Anode mit der Zeit ab und muss von oben nachgeschoben werden.

Hilfe: An der Anode bildet sich in einem Zwischenschritt elementarer Sauerstoff.
Zwischen den Kohlenanoden und dem gebildeten Sauerstoff findet eine chemische Reaktion statt.

4 Die Schmelzflusselektrolyse wird nicht mit reinem Aluminiumoxid, sondern mit einem Gemisch aus Kryolith und Aluminiumoxid durchgeführt.
a Erläutere mithilfe von ▸ C2 und ▸ C3.
Für die Elektrolyse muss das Aluminiumoxid geschmolzen vorliegen, damit es elektrisch leitfähig ist. Reines Aluminiumoxid hat einen Schmelzpunkt von über 2 000 °C. Ein Gemisch aus Kryolith und Aluminiumoxid hingegen hat einen Schmelzpunkt von nur 960 °C. Man spart somit sehr viel Energie und damit einhergehend auch Kosten für das Herstellen der Schmelze.

b Erläutere anhand der Redoxreihe der Metalle, warum das eingesetzte Kryolith praktisch nicht verbraucht wird.
Das Bestreben von Aluminium-Ionen Elektronen aufzunehmen ist größer als bei Natrium-Ionen, da Aluminium das edlere Metall ist. Somit nehmen die Natrium-Ionen in der Schmelze an keiner Reaktion teil und das Kryolith bleibt erhalten.

Hilfe: Natrium ist ein unedleres Metall als Aluminium.

5 Eine 0,5-l-Getränkedose aus Aluminium wiegt ca. 16 g. Berechne die Energiemenge, die zur Herstellung des Aluminiums für die Dose aufgewandt werden muss. Berechne vergleichend dazu die damit mögliche Betriebszeit eines Fernsehgeräts mit einer Leistungsaufnahme von ca. 60 Watt.

Minimaler Energieaufwand (13 kWh):

$$\cdot 0,016 \quad \overset{1 \text{ kg} \Leftrightarrow 13 \text{ kWh}}{\curvearrowright} \quad \cdot 0,016$$

$$0,016 \text{ kg} \Leftrightarrow 13 \text{ kWh} \cdot 0,016 = \underline{0,208 \text{ kWh}}$$

Maximaler Energieaufwand (16 kWh) beträgt 0,256 kWh. Zur Herstellung einer 0,5-l-Getränkedose aus Aluminium wird eine Energiemenge von etwa 0,21-0,26 kWh benötigt. Damit könnte eine Fernsehgerät ca. 3,5-4 Stunden laufen.

Material D: Elektronenfluss

1 Prüfe die beiden Aussagen und bewerte sie. Verwende für deine Argumentation selbst gewählte Beispiele (▶ D1).

Die Aussage zu den Halbzellen ist korrekt. Bei einem galvanischen Element bspw. aus Zink und Kupfer werden am Pluspol, der Kathode, Kupfer-Ionen durch vom Minuspol, der Anode, kommende Elektronen reduziert. Umgekehrt werden am Minuspol aus Zinkatomen durch Elektronenabgabe Zink-Ionen gebildet.

Auch die Aussage zur Elektrolyse ist korrekt. Zum Beispiel werden bei der Elektrolyse von Zinkiodid am Minuspol, der Kathode, Zink-Ionen zu Zinkatomen durch Elektronenaufnahme reduziert. Umgekehrt werden Iodid-Ionen am Pluspol, der Anode, zu Iodmolekülen oxidiert. Die Elektronen fließen also vom Plus- zum Minuspol.

2 Formuliere eine Regel für den Elektronenfluss, die sowohl für das galvanische Element als auch für die Elektrolyse gilt.

Der Elektronenfluss verläuft immer von der Anode zur Kathode. Also immer vom Ort der Oxidation (Elektronenabgabe) zum Ort der Reduktion (Elektronenaufnahme).

Hinweis: Bei Elektrolysen sind Minuspol und Pluspol vertauscht, da sie von einer äußeren Spannungsquelle erzwungen werden.

Hilfe: Bei Elektrolysen und galvanischen Elementen finden Redoxreaktionen statt. An der Anode findet immer die Oxidation (Elektronenabgabe) und an der Kathode die Reduktion (Elektronenaufnahme) statt.

Stoffe aus Molekülen – Elektronenpaarbindung

Seite 258–259:
Die Elektronenpaarbindung

1 Zeichne Schalenmodelle und Lewis-Formeln der Moleküle Br₂, N₂, HF und CO₂. Prüfe die Lewis-Formeln mithilfe der Edelgasregel.

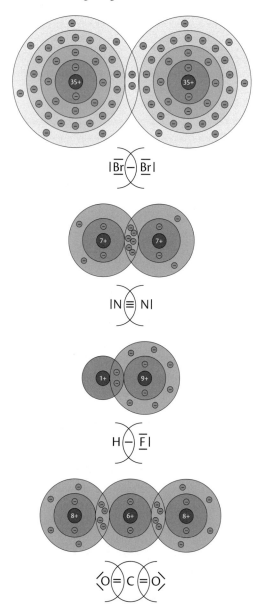

Alle Atome erfüllen mit 8 Außenelektronen (Wasserstoff mit 2 Außenelektronen) die Edelgasregel. Die Lewis-Formeln sind demnach korrekt.

2 Gib an, wodurch sich Wasserstoffatom, Heliumatom und Wasserstoffmolekül unterscheiden.

H-Atom: unvollständige Außenschale mit nur einem Elektron
He-Atom: vollständige Valenzschale mit zwei Elektronen
H₂-Molekül: durch gemeinsame Elektronen im bindenden Elektronenpaar stabile Elektronenkonfiguration

3 Erläutere, weshalb die Stoffe Stickstoff und Fluor aus Molekülen aufgebaut sind

Stickstoff und Fluor erreichen durch die Bildung von gemeinsamen Elektronenpaaren die Edelgaskonfiguration (Edelgasregel).

4 Vergleiche die Teilchen, die durch die folgenden chemischen Zeichen angegeben werden: Cl, Cl₂ und Cl⁻. Erläutere die Unterschiede.

Cl: Chloratom, sieben Außenelektronen und damit eine unvollständig gefüllte Außenschale.
Cl₂: Chlormolekül, zwei Chloratome bilden ein gemeinsames Elektronenpaar aus und erreichen so die Edelgaskonfiguration.
Cl⁻: Chlorid-Ion, die stabile Elektronenkonfiguration wird durch die Aufnahme eines Elektrons erreicht.

Seite 260:
Räumlicher Bau einfacher Moleküle

1 Beschreibe den räumlichen Bau des Kohlenstoffdioxidmoleküls (CO₂). Nutze ▶ 2

Das Kohlenstoffdioxidmolekül ist linear aufgebaut. Am Kohlenstoffatom gibt es nur bindende Elektronenpaare jeweils zu einem der beiden Sauerstoffatome, die symmetrisch zum Kohlenstoffatom im Winkel von 180° angeordnet sind. Der positive und negative Ladungsschwerpunkt fallen deshalb zusammen. Deshalb ist das Kohlenstoffdioxidmolekül auch kein Dipolmolekül.

2 Ermittle den räumlichen Bau folgender Stoffe: Fluorwasserstoff (HF), Ammoniak (NH₃).

HF: Fluorwasserstoffmoleküle sind linear gebaut, da nur zwei Bindungspartner im Molekül vorhanden sind.
NH₃: Ammoniakmoleküle sind pyramidal gebaut. Am zentralen Stickstoffatom befinden sich drei bindende und ein freies Elektronenpaar. Sie ordnen sich tetraedrisch an. An drei Ecken befinden sich die Wasserstoffatome, die zusammen mit dem Stickstoffatom eine Pyramide bilden.

Seite 262–263:
Die polare Elektronenpaarbindung

1 Ordne die folgenden Bindungen nach steigender Polarität: H–F, H–Cl, H–Br, H–O, H–N, H–C.

H–C: $\Delta EN = 0{,}4$
H–Br: $\Delta EN = 0{,}7$
H–N: $\Delta EN = 0{,}9$
H–Cl: $\Delta EN = 0{,}9$
H–O: $\Delta EN = 1{,}4$
H–F: $\Delta EN = 1{,}9$

2 Erläutere, wie ein Wasserstrahl von einem positiv geladenen Glasstab abgelenkt wird.

Auch von einem positiv geladenen Glasstab wird ein Wasserstrahl angezogen. Die Wassermoleküle orientieren sich mit ihrem negativen Pol zum Stab und werden dadurch angezogen.

3 Begründe, weshalb es für Edelgasatome keine Elektronegativitätswerte gibt (▶ 4).

Die Elektronegativität beschreibt die Anziehungskraft eines Atoms zu einem bindenden Elektronenpaar, d.h. wie stark das Elektronenpaar zu dem jeweiligen Atom hingezogen wird. Alle Atome sind bestrebt, die Edelgasregel zu erfüllen und eine vollbesetzte Außenschale zu haben, weil dieser Zustand energetisch besonders stabil ist. Edelgasatome erfüllen allerdings bereits ohne Bindungspartner die Edelgasregel, weshalb sie praktisch keine Verbindungen eingehen. Für Edelgase können daher auch keine Elektronegativitätswerte ermittelt werden.

4 Ermittle einen Zusammenhang zwischen dem EN-Wert eines Elements und seinem Atombau (Ladung des Atomkerns, Anzahl der Elektronenschalen).

Atome von Elementen mit einer größeren Anzahl von Außenelektronen (≙ Hauptgruppennummer) weisen innerhalb einer Periode auch einen größeren Elektronegativitätswert auf. Mit zunehmender Anzahl der Elektronenschalen der Atome (≙ Periodennummer) sinkt dagegen der Elektronegativitätswert aufgrund des schwächeren Einflusses der positiven Kernladung auf die Elektronen des Atoms (Elektronen immer weiter vom Kern entfernt).

5 Beurteile, ob es sich bei folgenden Molekülen um Dipolmoleküle handelt: PH_3, HCN, $SiCl_4$, $CHCl_3$. Begründe deine Ansicht.

PH_3: P–H $\Delta EN = 0$. Im Molekül existieren keine polaren Elektronenpaarbindungen. Das Molekül ist kein Dipol.
HCN: H–C $\Delta EN = 0{,}4$, C≡N $\Delta EN = 0{,}5$. Im Molekül existieren polare Elektronenpaarbindungen. Das Molekül ist linear gebaut, der positive Ladungsschwerpunkt befindet sich beim Wasserstoffatom, der negative Ladungsschwerpunkt beim Stickstoffatom. Das Molekül ist ein Dipol.
$SiCl_4$: Si–Cl $\Delta EN = 1{,}2$. Im Molekül existieren polare Elektronenpaarbindungen. Das Molekül ist tetraedrisch gebaut. Die positiven und negativen Ladungsschwerpunkte fallen daher zusammen. Das Molekül ist kein Dipol.
$CHCl_3$: C–H $\Delta EN = 0{,}4$, C–Cl $\Delta EN = 0{,}5$. Im Molekül existieren schwach polare Elektronenpaarbindungen. Das Molekül ist tetraedrisch gebaut. Aufgrund der unterschiedlichen Bindungspartner am Kohlenstoffatom fallen die Ladungsschwerpunkte nicht zusammen und das Molekül ist ein Dipol.

Seite 264–266:
Zwischenmolekulare Kräfte

1 Im Winter können Wasserrohre bersten, wenn das in ihnen enthaltene Wasser gefriert. Erläutere diesen Sachverhalt.

Gefrorenes Wasser (Eis) bildet aufgrund der Wasserstoffbrücken zwischen den Wassermolekülen ein relativ großmaschiges Gitter. Beim Gefrieren von Wasser nimmt deshalb das Volumen zu, sodass ein mit Wasser gefüllter Gegenstand zerstört werden kann.

2 Begründe die höhere Siedetemperatur von Wasser gegenüber Fluorwasserstoff ($\vartheta_V = 19{,}5$ °C), obwohl die O–H-Bindung weniger stark polar ist.

Damit ein Stoff siedet, müssen die zwischenmolekularen Kräfte zwischen den Teilchen, aus denen der Stoff aufgebaut ist, überwunden werden.
Fluorwasserstoffmoleküle können im Gegensatz zu Wassermolekülen statt 4 nur 2 Wasserstoffbrücken pro Molekül ausbilden, daher muss zum Sieden auch weniger Energie aufgewandt werden.

3 Die Wasserstoffbrücken zwischen Ammoniakmolekülen sind verglichen mit den Wasserstoffbrücken zwischen Fluorwasserstoff- bzw. Wassermolekülen am stärksten. Nimm Stellung zu dieser Aussage und begründen Sie.

	Siedetemperatur in °C	ΔEN zwischen Zentralatom und Wasserstoffatom
Ammoniak	–33	0,9
Fluorwasserstoff	19	1,9
Wasser	100	1,4

Vergleicht man die Siedetemperaturen der drei Stoffe, zeigt dies schon, dass diese Aussage falsch ist. Ammoniak hat von allen drei Stoffen die niedrigste Siedetemperatur. Die Wasserstoffbrücken zwischen Ammoniakmolekülen sind am schwächsten, da die Bindung aufgrund des geringen ΔEN-Werts am wenigsten polar ist.

1 Ordne folgende Gase nach steigender Siedetemperatur: Wasserstoff, Chlor, Sauerstoff und Stickstoff. Begründe. (Seite 266)

Alle vier Stoffe sind aus zweiatomigen Molekülen (X_2) aufgebaut. Zwischen den Molekülen wirken daher nur Van-der-Waals-Kräfte, die beim Sieden des Stoffes überwunden werden müssen. Ihre Stärke hängt u. a. von der Atomgröße der beteiligten Elemente ab. Da die Atomgröße im Periodensystem von oben nach unten und von rechts nach links zunimmt, ergibt sich aus der Stellung im PSE auch die Reihenfolge der Siedetemperaturen.

	Siedetemperatur in °C	Stellung des Elements im PSE (Hauptgruppe/Periode)
Wasserstoff	−252	I / 1
Stickstoff	−196	V / 2
Sauerstoff	−183	VI / 2
Chlor	−35	VII / 3

2 Erkläre den Verlauf der Siedetemperaturen der Wasserstoffverbindungen in der siebten Hauptgruppe (HF, HCl, HBr, HI) im Vergleich zu denen in der vierten Hauptgruppe. (Seite 266)

Grundsätzlich liegen die Siedetemperaturen der Halogenwasserstoffe über den Siedetemperaturen der Wasserstoffverbindungen der IV. Hauptgruppe. Aufgrund ihres Molekülbaus sind die Halogenwasserstoffe Dipolmoleküle. Zwischen ihnen wirken zusätzliche Dipol-Dipol-Kräfte, die in höheren Siedetemperaturen resultieren.

Die im Vergleich zu den anderen Halogenwasserstoffen höhere Siedetemperatur von Fluorwasserstoff kann durch zusätzliche Wasserstoffbrücken erklärt werden.

Seite 268–269: Chemie erlebt – Modifikationen des Kohlenstoffs

1 Erläutere mithilfe des Baus die Eigenschaften von Diamant.

Im Diamant ist jedes Kohlenstoffatom über jeweils eine Elektronenpaarbindung mit vier weiteren Kohlenstoffatomen verbunden. Diamant bildet daher ein sehr festes Atomgitter, woraus sich die Eigenschaften wie Härte und fehlende elektrische Leitfähigkeit ergeben.

Im Graphit bilden die Atome Schichten aus. Innerhalb einer Schicht sind die Atome nur mit drei weiteren Atomen verbunden. Die Schichten werden durch schwache Anziehungskräfte zusammengehalten und sind deshalb gegeneinander verschiebbar. Das vierte Außenelektron ist frei beweglich und sorgt für die elektrische Leitfähigkeit von Graphit.

2 Erläutere, warum Graphit zum Schreiben auf Papier verwendet wird, Diamant nicht.

Beim Diamant ist jedes Kohlenstoffatom mit vier anderen verbunden, wobei die Abstände und Anziehungskräfte in alle Richtungen gleich sind. Graphit dagegen besteht aus Schichten. Innerhalb einer Ebene sind die Anziehungskräfte groß, zwischen den Schichten geringer, sodass beim Schreiben auf Papier Schichten abgetragen werden können.

Seite 272–273: Weitergedacht

Material A: Self-cooling drinks

1 Zeichne ein hydratisiertes Natrium-Ion sowie ein hydratisiertes Thiosulfat-Ion ($S_2O_3^{2-}$). Stelle dabei das Thiosulfat-Ion vereinfacht als zweifach negativ geladenes Teilchen dar.

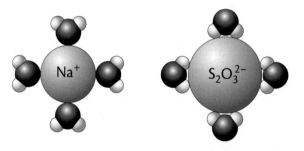

2 Erläutere unter Verwendung geeigneter Fachbegriffe die Vorgänge, die nach dem Drücken des Auslöseknopfs des selbstkühlenden Trinkbechers stattfinden (▶ A1, A2).

Durch das Drücken des Auslöseknopfs wird die Kunststofffolie zwischen dem Natriumthiosulfat und dem Wasser zerstört. Das Natriumthiosulfat löst sich unter Abkühlung im Wasser auf. Im festen Salz ziehen sich die positiven Natrium- und die negativen Thiosulfat-Ionen gegenseitig an und bilden ein stabiles Ionengitter. Beim Lösen lagern sich bewegliche Wassermoleküle an der

Oberfläche an. Dabei orientieren sich die Wassermoleküle mit ihrem positiven Pol (polarisierte Wasserstoffatome) zum negativ geladenen Thiosulfat-Ion. Umgekehrt treten die negativ polarisierten Sauerstoffatome des Wassermoleküls mit den positiv geladenen Natrium-Ionen in Wechselwirkung. An den Kanten und Ecken des Kristalls werden Ionen zuerst rausgelöst, weil durch die dort fehlende Nachbarn am wenigsten Ionenbindungen gelöst werden müssen und sich zudem mehr Wassermoleküle gleichzeitig anlagern können. Dadurch werden Schritt für Schritt immer mehr Ionen aus dem Gitter gelöst, bis der Kristall komplett in Wasser aufgelöst wurde. Beim Lösen orientieren sich die Wassermoleküle mit dem entgegengesetzten Ladungsschwerpunkt zum entsprechenden Ion und bilden eine Hydrathülle.

Hilfe: Verwende die Begriffe Ionengitter, Ionenbindung, Hydrathülle.

3 Zeichne ein vollständig beschriftetes Energiediagramm für den Vorgang des Kühlens und erläutere es.

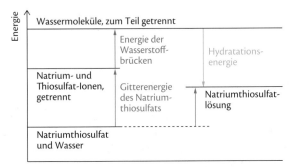

Beim Lösen von Natriumthiosulfat ist die Summe der aufgewandten Energien (Gitterenergie zum Überwinden der Ionenbindungen im Kristall und Energie der Wasserstoffbrücken zwischen den Wassermolekülen) größer als die Hydratationsenergie bei der Bildung der Hydrathülle.
Das Lösen von Natriumthiosulfat in Wasser ist somit ein endothermer Vorgang, bei der sich die Umgebung stark abkühlt.

Hilfe: Beteiligte Energiebeträge sind: Gitterenergie, Energie der Wasserstoffbrücken, Hydratationsenergie.
Gitterenergie und Energie der Wasserstoffbrücken müssen beim Lösen aufgewandt werden. Die Hydratationsenergie wird bei der Bildung der Hydrathülle frei.
Das Abkühlen ist ein endothermer Vorgang, d. h. die Energie der Ausgangsstoffe (Salz und Wasser) ist geringer als die Energie der Lösung.

4 In baugleichen Dosen werden auch selbsterwärmende Getränke zum Kauf angeboten. Statt Natriumthiosulfat enthalten sie Calciumchlorid ($CaCl_2$). Erläutere, wie es zur Wärmeentwicklung kommt.

Calciumchlorid ist ein Salz, das sich unter Wärmeentwicklung in Wasser löst. Die bei der Ausbildung der Hydrathüllen freigesetzte Energie ist größer als die Summe von aufgewandter Gitterenergie und Energie zum Überwinden der Wasserstoffbrücken.

Material B: Erwärmen in der Mikrowelle

1 Entwickle mithilfe des Versuchsschemas eine Versuchsdurchführung (▶ B1).

Miss zunächst mit einem Standzylinder jeweils genau 10 ml Wasser, Ethanol und Heptan ab. Gib diese jeweils in ein Becherglas und bestimme die Temperatur. Erhitze anschließend die drei Flüssigkeiten nacheinander für 30 Sekunden auf maximaler Stufe in einer Mikrowelle. Bestimme direkt im Anschluss erneut die Temperatur.

2 Im Versuch wurden Wasser, Ethanol (C_2H_5OH) und Heptan (C_7H_{16}) erhitzt.
a Zeichne jeweils die Lewis-Formel eines Moleküls der Stoffe.

b Beurteile, ob es sich bei den Molekülen dieser drei Stoffe um Dipolmoleküle handelt.

Beim Wassermolekül handelt es sich um ein Dipolmolekül, weil es polare Elektronenpaarbindungen gibt und die Ladungsschwerpunkte aufgrund des gewinkelten Baus nicht zusammenfallen.
Auch beim Ethanol sind diese beiden Bedingungen für ein Dipolmolekül erfüllt, da die stark polaren Bindungen auf einer Seite des Moleküls liegen (bei der O–H-Bindung).
Heptanmoleküle sind keine Dipole. Im Heptanmolekül treten zum einen nur schwach polare Kohlenstoff-Wasserstoff-Elektronenpaarbindungen auf, zudem ist das Molekül symmetrisch gebaut, sodass die Ladungsschwerpunkte zusammenfallen.

Hilfe: Ermittle die Elektronegativitätswerte der beteiligten Elemente und bilde deren Differenz.
Bestimme den räumlichen Bau der Moleküle mit dem Elektronpaarabstoßungsmodell und entscheide, ob die Ladungsschwerpunkte symmetrisch sind.

3 Deute die Messergebnisse bei der Behandlung in der Mikrowelle dieser Stoffe (▶ B2).
Die Messergebnisse bestätigen, dass Wasser und Ethanol aus Dipolmolekülen aufgebaut sind. Die Moleküle dieser beiden Stoffe sind aufgrund ihres Dipolcharakters in der Lage die Energie der Mikrowellen zu absorbieren, was zur Erwärmung der Stoffe führt. Heptan erhitzt sich nicht in der Mikrowelle, da es nicht aus Dipolmolekülen aufgebaut ist.

Material C:
Warum können Geckos an der Decke laufen?

1 Zwischen einer Spatulae und dem Untergrund, auf dem der Gecko läuft, wirken nur Van-der-Waals-Kräfte (▶ C1).
a Gib an, was man unter Van-der-Waals-Kräften versteht, und beschreibe den Aufbau eines Geckofußes.
Van-der-Waals-Kräfte sind schwache Wechselwirkungen, die zwischen Teilchen (Atome/Moleküle) auftreten. Sie nehmen mit der Größe der Teilchen zu.
An den Zehenspitzen des Geckofußes befinden sich pro Quadratmillimeter Tausende mikroskopisch kleiner Härchen (Satae), deren Spitze sich nochmals in Tausend kleine Verzweigungen (Spatulae) aufteilt.

b Vergleiche alle dir bekannten zwischenmolekularen Kräfte miteinander.
Alle zwischenmolekularen Kräfte beruhen auf der elektrostatischen Anziehung zwischen den Ladungsschwerpunkten verschiedener Teilchen.
Die Van-der-Waals-Kraft ist dabei die schwächste Anziehungskraft, da sie nur auf kurzlebige, sehr schwache Dipole beruht, die durch unsymmetrische Ladungsverteilungen in der Elektronenhülle entstehen. Van-der-Waals-Kräfte spielen bei unpolaren Verbindungen eine große Rolle.
Dipol-Dipol-Kräfte sind stärker, da ihre Anziehung auf dauerhaften Dipolmolekülen beruht, z.B. zwischen Chlorwasserstoffmolekülen.
Wasserstoffbrücken sind noch stärker, da es zu einer zusätzlichen Anziehung zwischen einem freien Elektronenpaar und einem teilweise positiv geladenen Wasserstoffatom kommt.

c Erläutere, weshalb der Gecko dennoch an Wänden oder sogar kopfüber an der Decke haften bleibt.
Die Van-der-Waals-Kräfte zwischen einzelnen Teilchen sind sehr gering. An den Zehen des Gecko-Fußes befinden sich aber zahllose, mikroskopisch kleine Härchen. Die Teilchen die an den Enden dieser Spatulae sitzen, können alle mit den Teilchen der Decke oder Wände in Kontakt treten und Van-der-Waals-Kräfte ausbilden. Insgesamt ist die Anziehungskraft so groß, dass der Gecko an der Decke oder Wänden haften bleibt.

Hilfe: Die Van-der-Waals-Kräfte können sich nur an den Berührungsflächen zwischen Wand/Decke und Fuß ausbilden.
Durch die große Anzahl an Spatulae vergrößert sich die Berührungsfläche enorm.

2 Erläutere mithilfe von ▶ C2, warum der Gecko seine Füße ohne große Kraftanstrengung auch wieder von Oberflächen lösen kann.
Beim Laufen hebt der Gecko seinen Fuß nicht auf einmal von der Oberfläche, sondern rollt die Zehen ab. Wie beim Öffnen eines Klettverschlusses werden immer nur wenige Spatulae von der Oberfläche gelöst, sodass keine große Kraftanstrengung notwendig ist.

Hilfe: Beim Aufziehen eines Klettverschlusses werden mit geringer Kraftanstrengung immer nur wenige Verbindungen gelöst.

3 Auch Fliegen, Käfer oder Spinnen laufen an Decken oder Wänden.
a Beschreibe das Diagramm in eigenen Worten (▶ C3).
Im Diagramm ist die Körpermasse der Tiere gegen die Anzahl der Spatulae auf einer Fläche von 0,01 mm² aufgetragen. Einzelne farbige Punkte markieren die Messwerte, die in bestimmte Tiergruppen zusammengefasst sind. Fliegen und Käfer bilden die leichteste Gruppe und haben die wenigsten Spatulae pro Fläche. Echsen und Spinnen sind die schwersten Tiere und haben die meisten Spatulae pro Fläche.

Tiergruppe	Masse in g	Anzahl Spatulae pro 0,01 mm²
Fliegen	0,0001–0,1	10–1 000
Käfer	0,01–0,1	bis 100
Wanzen	ca. 0,1	ca. 1 000
Spinnen	bis 10 g	über 10 000
Echsen	10–100	10 000–100 000

Hilfe: Auf der x-Achse ist die Körpermasse aufgetragen. Auf der y-Achse ist die Anzahl der Spatulae auf 0,01 mm² aufgetragen. Beide Achsen haben eine logarithmische Einteilung. Betrachte die einzelnen farbigen Flächen, die für bestimmte Tiergruppen stehen.

b Erläutere den im Diagramm dargestellten Zusammenhang (▸ C3).
Aus dem Diagramm ist erkennbar, dass mit zunehmender Körpermasse auch die Anzahl der Spatulae pro 0,01 mm² zunimmt. Bis auf die Gruppe der Käfer ist die Zunahme von Tiergruppe zu Tiergruppe sogar in etwa proportional.

Beim Haften an der Decke oder den Wänden muss die Haftkraft größer sein als die Gewichtskraft der Tiere. Je größer die Anzahl der Spatulae pro 0,01 mm² ist, desto mehr Van-der-Waals-Kräfte können sich zwischen Fuß und Oberfläche ausbilden. Die Van-der-Waals-Kräfte können so die immer größer werdende Gewichtskraft kompensieren.

Hilfe: Stelle einen Zusammenhang zwischen der Körpermasse der einzelnen Tiergruppen und der Anzahl ihrer Spatulae her.

Saure und alkalische Lösungen

Seite 278–279: Säuren und saure Lösungen

1 Finde heraus, wo dir im Alltag Säuren und saure Lösungen begegnen. Benenne die Säuren.
Offene Aufgabenstellung, z. B.: In Fruchtsäften sind Fruchtsäuren enthalten; andere Lebensmittel enthalten Essigsäure. Reinigungsmittel enthalten Citronensäure.

2 Begründe, warum du beim Verdünnen einer sauren Lösung besonders vorsichtig sein musst.
Beim Verdünnen kann sich die Lösung stark erhitzen. Es besteht die Gefahr des Herausspritzens. Deshalb darf nur unter Rühren verdünnt werden und es darf nur die Säure zum Wasser gegeben werden, niemals umgekehrt!

3 Formuliere für die Bildung von Lösungen der Kohlensäure und schwefligen Säure jeweils die Wortgleichungen.
Kohlenstoffdioxid + Wasser → Kohlensäurelösung
Schwefeldioxid + Wasser → Lösung der schwefligen Säure

4 Als Paul eine Mineralwasserflasche öffnet, ist ein deutliches Zischen zu hören. Sein Kommentar: „Das ist die entweichende Kohlensäure." Stelle die Aussage richtig.
Das beim Zischen aus der Mineralwasserflasche entweichende Gas heißt Kohlenstoffdioxid. Nur die wässrige Lösung dieses Gases nennt man Kohlensäure.

Seite 280–281: Kennzeichen saurer Lösungen – Protonenübertragung

1 Trockenes Indikatorpapier zeigt in reinem Chlorwasserstoff keine Farbänderung. Erkläre.
Reines Chlorwasserstoffgas kann keine Säurewirkung (und daher keine Farbänderung) entfalten, da ohne Wasser keine Bildung von Oxonium-Ionen möglich ist.

2 Begründe, warum Indikatorpapier vor seiner Verwendung angefeuchtet werden muss.
Damit reine Säuren durch ihre Säurewirkung vom Indikator angezeigt werden können, muss Wasser als Reaktionspartner vorhanden sein. So erfolgt erst bei feuchtem Indikatorpapier die Bildung von Oxonium-Ionen.

3 Beschreibe die Teilchenveränderungen beim Lösen von Chlorwasserstoff in Wasser.
Chlorwasserstoff und Wassermoleküle sind Dipole, die sich gegenseitig stark anziehen. Die Moleküle stoßen zusammen. Dabei überträgt das Chlorwasserstoffmolekül ein Proton (H^+) an das Wassermolekül, wobei ein Oxonium-Ion (H_3O^+) und ein Chlorid-Ion (Cl^-) entstehen.

4 Die elektrische Leitfähigkeit nimmt beim Verdünnen von Salzsäure erst zu und dann wieder ab. Leite daraus Schlussfolgerungen ab.
Konzentrierte Salzsäure enthält noch viele ungelöste Chlorwasserstoffmoleküle. Beim Verdünnen mit Wasser entstehen daraus durch Protonenübertragung Oxonium-Ionen (H_3O^+) und Chlorid Ionen (Cl^-). Diese Ladungsträger erhöhen die Leitfähigkeit so lange, bis alle Chlorwasserstoffmoleküle gelöst sind. Kommen dann noch mehr Wassermoleküle hinzu, entstehen keine neuen Ionen mehr, sondern deren Konzentration wird durch das weitere Verdünnen mit Wasser wieder geringer. Somit sinkt die Leitfähigkeit der Lösung wieder. Die elektrische Leitfähigkeit einer Salzsäurelösung ist also konzentrationsabhängig.

5 Salpetersäure (HNO_3) bildet mit Wasser Oxonium-Ionen. Formuliere die Gleichungen für die Protonenübertragung. Kennzeichne Protonenabgabe und -aufnahme.

Protonenabgabe: $HNO_3 \rightarrow H^+ + NO_3^-$

Protonenaufnahme: $H^+ + H_2O \rightarrow H_3O^+$

Protonenübertragung: $HNO_3 + H_2O \rightarrow H_3O^+ + NO_3^-$

6 Weise nach, dass in einer Salzsäurelösung die Oxonium-Ionen für die Säureeigenschaften bestimmend sind.
Wären die Chlorid-Ionen für die sauren Eigenschaften verantwortlich, müsste auch eine Lösung von Natriumchlorid in Wasser wie eine saure Lösung reagieren. Ein entsprechender Test verläuft jedoch negativ. Folglich lässt sich das saure Verhalten nur durch die Oxonium-Ionen erklären.

7 Zeige, dass es sich bei der Bildung von Salzsäure aus Chlorwasserstoff und Wasser um eine chemische Reaktion handelt.
Bei der Bildung von Salzsäurelösung entstehen neue Stoffe (Ionen) mit neuen Eigenschaften (z. B. Leitfähigkeit, Säurewirkung). Außerdem wird Wärme an die Umgebung abgegeben. Auch die Energieumwandlung ist ein Merkmal einer chemischen Reaktion.

Seite 282: Säurerest-Ionen in sauren Lösungen

1 Notiere die Reaktionsgleichung für die Bildung einer sauren Lösung aus Kohlensäure. Benenne die Ionen.

$H_2CO_3 + 2\ H_2O \rightarrow 2\ H_3O^+ + CO_3^{2-}$

H_3O^+: Oxonium-Ion

CO_3^{2-}: Carbonat-Ion

2 Beschreibe die Bindungsverhältnisse im Carbonat-Ion mithilfe der Lewis-Formel (▶ 1).

Im Carbonat-Ion ist ein Kohlenstoffatom durch Elektronenpaarbindung an drei Sauerstoffatome gebunden.

Seite 284–286: Reaktionen von sauren Lösungen mit Metallen

1 Gib die Reaktionsgleichung für die Reaktion von Magnesium mit verdünnter Salpetersäure an.

$Mg\ (s) + 2\ H_3O^+\ (aq) + 2\ NO_3^-\ (aq)$
$\rightarrow Mg^{2+}\ (aq) + 2\ NO_3^-\ (aq) + H_2\ (g) + 2\ H_2O\ (l)$

2 Beschreibe dein Vorgehen, um Eisen(III)-chlorid ($FeCl_3$) herzustellen. Entwickle die dazugehörigen Reaktionsgleichungen.

Eisen reagiert mit Salzsäure.

Elektronenabgabe/Oxidation:
$2\ Fe \rightarrow 2\ Fe^{3+} + 6\ e^-$

Elektronenaufnahme/Reduktion:
$6\ H_3O^+ + 6\ e^- \rightarrow 3\ H_2 + 6\ H_2O$

Elektronenübertragung/Redoxreaktion:
$2\ Fe + 6\ H_3O^+ \rightarrow 2\ Fe^{3+} + 3\ H_2 + 6\ H_2O$

vollständige Reaktionsgleichung:
$2\ Fe\ (s) + 6\ H_3O^+\ (aq) + 6\ Cl^-\ (aq)$
$\rightarrow 2\ Fe^{3+}\ (aq) + 6\ Cl^-\ (aq) + 3\ H_2\ (g) + 6\ H_2O\ (l)$

3 Beschreibe die Vorgänge, die in einem mit Eisennägeln gespickten Apfel stattfinden. Notiere die Ionengleichung, berücksichtige dabei nicht das Säurerest-Ion.

Die Eisenatome des Eisens werden oxidiert: Sie geben Elektronen an die Oxonium-Ionen der Obstsäurelösung ab. Die Oxonium-Ionen werden reduziert, dabei entstehen Wasserstoffmoleküle.

$2\ Fe\ (s) + 6\ H_3O^+\ (aq)$
$\rightarrow 2\ Fe^{3+}\ (aq) + 3\ H_2\ (g) + 6\ H_2O\ (l)$

4 Entwickle für die Reaktion von Aluminium mit Salzsäure die Ionengleichungen für die Elektronenaufnahme und Elektronenabgabe. Ordne diesen Teilreaktionen die Begriffe Oxidation und Reduktion zu. Beschreibe die Rolle des Säurerest-Ions bei diesem Vorgang.

Elektronenabgabe/Oxidation:
$2\ Al \rightarrow 2\ Al^{3+} + 6\ e^-$

Elektronenaufnahme/Reduktion:
$6\ H_3O^+ + 6\ e^- \rightarrow 3\ H_2 + 6\ H_2O$

Gesamtreaktionsgleichung:
$2\ Al\ (s) + 6\ H_3O^+\ (aq) + 6\ Cl^-\ (aq)$
$\rightarrow 2\ Al^{3+}\ (aq) + 6\ Cl^-\ (aq) + 3\ H_2\ (g) + 6\ H_2O\ (l)$

Das Säurerest-Ion der Salzsäure (Cl^-) nimmt an der Reaktion nicht teil.

5 Begründe, warum man in Kochtöpfen aus Aluminium kein Sauerkraut kochen sollte.

Aluminium würde mit der Säurelösung des Sauerkrauts (Oxalsäurelösung) reagieren. Dabei würden Aluminiumatome zu Aluminium-Ionen oxidiert werden. Diese würden in dem Sauerkrautsaft gelöst vorliegen und mit dem Verzehr aufgenommen.

6 Erkläre, warum sich Gase gegenüber Druck- und Volumenänderung gleich verhalten.

Gleiche Volumina aller Gase enthalten bei gleicher Temperatur und gleichem Druck die gleiche Teilchenanzahl. Sie verhalten sich daher bei einer Änderung der Bedingungen alle gleich.

1 Berechne das Volumen bzw. die Stoffmenge. (Seite 286)

a $n(H_2) = 3\ mol$

$V(H_2) = V_m \cdot n(H_2) = 22{,}4\ l/mol \cdot 3\ mol = \underline{67{,}2\ l}$

b $V(CO_2) = 40\ l$

$n(CO_2) = \dfrac{V(CO_2)}{V_m} = \dfrac{40\ l}{22{,}4\ l/mol} = \underline{1{,}79\ mol}$

2 Berechne die Masse an Zink, die zur Füllung (500 l) eines Fesselballons mit Wasserstoff notwendig ist. (Seite 286)

Gegeben: V_m = 22,4 l/mol; $V(H_2)$ = 500 l;
$M(Zn)$ = 65,4 g/mol

Gesucht: $m(Zn)$

Lösung:
Zn + 2 HCl → ZnCl$_2$ + H$_2$
Daraus folgt, dass $n(Zn)$ = 1 mol und $n(H_2)$ = 1 mol ist.

$$\frac{m(Zn)}{V(H_2)} = \frac{n(Zn) \cdot M(Zn)}{n(H_2) \cdot V_m}$$

$$m(Zn) = \frac{n(Zn) \cdot M(Zn)}{n(H_2) \cdot V_m} \cdot V(H_2)$$

$$= \frac{1 \text{ mol} \cdot 65{,}4 \text{ g/mol}}{1 \text{ mol} \cdot 22{,}4 \text{ l/mol}} \cdot 500 \text{ l}$$

$$= \underline{1460 \text{ g}}$$

Antwort: Damit ein Fesselballon mit einem Volumen von 500 l mit Wasserstoff gefüllt werden kann, müssen 1,4 kg Zink mit Salzsäure reagieren.

3 Berechne das Volumen an Chlor, das zur Bildung von 5 g Aluminiumchlorid benötigt wird. (Seite 286)

Gegeben: $m(AlCl_3)$ = 5 g; $M(AlCl_3)$ = 133 g/mol;
V_m = 22,4 l/mol

Gesucht: $V(Cl_2)$

Lösung:
2 Al (s) + 3 Cl$_2$ (g) → 2 AlCl$_3$ (s)
Daraus folgt, dass $n(Cl_2)$ = 3 mol und $n(AlCl_3)$ = 2 mol ist.

$$\frac{V(Cl_2)}{m(AlCl_3)} = \frac{n(Cl_2) \cdot V_m}{n(AlCl_3) \cdot M(AlCl_3)}$$

$$V(Cl_2) = \frac{n(Cl_2) \cdot V_m}{n(AlCl_3) \cdot M(AlCl_3)} \cdot m(AlCl_3)$$

$$= \frac{3 \text{ mol} \cdot 22{,}4 \text{ l/mol}}{2 \text{ mol} \cdot 133 \text{ g/mol}} \cdot 5 \text{ g}$$

$$= \underline{1{,}26 \text{ l}}$$

Antwort: Zur Bildung von 5 g Aluminiumchlorid werden 1,26 Liter Chlor benötigt.

Seite 288–289: Chemie erlebt – Schwefelsäure und Sulfate

1 Recherchiere, wo in Deutschland wie viel Schwefelsäure produziert wird. Fertige dazu eine Übersicht an.

Offene Aufgabenstellung, z. B. Grillo-Werke 245 000 t/Jahr oder Chemie Kelheim GmbH 120 000 t/Jahr

2 Aluminiumsulfat, Ammoniumsulfat und Kaliumsulfat sind weitere wichtige Sulfate. Ermittle die Formeln dieser Sulfate und stelle ihre Verwendungen in einer Tabelle dar.

Name	Formel	Verwendung
Aluminiumsulfat	$Al_2(SO_4)_3$	als Hilfsstoff in der Papierindustrie, als Flockungsmittel in der Trinkwasseraufbereitung, als Beizmittel in der Färberei, als Saatgutbeize, als Bestandteil von Schaumlöschmitteln, in Lebensmitteln als Stabilisator
Ammoniumsulfat	$(NH_4)_2SO_4$	als Düngemittel, in biologischen Kläranlagen als Bestandteil von Nährstoffmischungen für Bakterienkulturen, in der chemischen Industrie als Eiweißfällungsmittel, zur Herstellung von Feuerlöschpulver, in der Lederindustrie zum Beizen
Kaliumsulfat	K_2SO_4	zur Herstellung von Kalialaun, Pottasche, Farbstoffen, Sprengstoffen und Kalidünger

3 In der Industrie fällt Abfallschwefelsäure als „Dünnsäure" an. Sie wird wieder aufbereitet, indem man sie bei hohen Temperaturen zersetzt. Dabei wird Schwefeldioxid, Sauerstoff und Wasserdampf gebildet.
a Formuliere die Reaktionsgleichung.
Thermische Zersetzung bei ungefähr 1 000 °C:
4 H$_3$O$^+$ (aq) + 2 SO$_4^{2-}$ (aq)
→ 2 SO$_2$ (g) + 6 H$_2$O (g) + O$_2$ (g) | endotherm

b Beschreibe wie Schwefeldioxid weiter verarbeitet werden könnte.
Das Schwefeldioxid kann zusammen mit Sauerstoff wieder mithilfe des Kontaktverfahrens zu Schwefeltrioxid verarbeitet werden und weiter zu konzentrierter Schwefelsäure.

Seite 291: Laugen und alkalische Lösungen

1 Aluminiumpulver wird in Wasser erhitzt. Die entstandene Lösung färbt Lackmus blau. Deute die Beobachtung.

Es muss eine alkalische Lösung entstanden sein. Beim Erhitzen in Wasser hat sich lösliches Aluminiumhydroxid gebildet. Die Hydroxid-Ionen sorgen für die Blaufärbung der Lackmuslösung.

2 Die Lauge und die Schmelze von Natriumhydroxid sind elektrisch leitfähig, festes Natriumhydroxid nicht. Erkläre.

Natriumhydroxid ist eine salzartige Verbindung, die aus Ionen aufgebaut ist. In der Schmelze und in der Lösung sind die Ionen freibeweglich, während sie im festem Zustand in einem Gitter unbeweglich angeordnet sind.

Seite 292–293: Kennzeichen alkalischer Lösungen

1 Feste Metallhydroxide leiten den elektrischen Strom nicht, wohl aber die Metallhydroxidlösungen. Erkläre.

Die Ionen fester Metallhydroxide sind in einem Ionengitter angeordnet und unbeweglich. Daher leiten sie den elektrischen Strom nicht. In gelöstem Zustand sind die hydratisierten Ionen dagegen frei beweglich und leiten den elektrischen Strom.

2 Erstelle die Reaktionsgleichungen für folgende Stoffe mit Wasser.

a Caesium

$2\,Cs\,(s) + 2\,H_2O\,(l) \rightarrow 2\,Cs^+\,(aq) + 2\,OH^-\,(aq) + H_2\,(g)$

b Kaliumoxid

$K_2O\,(s) + H_2O\,(l) \rightarrow 2\,K^+\,(aq) + 2\,OH^-\,(aq)$

c Strontium

$Sr\,(s) + 2\,H_2O\,(l) \rightarrow Sr^{2+}\,(aq) + 2\,OH^-\,(aq) + H_2\,(g)$

d Bariumoxid

$BaO\,(s) + H_2O\,(l) \rightarrow Ba^{2+}\,(aq) + 2\,OH^-\,(aq)$

3 Begründe, warum in Experiment 19 zu Beginn Wasser in den Rundkolben gespritzt wird.

Ammoniak löst sich so gut in Wasser, dass sich praktisch der gesamte Kolbeninhalt des Gases in der eingespritzten kleinen Menge Wasser löst. Dadurch entsteht ein Unterdruck, der das Wasser aus der Kristallisierschale durch die Düse in den Rundkolben zieht.

4 Vergleiche die Reaktion von Natriumhydroxid mit Wasser mit der Reaktion von Ammoniak mit Wasser auf der Teilchenebene.

Bei der Reaktion von Natriumhydroxid mit Wasser sind die Ionen des Natriumhydroxids lediglich von einer Hydrathülle umgeben. Bei der Reaktion von Ammoniak mit Wasser findet zuerst eine Protonenübertragung statt. Dabei bilden sich Ammonium-Ionen (NH_4^+) und Hydroxid-Ionen (OH^-), die dann von einer Hydrathülle umgeben werden.

Seite 296–297: Weitergedacht

Material A: Saurer Sprudel selbst gemacht

1 Die Löslichkeit von Kohlenstoffdioxid in Wasser hängt von der Temperatur und vom Druck ab.

a Gib die Löslichkeit von Kohlenstoffdioxid in Wasser für 0 °C, 10 °C und 20 °C bei 1 bar sowie bei 2, 4 und 6 bar für 10 °C an (▸ A2).

Temperatur in °C	Druck in bar	Löslichkeit in g/l
0	1	3,2
10	1	2,2
10	2	3,1
10	4	5,0
10	6	6,7
20	1	1,6

b Erkläre, warum beim Öffnen einer Sprudelflasche Kohlenstoffdioxid freigesetzt wird.

Durch das Öffnen einer Sprudelflasche wird schlagartig der Druck im Innern der Flasche verringert. Mit sinkendem Druck wird auch die Löslichkeit von Kohlenstoffdioxid in Wasser geringer, sodass die Lösung bei dem nun geringeren Druck übersättigt ist. In der Folge perlt Kohlenstoffdioxid aus der Lösung aus und wird frei.

c Erläutere die ersten beiden Hinweise aus der Bedienungsanleitung (▸ A1).

Die Löslichkeit von Kohlenstoffdioxid sinkt mit zunehmender Wassertemperatur. Deshalb ist es sinnvoll, möglichst kühles Wasser zu benutzen, da somit mehr Sprudel erzeugt werden kann.

Durch mehrmaliges Betätigen des Dosierknopfs lässt sich mehr Sprudel erzeugen, weil nicht gelöstes Kohlenstoffdioxid den Druck in der Flasche erhöht. Mit steigendem Druck nimmt die Löslichkeit von Kohlenstoffdioxid in

Wasser zu, sodass bei erneutem Betätigen der Kohlensäuregehalt erhöht wird.

2 Mineralwasser wird auch als saurer Sprudel bezeichnet.

a Beschreibe die Vorgänge, die beim Herunterdrücken des Stempels ablaufen (▶ A3).

Beim Herunterdrücken des Stempels wird der Druck im Kolbenprober erhöht, sodass sich ein Teil des Kohlenstoffdioxids im Wasser löst. Dabei reagiert ein Teil des Kohlenstoffdioxids mit Wasser und bildet Kohlensäure, die den Universalindikator rot färbt.

b Erläutere die Rotfärbung des Universalindikators bei Druck auf den Stempel anhand von Reaktionsgleichungen.

Bildung der Kohlensäure:
$CO_2\,(aq) + H_2O\,(l) \rightarrow H_2CO_3\,(aq)$

Säure-Base-Reaktion/Protonenübertragung:
$H_2CO_3\,(aq) + H_2O\,(l) \rightarrow H_3O^+\,(aq) + HCO_3^-\,(aq)$
$HCO_3^-\,(aq) + H_2O\,(l) \rightarrow H_3O^+\,(aq) + CO_3^{2-}\,(aq)$

Beim Einleiten von Kohlenstoffdioxid in Wasser wird Kohlensäure gebildet. Die gebildeten Kohlensäuremoleküle reagieren in einer Säure-Base-Reaktion mit Wassermolekülen, wobei durch Protonenübertragung Hydrogencarbonat- und Carbonat-Ionen sowie Oxonium-Ionen entstehen. Der Universalindikator zeigt durch Rotfärbung die Oxonium-Ionen der sauren Lösung an.

Hilfe: Wasser bildet mit Kohlenstoffdioxid Kohlensäure. Durch Rotfärbung beim Universalindikator wird eine saure Lösung angezeigt.

c Erläutere den Begriff saurer Sprudel.

Sprudel ist ein umgangssprachlicher Begriff für mit Kohlenstoffdioxid versetztes Wasser. Saurer Sprudel zielt darauf ab, dass sich beim Lösungsvorgang von Kohlenstoffdioxid in Wasser Kohlensäure bildet. Kohlensäuremoleküle bilden mit Wassermolekülen Oxonium-Ionen. Somit ist die Kohlensäure nicht nur für den erfrischenden Sprudel im Mineralwasser verantwortlich, sondern gleichzeitig auch für den schwach sauren Charakter der Lösung.

Material B: Weißer Rauch

1 Erläutere die Entstehung des weißen Rauchs. Benenne den entstandenen Stoff (▶ B1).

Der weiße Rauch entsteht durch die Bildung von Ammoniumchlorid („Salmiakgeist") aus Ammoniak und Chlorwasserstoff.

2 Stelle die Reaktionsgleichung auf.

a Zeige, dass es sich um eine Säure-Base-Reaktion nach Brönsted handelt.

Protonenabgabe: $\quad HCl \rightarrow H^+ + Cl^-$

Protonenaufnahme: $\quad H^+ + NH_3 \rightarrow NH_4^+$

Protonenübertragung: $\quad NH_3 + HCl \rightarrow NH_4^+ + Cl^-$

Chlorwasserstoffmoleküle übertragen jeweils ein Proton auf Ammoniakmoleküle.

Hilfe: Brönsted definierte Säure-Base-Reaktionen als Reaktionen mit einer Protonenübertragung.

b Benenne die Teilchen, die als Protonendonator bzw. -akzeptor wirken.

Als Protonendonator wirkt in dieser Reaktion das Chlorwasserstoffmolekül. Der Protonenakzeptor ist das Ammoniakmolekül.

Hilfe: Protonendonatoren sind Protonenspender, geben also während der Reaktion Protonen ab.
Protonenakzeptoren sind Protonenempfänger, nehmen also während einer Reaktion Protonen auf.

3 Vergleiche das Experiment mit dem Lösen von Chlorwasserstoff bzw. Ammoniak in Wasser. Gehe vor allem auf die Unterschiede in den Reaktionen ein.

Bei allen drei Reaktionen finden Protonenübertragungen zwischen den reagierenden Teilchen statt. Der große Unterschied ist, dass bei der Reaktion von Ammoniak mit Chlorwasserstoff Protonen direkt von Chlorwasserstoffmolekülen auf Ammoniakmoleküle übertragen werden. Beim Lösen in Wasser finden immer Protonenübertragung zwischen Wassermolekülen und Ammoniakmolekülen bzw. Chlorwasserstoffmolekülen statt. Das Experiment ist also ein Beispiel für eine Reaktion mit Protonenübertragung ohne die Beteiligung von Wassermolekülen.

Hilfe: Betrachte die beteiligten Teilchen bei den Reaktionen.

Material C: Schwefelsäure – ein Gefahrstoff

1 Die Schwefelsäure wurde in mehreren Stahltanks transportiert.

a Erläutere die Vorgänge beim Eindringen des Flusswassers in einen dieser Tanks (▶ C1, C2).

Mit der Verdünnung der Schwefelsäure durch eintretendes Flusswasser wurde ein ätzende saure Lösung gebildet. Diese griff das Eisen des Stahltanks an, wobei Eisen-Ionen in Lösung gegangen sind und neben Wasser das explosive Gas Wasserstoff entstanden ist. Der Stahltank wurde somit durch die saure Lösung angegriffen und gleichzeitig hat sich explosiver Wasserstoff angereichert. Dadurch wurde ein Bersten des Behälters immer wahrscheinlicher und die Rettungskräfte entschieden sich schließlich zu einem kontrollierten Ablassen von einem Teil der Ladung. Nicht nur die drohende Explosion wäre gefährlich gewesen, sondern auch die schlagartige Freisetzung großer Mengen Schwefelsäure hätte für die Lebewesen im Wasser ein großes Problem dargestellt.

b Erläutere, wie sich der Wasserstoff bei diesem Unglück gebildet hatte.

Durch eintretendes Wasser wurde die konzentrierte Schwefelsäure verdünnt. In einer Säure-Base-Reaktion zwischen Wassermolekülen und Schwefelsäuremolekülen bildeten sich Oxonium-Ionen (H_3O^+). Diese reagierten mit Eisenatomen des Stahltanks in einer Redoxreaktion, wobei Oxonium-Ionen als Oxidationsmittel fungierten. Eisenatome wurden zu Eisen-Ionen (Fe^{3+}) oxidiert, während die Oxonium-Ionen unter Wasserstoffbildung zu Wassermolekülen reduziert wurden.

$$2\ Fe\ (s) + 6\ H_3O^+\ (aq) + 3\ SO_4^{2-}\ (aq)$$
$$\rightarrow 2\ Fe^{3+}\ (aq) + 3\ SO_4^{2-}\ (aq) + 3\ H_2\ (g) + 6\ H_2O\ (l)$$

Hilfe: Saure Lösungen können unedle Metalle in einer Redoxreaktion auflösen.

c Stelle Vermutungen auf, warum konzentrierte Schwefelsäure in Stahltanks gefahrlos transportiert werden kann, verdünnte aber nicht.

Konzentrierte, fast reine Schwefelsäue liegt kaum protolysiert vor, d. h. es befinden sich kaum Ionen in der Lösung, die den Stahl angreifen können. Bei der Verdünnung reagieren die Schwefelsäuremoleküle mit Wassermolekülen und es entstehen Oxonium-Ionen (H_3O^+) und Sulfat-Ionen (SO_4^{2-}). Die Oxonium-Ionen können nun mit Eisenatomen des Stahls reagieren.

Hilfe: Konzentrierte Schwefelsäure (96%ig) ist fast wasserfrei.
Nur saure Lösungen sind ätzend.

2 Nenne zwei Folgen, die die schlagartige Freisetzung großer Mengen Schwefelsäure für die Fische in der Nähe der Unglücksstelle haben könnte.

Zum einen wäre durch eine schlagartige Freisetzung großer Mengen Schwefelsäure der pH-Wert lokal stark gesunken und zum anderen hätte sich das Rheinwasser in diesem Gebiet stark erhitzt. Beides wäre für die sehr pH- und temperatursensiblen Wasserorganismen sehr gefährlich gewesen.

Material D: Flusssäure

1 Beschreibe das angegebene Fließschema (▶ D1, D2) und gib die Formeln aller beteiligten Stoffe an.

Zur Gewinnung von Flusssäure bzw. Zinn(II)-fluorid (SnF_2) wird zunächst Schwefelsäure (H_2SO_4) zu Calciumfluorid (CaF_2) gegeben. Dabei entsteht als Nebenprodukt Calciumsulfat ($CaSO_4$) und der gewünschte Fluorwasserstoff (HF). Dieser wird in Wasser (H_2O) geleitet, wodurch sich die Flusssäure bildet. Wird zu dieser Zinn (Sn) gegeben, bildet sich Zinn(II)-fluorid und als Nebenprodukt das Gas Wasserstoff (H_2).

2 Formuliere für die in der Übersicht (▶ D2) dargestellten Reaktionen die chemischen Gleichungen.

$CaF_2\ (s) + H_2SO_4\ (l) \rightarrow 2\ HF\ (g) + CaSO_4\ (s)$
$HF\ (g) + H_2O\ (l) \rightarrow H_3O^+\ (aq) + F^-\ (aq)$
$2\ H_3O^+\ (aq) + 2\ F^-\ (aq) + Sn\ (s)$
$\quad \rightarrow SnF_2\ (s) + H_2\ (g) + 2\ H_2O\ (l)$

3 Zeige jeweils, dass
a die Reaktion von Calciumfluorid mit Schwefelsäure eine Säure-Base-Reaktion ist (▶ D2).

Protonabgabe:
$H_2SO_4 \rightarrow 2\ H^+ + SO_4^{2-}$

Protonenaufnahme:
$2\ H^+ + CaF_2 + SO_4^{2-} \rightarrow CaSO_4 + 2\ HF$

Protonenübertragung:
$H_2SO_4 + CaF_2 \rightarrow 2\ HF + CaSO_4$

Hilfe: Stelle die Reaktionsgleichung auf und kennzeichne Protonenaufnahme und -abgabe. Schwefelsäure ist der Protonendonator, Calciumfluorid der Protonenakzeptor.

b die Bildung von Zinn(II)-fluorid aus Flusssäure eine Redoxreaktion ist (▶ D2).

Elektronenabgabe/Oxidation:
$Sn \rightarrow Sn^{2+} + 2\ e^-$

Elektronenaufnahme/Reduktion:
$2\ H_3O^+ + 2\ F^- + 2\ e^- \rightarrow H_2 + 2\ F^- + 2\ H_2O$

Elektronenübertragung/Redoxreaktion:
$2\ H_3O^+ + 2\ F^- + Sn \rightarrow SnF_2 + H_2 + 2\ H_2O$

Hilfe: Stelle die Teilchengleichungen für die Oxidation und Reduktion auf. Zinnatome werden zu zweifach positiv geladenen Zinn-Ionen (Sn^{2+}) oxidiert. Oxonium-Ionen zu Wasser- und Wasserstoffmolekülen reduziert.

Fokus Chemie, Lösungen

Neutralisation – Salze

Seite 301: Konzentration von Lösungen

1 Berechne jeweils die Masse, um die angegebenen Lösungen herzustellen.

a 2 Liter Kalilauge (c = 0,1 mol/l) aus Kaliumhydroxid

Gegeben: c(KOH) = 0,1 mol/l
V(Lauge) = 2 l
M(KOH) = 56 g/mol
Gesucht: m(KOH)

Lösung: n(KOH) = c(KOH) · M(KOH) · V(Lauge)
= 0,1 mol/l · 56 g/mol · 2 l
= 11,2 g

Antwort: Um 2 Liter Kalilauge mit einer Konzentration von 0,1 mol/l herzustellen, müssen 11,2 g Kaliumhydroxid in Wasser gelöst werden.

b 5 Liter Natronlauge (c = 0,2 mol/l) aus Natriumhydroxid

Gegeben: c(NaOH) = 0,2 mol/l
V(Lauge) = 5 l
M(NaOH) = 40 g/mol
Gesucht: m(NaOH)

Lösung: n(NaOH) = c(NaOH) · M(NaOH) · V(Lauge)
= 0,2 mol/l · 40 g/mol · 5 l
= 40 g

Antwort: Um 5 Liter Natronlauge mit einer Konzentration von 0,2 mol/l herzustellen, müssen 40 g Natriumhydroxid in Wasser gelöst werden.

2 Im Alltag werden Konzentrationsangaben mit der Einheit Prozent (%) bevorzugt, Chemiker benutzen oft die Stoffmengenkonzentration c. Begründe.

Im Alltag reicht die Angabe in Prozent aus, weil es meistens vor allem darauf ankommt abzuschätzen, wie stark die Wirkung einer Lösung ist. So ist es ein Unterschied, ob jemand ein Glas mit 8%igen oder 30%igen Alkohol trinkt oder ob jemand Salat mit 5%igem oder mit 20%igem Essig anmacht.

Die Stoffmengenkonzentration c gibt an, wie viel eines Stoffs in einer Lösung gelöst ist, d.h. wie viele Teilchen eines Stoffs sich in der Lösung befinden. Für Chemiker sind diese Angaben viel relevanter, bei chemischen Reaktionen die Teilchen der beteiligten Stoffe immer in einem bestimmten Verhältnis miteinander reagieren.

3 Citronensäure hat eine molare Masse von 192 g/mol. Berechne die Masse, die benötigt wird, um 3 Liter Citronensäurelösung mit der Stoffmengenkonzentration c = 0,5 mol herzustellen.

Gegeben: V(Lösung) = 3 l
c(Citronensäure) = 0,5 mol/l
M(Citronensäure) = 192 g/mol
Gesucht: m(Citronensäure)

Lösung:
m(Citronens.) = c(Citronens.) · V(Lsg) · M(Citronens.)
m(Citronens.) = 0,5 mol/l · 3 l · 192 g/mol = 288 g

Antwort: Um drei Liter Citronensäurelösung mit einer Stoffmengenkonzentration von 0,5 mol/l herzustellen, benötigt man 288 g reine Citronensäure.

Seite 302–303: Der pH-Wert

1 Erläutere den Zusammenhang zwischen dem pH-Wert und der Stoffmengenkonzentration an Oxonium-Ionen in einer wässrigen Lösung.

Der pH-Wert ist ein Maß für die Stoffmengenkonzentration der Oxonium-Ionen in einer wässrigen Lösung. In einer neutralen Lösung mit einem pH-Wert von 7 beträgt die Stoffmengenkonzentration der Oxonium-Ionen 10^{-7} mol/l, in einer stark sauren Lösung mit einem pH-Wert von 0 beträgt sie 10^0, also 1 mol/l, und in einer stark alkalischen Lösung mit dem pH-Wert von 14 liegt sie bei 10^{-14} mol/l. Verdünnt man eine saure Lösung auf das zehnfache Volumen, nimmt die Stoffmengenkonzentration der Oxonium-Ionen um ein Zehntel ab, der pH-Wert also um 1 zu.

2 Zwei saure wässrige Lösungen weisen einen pH-Wert von 5 bzw. 3 auf. Gib jeweils die Stoffmengenkonzentration an Oxonium-Ionen an.

Bei einer sauren wässrigen Lösung mit dem pH-Wert 3 beträgt die Stoffmengenkonzentration der Oxonium-Ionen 10^{-3} mol/l, bei der sauren Lösung mit dem pH-Wert 5 beträgt sie 10^{-5} mol/l.

3 Leite den pH-Wert einer Salzsäure mit einer Stoffmengenkonzentration von c = 1 mol/l gelöstem Chlorwasserstoff ab.

Der pH-Wert einer Salzsäure mit einer Stoffmengenkonzentration von c = 1 mol/l, also von 10^0 mol/l, beträgt 0.

4 Ein Liter Salzsäure mit einem pH-Wert von 1 soll so verdünnt werden, dass die entstehende Lösung einen pH-Wert von 5 aufweist. Berechne das Volumen an Wasser, das hinzugefügt werden muss.

Verdünnt man eine Lösung auf das zehnfache Volumen, nimmt der pH-Wert um 1 zu. Um einen Liter Salzsäure mit einem pH-Wert von 1 so zu verdünnen, dass die entstehende Lösung einen pH-Wert von 5 aufweist, muss man auf 10 000 l verdünnen.

5 Aus einer konzentrierten Kalilauge ($c = 1$ mol/l) soll eine verdünnte Lösung mit pH 9 hergestellt werden.
a Gib den pH-Wert der Kalilauge an.
Der pH-Wert einer Kalilauge mit einer Stoffmengenkonzentration von $c = 1$ mol/l, also von 10^0 mol/l, beträgt 14.

b Berechne das Volumen der konzentrierten Kalilauge, das notwendig ist, um einen Liter verdünnter Lösung herzustellen.

Wird eine alkalische Lösung auf das zehnfache Volumen verdünnt, sinkt der pH-Wert um 1. Um von pH 14 zu pH 9 zu gelangen, muss die entsprechende Lösung auf den Faktor 100 000 (10^5) verdünnt werden. Man benötigt also 1/100 000 l (0,01 ml) der konzentrierten Lauge, die dann auf 1 Liter verdünnt wird.

Seite 304–305: Neutrale Lösung – Neutralisation

1 Nenne die beobachtbaren Merkmale einer Neutralisation.
Bei einer Neutralisation entsteht eine neutrale Lösung. Universalindikator färbt sich grün. Es ist eine Erwärmung des Reaktionsgefäßes feststellbar.

2 Formuliere die Ionengleichungen für die Reaktionen von Phosphorsäure mit Kalilauge und Schwefelsäure mit Calciumhydroxidlösung.

$3 K^+ (aq) + 3 OH^- (aq) + 3 H_3O^+ (aq) + PO_4^{3-} (aq)$
$\rightarrow 3 K^+ (aq) + PO_4^{3-} (aq) + 6 H_2O (l)$

$Ca^{2+} (aq) + 2 OH^- (aq) + 2 H_3O^+ (aq) + SO_4^{2-} (aq)$
$\rightarrow CaSO_4 (s) + 4 H_2O (l)$

3 Erläutere an einem Beispiel die Protonenübertragung bei der Neutralisation.
Bei der Neutralisation z. B. von Salzsäure mit Kalilauge übertragen die Oxonium-Ionen der Salzsäure je ein Proton auf die Hydroxid-Ionen der Kalilauge. Aus den positiv geladenen Oxonium-Ionen und den negativ geladenen Hydroxid-Ionen entstehen Wassermoleküle.

4 Beim Kalken von Böden wird häufig Branntkalk (Calciumoxid) verwendet. Weise nach, dass es sich dabei um eine Neutralisation handelt.

Böden können z. B. durch sauren Regen sauer werden, sie enthalten dann Oxonium-Ionen. Kalkt man saure Böden mit Branntkalk (Calciumoxid), reagiert das Calciumoxid mit Wasser zu einer alkalischen Lösung. Die entstehenden Hydroxid-Ionen reagieren mit den Oxonium-Ionen zu Wasser (Neutralisation). Dies führt zu einem Anstieg des pH-Werts im Boden, was sich über pH-Wert-Messungen nachweisen lässt.

5 Zeige, dass für das Lösen von Chlorwasserstoff in Wasser das Donator-Akzeptor-Prinzip gilt.

Protonenabgabe (Donator)
$HCl + H_2O \rightarrow H_3O^+ + Cl^-$
Protonenaufnahme (Akzeptor)

Seite 306: Titration

1 Bei einer Titration von Salzsäure und Natronlauge geht man von folgender Annahme aus: $n(OH^-) = n(H_3O^+)$. Begründe, warum das zulässig ist.
Bei der Titration von Salzsäure mit Natronlauge ist die Titration beendet, wenn der Indikator eine neutrale Lösung anzeigt. In einer neutralen Lösung (pH = 7) liegen Oxonium-Ionen und Hydroxid-Ionen jeweils mit der gleichen Stoffmengenkonzentration von 10^{-7} mol/l vor.

2 Bei der Titration von 20 ml Kalilauge wurden 16 ml Salzsäure mit $c(HCl) = 0{,}25$ mol/l verbraucht. Berechne die Stoffmengenkonzentration der Kalilauge

Gegeben: $c(HCl) = 0{,}25$ mol/l
$V(KOH) = 20$ ml
$V(HCl) = 16$ ml
Gesucht: $c(KOH)$
Lösung: $c(KOH) = \dfrac{c(HCl) \cdot V(HCl)}{V(KOH)}$

$c(KOH) = \dfrac{0{,}25 \text{ mol} \cdot 16 \text{ ml}}{20 \text{ ml}} = \underline{\underline{0{,}2 \text{ mol/l}}}$

Antwort: Die Stoffmengenkonzentration der Kalilauge beträgt 0,2 mol/l.

Seite 308: Chemie erlebt – pH-Werte im menschlichen Körper

1 Erstelle ein Diagramm, aus dem der Verlauf des pH-Werts von der Nahrungsaufnahme über die Verdauung bis zur Ausscheidung hervorgeht.

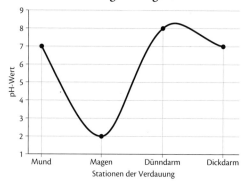

2 Recherchiere, welche Folgen eine Übersäuerung (Azidose) für den Körper haben kann.

Eine Azidose bedeutet eine Fehlregulierung des Säure-Base-Haushalts im Körper, wodurch der pH-Wert des Bluts unterhalb der kritischen Schwelle von 7,35 sinkt. Der pH-Wert vom Blut wird durch Puffersysteme des Körpers in einem sehr engen Bereich (pH 7,35 bis 7,45) gehalten und bereits geringe Abweichungen können lebensbedrohlich sein. Mögliche Folgen einer Azidose sind geistige Verwirrung, Atemnot, Acetongeruch der Ausatemluft, Koma und in schweren Fällen sogar der Tod.

Die Reaktionsgleichung würde lauten:
Ca^{2+} (aq) + 2 OH^- (aq) + 2 H_3O^+ (aq) + 2 Cl^- (aq)
$\rightarrow$ 4 H_2O (l) + Ca^{2+} (aq) + 2 Cl^- (aq)

Zweite Möglichkeit:
Reaktion von Calciumoxid mit Salzsäure und anschließendes Eindampfen der entstehenden Calciumchloridlösung
Die Reaktionsgleichung würde lauten:
CaO (s) + 2 H_3O^+ (aq) + 2 Cl^- (aq)
$\rightarrow$ 3 H_2O (l) + Ca^{2+} (aq) + 2 Cl^- (aq)

3 Begründe, warum die Reaktion von Magnesiumoxid mit Salzsäure auch als Neutralisation bezeichnet werden kann. Formuliere die Reaktionsgleichung. Kennzeichne die Protonenübertragung.

Magnesiumoxid reagiert mit Wasser unter Bildung einer alkalischen Lösung. Alkalische Lösungen enthalten Hydroxid-Ionen. Salzsäure ist eine saure Lösung. Sie enthält Oxonium-Ionen. Als Neutralisation werden chemische Reaktionen bezeichnet, bei denen die Hydroxid-Ionen einer alkalischen Lösung mit den Oxonium-Ionen einer sauren Lösung zu Wassermolekülen reagieren.
Reaktion von Magnesiumoxid mit Wasser:

MgO (s) + H_2O (l) $\rightarrow$ Mg^{2+} (aq) + 2 OH^- (aq)

Reaktion einer Magnesiumhydroxidlösung mit Salzsäure:

Mg^{2+} (aq) + 2 OH^- (aq) + 2 H_3O^+ (aq) + 2 Cl^- (aq)
$\rightarrow$ Mg^{2+} (aq) + 2 Cl^- (aq) + 4 H_2O (l)

Seite 312: Bildung von Salzen

1 Überlege, wie man Kaliumbromid durch Neutralisation herstellen könnte. Formuliere die Reaktionsgleichung.

Eine Lösung von Kaliumbromid kann man durch Neutralisation einer wässrigen Lösung von Bromwasserstoff mit Kalilauge herstellen. Wird die Kaliumbromidlösung eingedampft, kristallisiert das Salz aus.
K^+ (aq) + OH^- (aq) + H_3O^+ (aq) + Br^- (aq)
$\rightarrow$ 2 H_2O (l) + K^+ (aq) + Br^- (aq)

2 Entwickle verschiedene Möglichkeiten zur Herstellung von Calciumchlorid.

Erste Möglichkeit zur Herstellung von Calciumchlorid: Neutralisation von Kalkwasser (Calciumhydroxidlösung) mit Salzsäure und anschließendes Eindampfen der dabei entstehenden Calciumchloridlösung

Seite 313: Nachweis von Anionen

1 Eine Mineralwasserprobe soll auf Chlorid-Ionen geprüft werden. Beschreibe den Nachweis.

Zum Nachweis von Chlorid-Ionen wird die Mineralwasserprobe auf zwei Reagenzgläser aufgeteilt. Eine Probe dient als Vergleich. Dann werden in eines der beiden Reagenzgläser wenige Tropfen Silbernitratlösung zugegeben. Bildet sich ein weißer Niederschlag, so ist der Nachweis positiv und das Mineralwasser enthält Chlorid-Ionen.

2 Erkläre, warum sich Kalkwasser trübt, wenn man mit einem Strohhalm vorsichtig hineinpustet.

Die Luft, die wir ausatmen, enthält 4–5 % Kohlenstoffdioxid (zum Vergleich: die eingeatmete Luft enthält lediglich 0,038 % Kohlenstoffdioxid). Kohlenstoffdioxid reagiert mit Kalkwasser (Calciumhydroxidlösung) zu schwer löslichem, weißem Calciumcarbonat, das als Niederschlag ausfällt und so die Trübung verursacht.

3 Formuliere für die chemische Reaktion von Kaliumcarbonat mit Salzsäure die Reaktionsgleichung sowie die Reaktionsgleichungen für die Protonenabgabe und die Protonenaufnahme. Kennzeichne die Protonenübertragung.

Reaktionsgleichung der Reaktion von Kaliumcarbonat mit Salzsäure:

K_2CO_3 (s) + 2 H_3O^+ (aq) + 2 Cl^- (aq)
$\rightarrow$ 2 K^+ (aq) + 2 Cl^- (aq) + 3 H_2O (l) + CO_2 (g)

Protonenabgabe: 2 $H_3O^+ \rightarrow$ 2 H^+ + 2 H_2O

Protonenaufnahme: CO_3^{2-} + 2 $H^+ \rightarrow CO_2 + H_2O$

Protonenübergang: 2 H_3O^+ + $CO_3^{2-} \rightarrow CO_2$ + 3 H_2O

4 Formuliere die Ionengleichung für den Nachweis von Bromid-Ionen in einer Lösung von Zinkbromid ($ZnBr_2$).

Auch der Nachweis von Bromid-Ionen erfolgt mit Silbernitratlösung.

Zn^{2+} (aq) + 2 Br^- (aq) + 2 Ag^+ (aq) + 2 NO_3^- (aq)
$\rightarrow$ 2 AgBr (s) + Zn^{2+} (aq) + 2 NO_3^- (aq)

5 Im Labor steht eine Flasche ohne Etikett, die eine klare, farblose Flüssigkeit enthält. Es wird vermutet, dass in der Flasche eine Lösung von Kaliumiodid, Silbernitrat, Bariumchlorid oder Calciumhydroxid enthalten sein könnte. Plane, wie die unbekannte Lösung identifiziert werden kann.

Zur Identifikation der unbekannten Lösung verteilt man eine Probe davon auf vier Reagenzgläser.

- In das erste Reagenzglas tropft man Silbernitratlösung zu. Bildet sich ein gelber Niederschlag (Silberiodid), handelt es sich bei der unbekannten Lösung um eine Kaliumiodidlösung.
- In das zweite Reagenzglas tropft man Natriumchloridlösung. Bildet sich ein weißer Niederschlag (Silberchlorid), ist die unbekannte Lösung eine Silbernitratlösung.
- In das dritte Reagenzglas tropft man Natriumsulfatlösung. Bildet sich ein weißer Niederschlag (Bariumsulfat), ist die unbekannte Lösung eine Bariumchloridlösung.
- Bildet sich im vierten Reagenzglas beim Einleiten von Kohlenstoffdioxid eine weiße Trübung (Calciumcarbonat), handelt es sich bei der unbekannten Lösung um eine Calciumhydroxidlösung.

Nach positivem Ausfall eines der Experimente kann die Versuchsreihe beendet werden.

Seite 314–315 Chemie erlebt – Carbonate

1 Erkundige dich bei den Stadtwerken deines Ortes nach dem Härtegrad des Leitungswassers und woher dieses Wasser stammt.

Offene Aufgabenstellung.

2 Begründe, warum Fliesen aus Marmor nicht mit säurehaltigen Haushaltsreinigern gepflegt werden dürfen.

Marmor besteht aus Calciumcarbonat. Die Marmorfliesen werden durch den säurehaltigen Reiniger angegriffen. Calciumcarbonat reagiert mit sauren Lösungen unter Bildung von Kohlenstoffdioxid zu einer wässrigen Lösung mit gelösten Calcium-Ionen. Das führt zur Zerstörung der Marmorfliesen.

3 Erläutere, wie Kalk aus der Natur auf den Boden eines Wasserkochers gelangt.

Durch das im Regenwasser gelöste Kohlenstoffdioxid (Kohlensäure) wird Kalk aus der Natur zu löslichem Calciumhydrogencarbonat umgewandelt. Beim Erhitzen von Wasser entweicht das gelöste Kohlenstoffdioxid wieder und bewirkt eine Umwandlung von Calciumhydrogencarbonat in Kalk.

Seite 318–319: Weitergedacht

Material A

1 Im Text wird ein chemischer Vorgang beschrieben.

a Formuliere die Reaktionsgleichung, bei der als Nebenprodukte Kohlenstoffdioxid und Wasser entstehen.

$CaCO_3$ (s) + 2 H_3O^+ (aq) + SO_4^{2-} (aq)
$\rightarrow CaSO_4$ (s) + CO_2 (g) + 3 H_2O (l)

Hilfe: Die im Niederschlag gelöste Schwefelsäure bildet eine saure Lösung, die Oxonium- und Sulfat-Ionen enthält.

b Entscheide, ob es sich um eine Reaktion mit Protonenübertragung oder um eine Redoxreaktion handelt. Begründe deine Entscheidung.

Bei der Reaktion von Kalk (Calciumcarbonat) mit Schwefelsäure handelt es sich um eine Reaktion mit Protonenübertragung (Säure-Base-Reaktion). Zwei Oxonium-Ionen übertragen jeweils ein Proton auf ein Carbonat-Ion, wobei ein Molekül Kohlenstoffdioxid und drei Moleküle Wasser entstehen.

Hilfe: Redoxreaktionen sind Reaktionen mit Elektronenübertragung.

In einem gedachten Zwischenschritt kann man sich vorstellen, dass ein Kohlensäuremolekül gebildet wird.

2 Stelle eine Vermutung auf, warum Gips im Gegensatz zu Kalk über die Jahre durch den Regen ausgewaschen wird (▶ A1).

Die Löslichkeit von Gips (Calciumsulfat) in Wasser ist deutlich höher als die von Kalk (Calciumcarbonat). Deshalb wird Gips sehr viel schneller ausgewaschen bzw. abgetragen und die Skulpturen verwittern schneller.

Hilfe: Calciumcarbonat ist in Wasser praktisch unlöslich.

Material B: Rauchgasentschwefelung

1 Durch eine Rauchgasentschwefelungsanlage wird Schwefeldioxid aus dem Rauchgas entfernt.
a Entwickle ein passendes Fließschema.

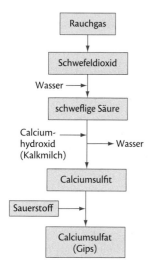

b Formuliere die drei Reaktionsgleichungen der dabei ablaufenden Vorgänge.

SO_2 (g) + H_2O (l) → H_2SO_3 (aq)
H_2SO_3 (aq) + $Ca(OH)_2$ (aq) → $CaSO_3$ (s) + 2 H_2O (l)
2 $CaSO_3$ (s) + O_2 (g) → 2 $CaSO_4$ (s)

2 In einer Rauchgasentschwefelungsanlage fallen täglich 1 300 t Calciumsulfat an. Berechne das Volumen an Schwefeldioxid, das täglich aus dem Rauchgas entfernt wird.

Gegeben: $m(CaSO_4)$ = 1 300 t = 1 300 000 000 g
$M(CaSO_4)$ = 136 g/mol
V_m = 24 l/mol
Gesucht: $V(SO_2)$

Lösung: $n(CaSO_4) = \dfrac{m(CaSO_4)}{M(CaSO_4)} = \dfrac{1\,300\,000\,000\ g}{136\ g/mol}$

$n(CaSO_4)$ = 9 558 823 mol

Aus den Reaktionsgleichungen in Aufgabenteil 1b wird ersichtlich, dass aus 1 mol Schwefeldioxid 1 mol Calciumsulfat entsteht.

$n(CaSO_4) = n(SO_2)$ = 9 558 823 mol
$V(SO_2) = V_m \cdot n(SO_2)$ = 24 l/mol · 9 558 823 mol
$V(SO_2)$ = 22 941 176 l ≈ 23 000 m³

Antwort: In dieser Rauchgasschwefelungsanlage werden pro Tag rund 23 000 m³ Schwefeldioxid aus dem Rauchgas entfernt.

Hilfe: Notiere zuerst gegebene und gesuchte Größen.
Berechne die Stoffmenge von Calciumsulfat mithilfe der molaren Masse $n = \dfrac{M}{m}$.
Bestimme das Stoffmengenverhältnis von Calciumsulfat und Schwefeldioxid mithilfe der Reaktionsgleichungen aus 1b.
Berechne das Volumen von Schwefeldioxid mithilfe des molaren Volumens: $V = V_m \cdot n$.

Material C: Backpulver als Löschmittel

1 Bei der Zugabe von Wasser schäumt das Pulver ein wenig auf, ohne aber dabei die Flamme der Kerze zu berühren.
a Stelle eine Vermutung auf, wodurch die Kerzenflamme gelöscht wurde. Begründe deine Vermutung.

Die Kerzenflamme wurde wahrscheinlich durch entstehendes Kohlenstoffdioxid gelöscht. Die Gasentstehung wird durch das Aufschäumen deutlich. Backpulver enthält Natriumhydrogencarbonat und Weinsäure. In Wasser gelöst reagieren die Hydrogencarbonat-Ionen mit gebildeten Oxonium-Ionen in einer Säure-Base-Reaktion, wobei das Kohlenstoffdioxid entsteht.

Hilfe: Kohlenstoffdioxid wird als Löschmittel in bestimmten Feuerlöschern eingesetzt.
Hydrogencarbonat-Ionen können als Protonenakzeptor reagieren.
Kohlensäure zerfällt in Kohlenstoffdioxid und Wasser.

b Formuliere die Reaktionsgleichung für die Bildung des eigentlichen Löschmittels (▶ C1).

HCO_3^- (aq) + H_3O^+ (aq) → CO_2 (g) + 2 H_2O (l)

Material D: Leitfähigkeitstitration

1 Im Diagramm ist die elektrische Leitfähigkeit der Analysenlösung während der Titration dargestellt (▶ D1).

a Beschreibe den Verlauf der elektrischen Leitfähigkeit während der Titration.

Zu Beginn der Titration liegt die Leitfähigkeit der Lösung bei etwa 29 mA. Mit fortschreitender Zugabe der Natronlauge sinkt sie immer weiter, bis nach 18 ml Natronlauge das Minimum mit etwa 8 mA erreicht ist. Ab diesem Zeitpunkt steigt die elektrische Leitfähigkeit mit jedem Milliliter zusätzlich hinzugegebener Natronlauge wieder an.

b Erläutere die Vorgänge auf der Teilchenebene, wenn man Salzsäure mit Natronlauge neutralisiert und anschließend weiter Natronlauge zugibt.

In der Salzsäurelösung sind zunächst viele Oxonium-Ionen vorhanden. Bei der Zugabe von Natronlauge findet eine Neutralisation statt: Es kommt zu einer Protonenübertragung vom Oxonium-Ion auf das Hydroxid-Ion, wobei zwei Moleküle Wasser entstehen. Die Konzentration an Oxonium-Ionen nimmt ab, bis alle Oxonium-Ionen neutralisiert wurden. Die weitere Zugabe von Natronlauge führt dazu, dass die Konzentration an Hydroxid-Ionen in der Lösung steigt, da diese nicht mehr mit Oxonium-Ionen reagieren können.

Hilfe: Bei der Neutralisation reagieren Oxonium-Ionen mit Hydroxid-Ionen zu Wassermolekülen.

c Erkläre, warum zu keinem Zeitpunkt der Titration die elektrische Leitfähigkeit auf null absinkt.

In der Lösung sind auch Chlorid-Ionen der Salzsäure und Natrium-Ionen der Natronlauge vorhanden, die zur elektrischen Leitfähigkeit beitragen.

Hilfe: In der Salzsäure befinden sich Oxonium-Ionen und Chlorid-Ionen. In der Natronlauge befinden sich Natrium-Ionen und Hydroxid-Ionen.

2 Im Versuch wurden 21 ml eine Salzsäure unbekannter Konzentration mit einer Natronlauge $c(NaOH) = 0{,}35$ mol/l titriert.

a Ermittle aus ▶ D1 den Verbrauch an Natronlauge bis zur Neutralisation der Salzsäure. Begründe deine Wahl.

Die Salzsäure ist nach 18 ml der Natronlauge neutralisiert, weil nach diesem Volumen die Leitfähigkeit der Lösung am geringsten ist. Sowohl die Oxonium-Ionen der Säure als auch die Hydroxid-Ionen der Base bewirken in wässriger Lösung eine Leitfähigkeit, sodass die Neutralisation am Punkt der geringsten Leitfähigkeit erreicht ist. Davor liegen noch vermehrt Oxonium-Ionen, danach vermehrt Hydroxid-Ionen in der Lösung vor.

Hilfe: Bei der Neutralisation reagieren Oxonium-Ionen mit Hydroxid-Ionen zu Wassermolekülen.
In neutralen Lösungen (pH = 7) ist die Anzahl an Oxonium-Ionen und Hydroxid-Ionen am geringsten.

b Berechne die Konzentration der Salzsäure.

Gegeben: $V(HCl) = 21$ ml
$V(NaOH) = 18$ ml
$c(NaOH) = 0{,}35$ mol/l

Gesucht: $c(HCl)$

Lösung:
$$c(HCl) = \frac{c(NaOH) \cdot V(NaOH)}{V(HCl)} = \frac{0{,}35 \text{ mol/l} \cdot 18 \text{ ml}}{21 \text{ ml}}$$

$c(HCl) = \underline{0{,}3 \text{ mol/l}}$

Antwort: Die Konzentration der unbekannten Salzsäure beträgt 0,3 mol/l.

Hilfe: Notiere zuerst gegebene und gesuchte Größen. Wende die Methode auf S. 137 an.

Material E: Wenn der pH-Wert nicht stimmt!

1 Erläutere unter Zuhilfenahme von Reaktionsgleichungen, wie es zur Absenkung des pH-Werts der Meere kommt.

Bildung der Kohlensäure:

$$CO_2 \text{ (aq)} + H_2O \text{ (l)} \rightarrow H_2CO_3 \text{ (aq)}$$

Säure-Base-Reaktion/Protonenübertragung:
$$H_2CO_3 \text{ (aq)} + H_2O \text{ (l)} \rightarrow H_3O^+ \text{ (aq)} + HCO_3^- \text{ (aq)}$$
$$HCO_3^- \text{ (aq)} + H_2O \text{ (l)} \rightarrow H_3O^+ \text{ (aq)} + CO_3^{2-} \text{ (aq)}$$

Durch den stetig steigenden Volumenanteil von Kohlenstoffdioxid in der Atmosphäre löst sich auch immer mehr dieses Gases in den Weltmeeren. Die beim Lösen gebildeten Kohlensäuremoleküle reagieren in einer Säure-Base-Reaktion mit Wassermolekülen zu Hydrogencarbonat- und Carbonat-Ionen, wobei sich die für die Absenkung des pH-Werts verantwortlichen Oxonium-Ionen bilden.

Hilfe: Gelöstes Kohlenstoffdioxid reagiert mit Wasser zu Kohlensäure.
Kohlensäuremoleküle reagieren in einer Säure-Base-Reaktion mit Wassermolekülen.

2 Erläutere mithilfe des Schemas (▶ E2), wieso der Eintrag von Kohlenstoffdioxid in die Meere eine Gefahr für Muscheln und Kalkriffe darstellt.

Wie in dem Schema ▶ E2 erkennbar, bewirkt Kohlenstoffdioxid die Auflösung des eigentlich unlöslichen Calciumcarbonats im Meerwasser, sodass dieses gelöst als Calciumhydrogencarbonat vorliegt. Dies geschieht durch die Versauerung des Meerwassers. Gebildete Oxonium-Ionen greifen das Calciumcarbonat an und reagieren in einer Säure-Base-Reaktion zu leicht löslichem Hydrogencarbonat-Ionen.

Muscheln und Kalkriffe bestehen zu einem Großteil aus Calciumcarbonat, sodass diese stark unter der Versauerung leiden: Korallen und Muscheln werden durch einen sinkenden pH-Wert unwiederbringlich aufgelöst. Dies würde schwerwiegende Folgen für das Ökosystem haben, da z. B. einige Fischarten Korallenriffe zur Aufzucht ihrer Nachkommen nutzen.

3 Stelle eine begründete Vermutung auf, ob der Anstieg der Durchschnittstemperaturen der Meere durch die globale Erderwärmung, das Absenken des pH-Werts weiter verstärkt.

Der Anstieg der Durchschnittstemperatur auf der Erde bewirkt nicht ein zusätzliches Lösen von Kohlenstoffdioxid im Meerwasser. Mit steigender Temperatur nimmt die Löslichkeit von Kohlenstoffdioxid im Wasser vielmehr ab (siehe auch Material A2, S. 296). Somit wirkt der Temperaturanstieg isoliert betrachtet der weiteren Versauerung der Meere sogar entgegen. Da die erhöhte Durchschnittstemperatur momentan allerdings auf einen erhöhten Kohlenstoffdioxid-Ausstoß zurückzuführen ist, wird der pH-Wert der Meere trotz steigender Temperatur wohl weiter sinken.

Hilfe: Die Löslichkeit von Gasen hängt vom Druck und der Temperatur ab.
Mit zunehmender Temperatur sinkt die Löslichkeit bei Gasen.

Kohlenwasserstoffe

Seite 323: Organische Verbindungen

1 Fasse typische Eigenschaften von organischen Stoffen in einem Merksatz zusammen.

Die meisten organischen Stoffe zeigen geringe Wärmebeständigkeit, gute Brennbarkeit, häufig leichte Flüchtigkeit, einen charakteristischen Geruch und geringe Wasserlöslichkeit.

2 Begründe, warum die organischen Stoffe Benzin und Speiseessig im Gegensatz zu Kochsalz einen starken Geruch verbreiten.

Im Gegensatz zu Kochsalz verdunsten Benzin und Speiseessig bereits bei Zimmertemperatur. Die Dämpfe haben einen charakteristischen Geruch.

Seite 324–325: Methan

1 Entwickle einen Steckbrief von Methan.

Methan
Farbe: farblos
Geruch: geruchlos
Aggregatzustand bei Raumtemperatur: gasförmig
Dichte (bei 0 °C): 0,72 g/l
Schmelztemperatur: –182,5 °C
Siedetemperatur: –161,4 °C
Löslichkeit: schlecht in Wasser, gut in Ethanol und Diethylether
weitere Eigenschaften: brennbar, in Gemischen mit Luft explosiv

2 Erläutere anhand der Modelle (▶ 4, 5) die Struktur des Methanmoleküls.

Ein Methanmolekül besteht aus einem Kohlenstoffatom und vier Wasserstoffatomen. Die Wasserstoffatome umgeben das Kohlenstoffatom und sind mit ihm jeweils durch eine Atombindung verbunden. Die Atombindungen im Methanmolekül liegen nicht in einer Ebene. Ihre Position an den Eckpunkten eines regulären Tetraeders ergibt den größtmöglichen Abstand der Elektronen voneinander.

3 Erkunde Sicherheitsbestimmungen beim Umgang mit Erdgas.

Teilweise offene Aufgabenstellung.
Erdgas kann mit Luft explosive Gasgemische bilden, daher ist mit ihm mit größter Vorsicht und Sorgfalt umzugehen. Erdgas nicht unkontrolliert ausströmen lassen. Erdgas nach dem Öffnen des Hahns sofort entzünden. Bei Gasgeruch Feuerwehr und Polizei benachrichtigen. Keine Lichtschalter oder Klingelknöpfe betätigen sowie keine elektronischen Geräte (z. B. Mobiltelefone) in der Nähe benutzen. Kein Zündholz anbrennen. Personen ins Freie bringen. Erdgasheizungen regelmäßig von einem Fachmann warten lassen.

4 Berechne mithilfe der Dichte von Methan die molare Masse. Vergleiche mit der Textangabe.

Gegeben: $\varrho(CH_4) = 0{,}72$ g/l; $V_m = 22{,}4$ l/mol
Gesucht: $M(CH_4)$

Lösung:
$$M(CH_4) = \frac{m(CH_4)}{n(CH_4)}$$

Mithilfe der Dichte kann die Masse ersetzt werden:
$$m(CH_4) = \varrho(CH_4) \cdot V(CH_4)$$

$$M(CH_4) = \frac{\varrho(CH_4) \cdot V(CH_4)}{n(CH_4)}$$

Es gilt: $\frac{V(CH_4)}{n(CH_4)} = V_m$

$$M(CH_4) = \varrho(CH_4) \cdot V_m$$
$$= 0{,}72 \text{ g/l} \cdot 22{,}4 \text{ l/mol}$$
$$= \underline{16{,}1 \text{ g/mol}}$$

Antwort: Das Ergebnis für die molare Masse von Methan beträgt 16,1 g/mol. Es stimmt gerundet mit der Textangabe überein.

Seite 326: Homologe Reihe der Alkane

1 Begründe die Zuordnung der Alkane zu den gesättigten Kohlenwasserstoffe.

In den Molekülen der Alkane sind alle Kohlenstoffatome mit der jeweils größtmöglichen Anzahl an Wasserstoffatomen verbunden.

2 Alkane bilden eine homologe Reihe. Begründe diese Aussage. Notiere einen Merksatz.

Die Alkane bilden eine homologe Reihe, da sich die Moleküle von zwei aufeinanderfolgenden Verbindungen jeweils durch eine CH_2-Gruppe unterscheiden, z. B. C_2H_6, C_3H_8, C_4H_{10}.

Merksatz: Eine homologe Reihe ist eine Gruppe von chemisch ähnlichen organischen Verbindungen. In dieser Reihe unterscheiden sich die Moleküle von zwei aufeinanderfolgenden Verbindungen jeweils durch eine CH_2-Gruppe.

3 Stelle die Strukturformeln folgender Alkane auf und benenne sie: C_7H_{16}, $C_{10}H_{22}$, C_9H_{20}.

Heptan C_7H_{16}

H–C–C–C–C–C–C–C–H (mit jeweils H an jedem C)

Nonan C_9H_{20}

H–C–C–C–C–C–C–C–C–C–H (mit jeweils H an jedem C)

Decan $C_{10}H_{22}$

H–C–C–C–C–C–C–C–C–C–C–H (mit jeweils H an jedem C)

Seite 328–329: Eigenschaften von Alkanen

1 Alkane haben bei Raumtemperatur unterschiedliche Aggregatzustände. Begründe und gib Beispiele dafür an.

Die Schmelz- und Siedetemperaturen der Alkane steigen mit zunehmender Kettenlänge der Moleküle an, weil die Anziehungskräfte (Van-der-Waals-Kräfte) zwischen den Molekülen mit wachsender Kettenlänge zunehmen. Daher können Alkane mit unterschiedlicher Kettenlänge im Molekül bei Zimmertemperatur unterschiedliche Aggregatzustände haben.

2 Erläutere: „Ähnliches löst sich in Ähnlichem".

Die Löslichkeit zweier Stoffe ineinander richtet sich nach der Art der Teilchen, aus denen sie bestehen. Je ähnlicher die Teilchen des Lösemittels und des zu lösenden Stoffs in Bezug auf ihre Polarität sind, desto besser lösen sich die beiden Stoffe ineinander.

3 Erläutere, womit ein Ölfleck aus der Kleidung entfernt werden kann.

Unpolare Ölflecke lassen sich mit unpolaren Lösemitteln (z. B. flüssigen Alkanen) entfernen („Ähnliches löst sich in Ähnlichem").

4 Beschreibe die Beobachtungen, die bei Zugabe von Kochsalz zu Wasser, Kochsalz zu Pentan und Nonan zu Hexan zu erwarten sind. Begründe deine Aussagen.

Kochsalz löst sich in Wasser; es löst sich aber nicht in Pentan; Nonan löst sich in Hexan. Das unterschiedliche Löseverhalten ist auf die unterschiedlichen Anziehungskräfte zwischen den Teilchen des Lösemittels und des zu lösenden Stoffes zurückzuführen. Es gilt: „Ähnliches löst sich in Ähnlichem"

Seite 330–331: Vielfalt der Alkane

1 Nenne Gemeinsamkeiten und Unterschiede bei Isomeren.

Gemeinsamkeiten bei Isomeren sind gleiche Molekülformel (Summenformel) und Einfachbindungen zwischen den Kohlenstoffatomen.

Unterschiede bei Isomeren sind unterschiedliche Strukturformeln und unterschiedliche Eigenschaften.

2 Begründe, warum es keine Propanisomere geben kann.

Es kann keine Propanisomere geben, weil es für drei Kohlenstoffatome im Molekül keine unterschiedlichen Verknüpfungsmöglichkeiten gibt.

3 Notiere die Strukturformeln für die Moleküle aller Isomere des Hexans.

n-Hexan

2-Methylpentan

3-Methylpentan

2,2-Dimethylbutan

```
        H
        |
      H-C-H
   H  H  |  H
   |  |  |  |
 H-C--C--C--C-H
   |  |  |  |
   H  H-C-H H
        |
        H
   2,3-Dimethylbutan
```

4 Erkläre mithilfe der Strukturformeln der isomeren Pentane die Unterschiede in den Schmelz- und Siedetemperaturen (▶ 4).

```
n-Pentan:    H H H H H
             | | | | |
           H-C-C-C-C-C-H
             | | | | |
             H H H H H

2-Methylbutan:  H H H
                | | |
              H-C-C-C-C-H
                | H | H
                H H-C-H
                    |
                    H

2,2-Dimethylpropan:   H
                    H-C-H
                    H | H
                    | | |
                  H-C-C-C-H
                    | | |
                    H-C-H
                      |
                      H
```

Die Unterschiede in den Schmelz- und Siedetemperaturen sind bei den Isomeren des Pentans auf die verschiedenen Strukturen ihrer Moleküle zurückzuführen. Die Isomeren des Pentans weisen unterschiedliche Moleküloberflächen auf, der Zusammenhalt zwischen den Molekülen ist deshalb unterschiedlich, da sich nur an den Berührungspunkten der Moleküle Van-der-Waals-Kräfte ausbilden können.

5 Bestimme den systematischen Namen von Isooctan (▶ 7).
2,2,4-Trimethylpentan

Seite 333: Chemie erlebt – Molekülmodelle

1 Baue Molekülmodelle, die der Molekülformel C_6H_{14} entsprechen.

Offene Aufgabenstellung. Die möglichen Verknüpfungen (Strukturformeln) finden sich auf S. 88-89 (Aufgabe 3, Seite 330-331: Vielfalt der Alkane).

2 Gib die vereinfachten Strukturformeln für die folgenden Alkanmoleküle an: 3-Ethylhexan, n-Heptan, 2,3-Dimethylbutan.

```
              CH3
              |
              CH2
              |
CH3-CH2-CH-CH2-CH2-CH3
        3-Ethylhexan

CH3-CH2-CH2-CH2-CH2-CH2-CH3
        n-Heptan

        CH3
        |
CH3-CH-CH-CH3
        |
        CH3
    2,3-Dimethylbutan
```

3 Zeichne Struktur-, vereinfachte Struktur- und Skelettformel von 2,3,3,4-Tetramethylpentan. Vergleiche die Darstellungen miteinander.

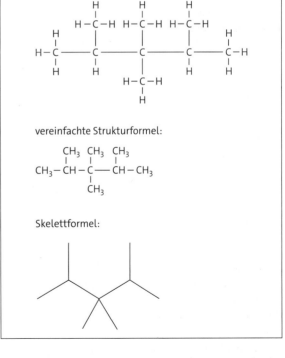

Aus der Strukturformel ist die Zusammensetzung der

Verbindung erkennbar sowie die Verknüpfung zwischen den einzelnen Atomen. So ist erkennbar, dass die Verbindung nur aus den Elementen Wasserstoff und Kohlenstoff aufgebaut ist.

Bei der vereinfachten Strukturformel sind die Verknüpfungen zwischen Wasserstoff- und Kohlenstoffatomen nicht mehr eingezeichnet. Bei dieser Darstellung sind die Kohlenstoffhauptkette und die vier Methylgruppen sehr gut zu erkennen.

In der Skelettformel werden lediglich die Bindungen zwischen den Kohlenstoffatomen gezeigt. Auf die Symbole der Wasserstoff- und Kohlenstoffatome wird verzichtet.

Seite 334–335: Reaktionen der Alkane

1 Nenne Nachteile einer unvollständigen Verbrennung.
Bei der unvollständigen Verbrennung der Alkane bildet sich giftiges Kohlenmonooxid. Wenn noch weniger Sauerstoff vorhanden ist, scheidet sich reiner Kohlenstoff in Form von Ruß ab.

2 Berechne das Volumen von Kohlenstoffdioxid, das bei der vollständigen Verbrennung von 3 kg Propan entsteht.
Gegeben: $m(C_3H_8) = 3$ kg; $M(C_3H_8) = 44$ g/mol
Gesucht: $V(CO_2)$

Reaktionsgleichung:
C_3H_8 (g) + 5 O_2 (g) → 3 CO_2 (g) + 4 H_2O (l)

Lösung: $V(CO_2) = \dfrac{n(CO_2) \cdot V_m}{n(C_3H_8) \cdot M(C_3H_8)} \cdot m(C_3H_8)$

$= \dfrac{3 \text{ mol} \cdot 22{,}4 \text{ l/mol}}{1 \text{ mol} \cdot 44 \text{ g/mol}} \cdot 3\,000 \text{ g}$

$= \underline{\underline{4\,581{,}8 \text{ l}}}$

Antwort: Bei der vollständigen Verbrennung von 3 kg Propan entstehen 4 581,8 l Kohlenstoffdioxid.

3 Erkläre, warum sich Indikatorpapier im oben beschriebenen Experiment färbt.
Bei der Reaktion von Hexan mit Brom entsteht Bromwasserstoff, der sich im Wasser löst. Die saure Lösung färbt das Indikatorpapier.

4 Beschreibe die Reaktion von Ethan mit Brom. Entwickle die Reaktionsgleichung.
Bei der Reaktion von Ethan mit Brom wird ein Wasserstoffatom eines Ethanmoleküls gegen ein Bromatom eines Brommoleküls ausgetauscht. Es entstehen ein Bromethanmolekül und ein Bromwasserstoffmolekül.

C_2H_6 (g) + Br_2 (g) → C_2H_5Br (g) + HBr (g)

5 Entwickle die Reaktionsgleichungen für folgende Reaktionen von Heptan.
a Verbrennung
C_7H_{16} (l) + 11 O_2 (g) → 7 CO_2 (g) + 8 H_2O (l) | exotherm

b Substitution mit Brom
C_7H_{16} (l) + Br_2 (g) → $C_7H_{15}Br$ (l) + HBr (g) | exotherm

Seite 337: Chemie erlebt – FCKW – Ozonkiller

1 „Ohne Ozon kein Leben!" Richtig oder falsch? Setze dich mit dieser Behauptung auseinander.
Ohne die schützende Ozonschicht in der Atmosphäre wären wir der energiereichen UV-Strahlung schutzlos ausgesetzt. Die Entwicklung von höheren Lebewesen auf der Erde wäre so kaum möglich.

2 In Sommermonaten kann in Großstädten Ozonalarm ausgelöst werden. Erkunde, was darunter zu verstehen ist.
Ozonalarm wird ausgelöst, wenn die Konzentration von Ozon in der Luft in Bodennähe einen Wert von 0,240 Milligramm pro Kubikmeter Luft überschreitet. Ab dann gilt ein Fahrverbot für Kraftfahrzeuge ohne Katalysator und die Bevölkerung der Stadt wird gewarnt, da vor allem alte Menschen und Asthmatiker empfindlich auf hohe Ozonkonzentrationen reagieren (tränende Augen, Hustreiz). Bodennahes Ozon entsteht hauptsächlich durch Luftschadstoffe unter Einwirkung starker Sonneneinstrahlung.

Seite 338–340: Ethen und Ethin – ungesättigte Kohlenwasserstoffe

1 Erstelle einen Steckbrief von Ethen.

Ethen
Farbe: farblos
Geruch: süßlich
Aggregatzustand bei Raumtemperatur: gasförmig
Dichte (bei 0 °C): 1,260 g/l
Schmelztemperatur: –169,5 °C
Siedetemperatur: –103,9 °C
weitere Eigenschaften: gasförmig, in Wasser fast unlöslich, brennt mit leuchtender, schwach rußender Flamme, bildet mit Luftsauerstoff explosive Gemische, sehr reaktionsfähig

2 Entwickle die Reaktionsgleichung für die vollständige Verbrennung von Ethen.

C_2H_4 (g) + 3 O_2 (g) → 2 CO_2 (g) + 2 H_2O (l) | exotherm

3 Vergleiche den Bau der Moleküle von Ethan und Ethen. Stelle dazu die Strukturformeln auf.

Ethen ist wie Ethan ein Kohlenwasserstoff. Das Ethenmolekül enthält aber zwei Wasserstoffatome weniger als das Ethanmolekül. Der Zusammenhalt der beiden Kohlenstoffatome wird im Ethenmolekül durch zwei gemeinsame Elektronenpaare bewirkt. Im Ethenmolekül liegt zwischen den beiden Kohlenstoffatomen also eine Doppelbindung vor, im Ethanmolekül gibt es dagegen nur Einfachbindungen. Beim Ethenmolekül liegen alle Atome in einer Ebene.

4 Bilde die Namen der folgenden Alkene.

a CH_3–CH=CH–CH_2–CH_3
Pent-2-en

b CH_3–CH_2–CH=CH–CH_2–CH_3
Hex-3-en

5 Propen reagiert mit Brom. Erläutere und kennzeichne diese chemische Reaktion. Stelle die Reaktionsgleichung auf.

Bei der Reaktion von Propen mit Brom entsteht 1,2-Dibrompropan. Es findet eine Addition statt. Das Brommolekül lagert sich an die Kohlenstoffatome der Doppelbindung im Propenmolekül an. Dabei wird ein Elektronenpaar der Doppelbindung gespalten und Einfachbindungen werden zu den Bromatomen ausgebildet. Gleichzeitig wird auch die Einfachbindung im Brommolekül getrennt. Aus den zwei Molekülen der Ausgangsstoffe ist das Molekül des Reaktionsprodukts entstanden.

1 Entwickle die Reaktionsgleichung für die Dehydrierung von Butan. Stelle die Strukturformel(n) der möglichen Reaktionsprodukte auf und benenne sie. (Seite 340)

Bei der Dehydrierung von Butan können die Isomere des Butens entstehen.

C_4H_{10} → C_4H_8 + H_2

2 Gib die Strukturformeln und die Namen der ersten fünf Vertreter der homologen Reihe der Alkine an. (Seite 340)

3 Erläutere an einem Beispiel den Nachweis von ungesättigten Kohlenwasserstoffen. (Seite 340)

Propin ist ein Alkin. Seine Moleküle enthalten eine Dreifachbindung zwischen zwei Kohlenstoffatomen. Bei der Addition von Brom an Propin reagiert jedes Propinmolekül schrittweise mit zwei Brommolekülen. Die wässrige Bromlösung wird entfärbt.

$H-C\equiv C-CH_3 + 2\,Br_2 \longrightarrow \underset{Br}{\overset{H}{\underset{|}{\overset{|}{C}}}}=\underset{Br}{\overset{}{C}}-CH_3 + Br_2$

$\longrightarrow H-\underset{Br}{\overset{Br}{\underset{|}{\overset{|}{C}}}}-\underset{Br}{\overset{Br}{\underset{|}{\overset{|}{C}}}}-\underset{H}{\overset{H}{\underset{|}{\overset{|}{C}}}}-H$

Seite 341: Polyethen – ein bedeutender Kunststoff

1 Entwickle einen Steckbrief von PE.

Polyethen
Farbe: farblos (kann mithilfe von Farbstoffe eingefärbt werden)
Geruch: geruchlos
Aggregatzustand bei Raumtemperatur: fest
elektrische Leitfähigkeit: keine
Löslichkeit in Wasser: keine
weitere Eigenschaften: brennbar, tropft beim Verbrennen, beständig gegen die meisten Lösemittel und Chemikalien, Niederdruckpolyethen (HDPE) ist härter und hat eine größere Dichte als Hochdruckpolyethen (LDPE).
Verwendung: HDPE: Druckrohre, Getränkekästen, LDPE: Folien, Haushaltswaren

2 Polypropen (PP) wird aus Propen gebildet. Erläutere die Reaktion und stelle die Gleichung auf.
Bei dieser Reaktion handelt es sich um eine Polymerisation. Die Doppelbindungen der einzelnen Propenmoleküle werden unter Licht, Wärme oder eines Katalysators aufgebrochen und es entstehen langkettige Moleküle.

$n\ \underset{H}{\overset{H}{\underset{|}{\overset{|}{C}}}}=\underset{CH_3}{\overset{H}{\underset{|}{\overset{|}{C}}}} \longrightarrow \left[\underset{H}{\overset{H}{\underset{|}{\overset{|}{C}}}}-\underset{CH_3}{\overset{H}{\underset{|}{\overset{|}{C}}}}\right]_n$

Seite 344–345: Weitergedacht

Material A: Carbidlampe

1 Carbidlampe oder Acetylenlampe – beide Bezeichnungen sind richtig. Begründe (▶A1, A2).

Bei der Lampe liegt der Brennstoff in Form von **Calciumcarbid** (CaC_2) vor. Durch eine chemische Reaktion entsteht daraus der eigentliche Brennstoff Ethin (C_2H_2), das auch als **Acetylen** bezeichnet wird. Beide Begriffe sind somit korrekt.

2 Erläutere die Funktionsweise der Carbidlampe (▶A2).
Beim Öffnen des Ventils durch die Stellschraube entsteht durch Reaktion von Calciumcarbid mit Wasser gasförmiges, brennbares Ethin. Dieses kann am Brenner entzündet werden. Die Flamme dient als Lichtquelle, deren Helligkeit durch den Hohlspiegel verstärkt wird. Mit der Stellschraube kann die entstehende Gasmenge reguliert werden.

3 Formuliere für die chemische Reaktion, bei der Ethin entsteht, die Reaktionsgleichung (▶A2).
$CaC_2\,(s) + 2\,H_2O\,(l) \rightarrow Ca(OH)_2\,(aq) + C_2H_2\,(g)$ | exotherm

Hilfe: Nutze gegebenenfalls die Methode „Entwickeln einer Reaktionsgleichung" (▶ S. 125, Lehrbuch). Ausgangsstoffe der Reaktion sind Calciumcarbid und Wasser. Reaktionsprodukte sind Calciumhydroxidlösung und Ethin.

4 Beschreibe die chemische Reaktion, die am Brenner der Carbidlampe stattfindet (▶A2). Entwickle die Reaktionsgleichung.
Bei dieser Reakion wird das Ethin mit Sauerstoff vollständig zu Kohlenstoffdioxid und Wasser verbrannt.
$2\,C_2H_2\,(g) + 5\,O_2\,(g) \rightarrow 4\,CO_2\,(g) + 2\,H_2O\,(l)$ | exotherm

Hilfe: Nutze gegebenenfalls die Methode „Entwickeln einer Reaktionsgleichung" (▶ S. 125, Lehrbuch). Am Brenner findet eine vollständige Verbrennung mit Sauerstoff statt.

5 Zeichne und beschrifte für die Darstellung von Ethin mit dir bekannten Geräten eine Experimentieranordnung.

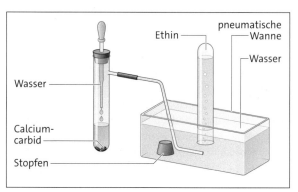

Material B: Gesucht – gasförmiger Kohlenwasserstoff

1 Stelle eine Vermutung auf, um welchen gasförmigen Kohlenwasserstoff es sich im Text handelt.
Bei dem Gas könnte es sich um Ethen handeln, da es zum Nachreifen von Bananen eingesetzt wird.

Hilfe: Das Gas wird auch zum Reifen von Bananen eingesetzt. Es handelt sich um einen ungesättigten Kohlenwasserstoff.

2 Überprüfe deine Vermutung unter Einbeziehung der Angaben zur Verbrennung dieses Kohlenwasserstoffs. Nutze dabei die Stoffmengenverhältnisse, die sich aus dieser chemischen Reaktion ableiten lassen (▸ B1).
Gegeben: $V(C_2H_4) = 5{,}6\,l$, $V(CO_2) = 11{,}2\,l$, $m(H_2O) = 9\,g$
Gesucht: Stoffmengenverhältnisse

Reaktionsgleichung zur Verbrennung des vermuteten Gases Ethen:
$C_2H_4\,(g) + 3\,O_2\,(g) \rightarrow 2\,CO_2\,(g) + 2\,H_2O\,(l)$

Stoffmengenverhältnis aus der Reaktionsgleichung:
$n(C_2H_4) : n(CO_2) : n(H_2O) = 1 : 2 : 2$

Für die Stoffmenge eines Stoffes gilt:
$$n(\text{Stoff}) = \frac{V(\text{Stoff})}{V_m} \text{ bzw. } n(\text{Stoff}) = \frac{m(\text{Stoff})}{n(\text{Stoff})}$$

Das Stoffmengenverhältnis lässt sich dann wie folgt ausdrücken:

$n(C_2H_4) : n(CO_2) : n(H_2O)$
$= \frac{V(C_2H_4)}{V_m} : \frac{V(CO_2)}{V_m} : \frac{m(H_2O)}{M(H_2O)}$
$= \frac{5{,}6\,l}{22{,}4\,l/mol} : \frac{11{,}2\,l}{22{,}4\,l/mol} : \frac{9\,g}{18\,g/mol}$
$= 0{,}25\,mol : 0{,}5\,mol : 0{,}5\,mol$
$= 1 : 2 : 2$

Antwort: Die Stoffmengenverhältnisse aus der Reaktionsgleichung und aus der Berechnung stimmen überein, sodass die Vermutung bestätigt werden konnte.

Hilfe: Formuliere die Reaktionsgleichung der Verbrennung. Nutze die Seiten 178–180 und 286–287 des Lehrbuchs.

3 Berechne zum Vergleich die Masse Wasser und das Volumen an Kohlenstoffdioxid, die bei der Verbrennung von 5,6 l Ethan entstehen.

Gegeben: $V(C_2H_6) = 5{,}6\,l$; $V_m = 22{,}4\,l/mol$
Gesucht: $V(CO_2)$, $m(H_2O)$

Reaktionsgleichung:
$2\,C_2H_6\,(g) + 7\,O_2\,(g) \rightarrow 4\,CO_2\,(g) + 6\,H_2O\,(l)$

Stoffmengenverhältnis aus der Reaktionsgleichung:
$n(C_2H_6) : n(CO_2) : n(H_2O) = 2 : 4 : 6 = 1 : 2 : 3$

Lösung:
$$V(CO_2) = \frac{n(CO_2)}{n(C_2H_6)} \cdot V(C_2H_6)$$
$$= \frac{2\,mol}{1\,mol} \cdot 5{,}6\,l$$
$$= \underline{11{,}2\,l}$$

$$m(H_2O) = \frac{n(H_2O) \cdot M(H_2O)}{n(C_2H_6) \cdot V_m} \cdot V(C_2H_6)$$
$$= \frac{3\,mol \cdot 18\,g/mol}{1\,mol \cdot 22{,}4\,l/mol} \cdot 5{,}6\,l$$
$$= \underline{13{,}5\,g}$$

Antwort: Bei der Verbrennung von 5,6 l Ethan entstehen 11,2 l Kohlenstoffdioxid und 13,5 g Wasser.

Hilfe: Notiere gegebene und gesuchte Größen. Nutze die Methode „Berechnen von Volumina bei chemischen Reaktionen" (▸ S. 287, Lehrbuch).

Material C: Reinigen ohne Wasser

1 Stelle die Strukturformel für Per auf und ordne Per einer Stoffgruppe zu (▸ C1).

$$\begin{array}{c} Cl \\ \\ Cl \end{array} \!\! C = C \!\! \begin{array}{c} Cl \\ \\ Cl \end{array}$$

Per: ungesättigter Kohlenwasserstoff, Halogenkohlenwasserstoff, Halogenalkene

2 Nenne mindestens drei Stoffe, die durch Per bei der Reinigung entfernt werden können. Begründe, worauf das zurückzuführen ist (▸ C1).
Beispiele: Maschinenöl, Schmierstoffe, Teer, Bratensoße, Hautcreme, Sonnenschutzmittel, Speiseöl
Die Löslichkeit von Stoffen ineinander ist von der Art der Teilchen abhängig, aus denen sie aufgebaut sind. Per besteht aus unpolaren Molekülen und ist deshalb ein gutes Lösemittel für hydrophobe Stoffe wie Fette und Öle.

3 Formuliere eine Regel für die Löslichkeit der Stoffe, die auch bei der chemischen Reinigung Anwendung findet.
Regel: Ähnliches löst sich in Ähnlichem.
Je ähnlicher die Teilchen des Lösemittels und des zu lösenden Stoffes in Bezug auf ihre Polarität sind, desto besser lösen sich die Stoffe ineinander.

4 Begründe, warum der Einsatz von Per in der Industrie und in der Technik der Bundesimmisionsschutzverordnung unterliegt (▶ C1).
Der Einsatz von Per muss strengsten Verordnungen unterliegen, da der Umgang mit Per die Gesundheit und die Umwelt gefährden kann: Per ist wie viele Halogenkohlenwasserstoffe schwer abbaubar, kann sich in der Nahrungskette und in der Atemluft anreichern. Per steht im Verdacht, Krebs zu erzeugen. Außerdem zerstören diese Stoffe die schützende Ozonschicht.

5 Erläutere, wie man prüfen könnte, ob ein Reinigungsmittel organische Halogenverbindungen enthält.
Organische Halogenverbindungen lassen sich durch die Beilstein-Probe nachweisen. Dazu wird eine kleine Probe des zu prüfenden Reinigungsmittels auf ein ausgeglühtes Kupferblech gegeben und in die nicht leuchtende Flamme gehalten. Tritt eine Grünfärbung der Flamme auf, dann ist das ein Hinweis darauf, dass das Reinigungsmittel organische Halogenverbindungen enthält.

Material D: Kohlenwasserstoff mit Ringstruktur

1 Stelle die Molekül- und Strukturformeln für Cyclohexan und Cyclohexen auf (▶ D1).
Cyclohexan C_6H_{12}, Cyclohexen C_6H_{10}

2 Vergleiche Cyclohexan und Cyclohexen hinsichtlich struktureller Merkmale (▶ D1).
In den Cyclohexan- und Cyclohexenmolekülen bilden jeweils sechs Kohlenstoffatome einen Ring, der nicht eben gebaut ist. Im Cyclohexanmolekül sind die Kohlenstoffatome jeweils nur mit Einfachbindungen verbunden. An jedem Kohlenstoffatom sind außerdem durch Einfachbindung je zwei Wasserstoffatome gebunden. Im Cyclohexenmolekül gibt es zwischen zwei Kohlenstoffatomen eine Doppelbindung und zwischen den übrigen Kohlenstoffatomen Einfachbindungen. Die Wasserstoffatome sind jeweils durch Einfachbindungen mit den Kohlenstoffatomen verbunden.

3 Beide ringförmigen Kohlenwasserstoffe können mit Brom reagieren (▶ D2).
a Entwickle für beide Reaktionen jeweils die Reaktionsgleichung und benenne die Reaktionsprodukte.

$C_6H_{12} + Br_2 \rightarrow C_6H_{11}Br + HBr$
       1–Brom- Bromwasser-
       cyclohexan stoff

$C_6H_{10} + Br_2 \rightarrow C_6H_{10}Br_2$
       1,2–Dibromcyclohexan

b Bestimme jeweils die Reaktionsart.
Reaktion Cyclohexan mit Brom: Substitution
Reaktion Cyclohexen mit Brom: Addition

Hilfe: Cyclohexan ist ein ringförmiger Kohlenwasserstoff, der in seinen chemischen Eigenschaften den Alkanen sehr ähnlich ist. Eine typische Reaktion der Alkane ist die Substitution. Mit seiner Doppelbindung ist Cyclohexen den Alkanen chemisch ähnlich. Eine typische Reaktion der Alkene ist die Addition.

c Erläutere, wie sich die beiden Kohlenwasserstoffe bei der Reaktion mit Brom dennoch unterscheiden lassen. Gehe dabei auch auf die Reaktionsbedingungen ein.
Cyclohexan und Brom reagieren nicht spontan, sondern erst nach intensiver Einwirkung von Licht miteinander. Als Reaktionsprodukte entstehen 1-Bromcyclohexan und das farblose Gas Bromwasserstoff, das feuchtes Indikatorpapier rot färbt. Cyclohexen und Brom reagieren dagegen sofort miteinander. Die Entfärbung von Brom ist sehr schnell zu beobachten. Aus den beiden Ausgangsstoffen bildet sich ein farbloses Reaktionsprodukt.

4 Entwickle für die ringförmigen Kohlenwasserstoffe mit den Molekülformeln C_8H_{16} und C_8H_{14} die Strukturformeln. Benenne diese Kohlenwasserstoffe.
Cyclooctan C_8H_{16}, Cyclooceten C_8H_{14}

Brennstoffe

Seite 350–351: Brennstoffe im Fokus

1 Erläutere, was man unter einem Brennstoff versteht.
Ein Brennstoff ist ein Stoff, der bei der Verbrennung sehr viel Wärmeenergie freisetzt. Er kann fest (z. B. Kohle), flüssig (z. B. Erdöl, Heizöl) oder gasförmig (z. B. Erdgas, Stadtgas, Wasserstoff, Propan, Butan) sein. Brennstoffe erfüllen bestimmte Voraussetzungen: Sie sollten als Rohstoff in großen Mengen vorhanden sein und sich mit vertretbarem Aufwand aufbereiten lassen. Bei der Verbrennung sollten möglichst gasförmige Verbrennungsprodukte und möglichst wenig feste Rückstände entstehen.

2 Bei der Verbrennung von Holzkohle beim Grillen bleibt oft noch etwas Asche im Grill zurück. Beurteile, ob Holzkohle ein Brennstoff ist.
Holzkohle ist ein Brennstoff. Zwar bleibt bei der Verbrennung Asche zurück, jedoch sind die meisten Reaktionsprodukte gasförmig. Die Asche entsteht, weil in der Holzkohle nicht brennbare Bestandteile (u. a. Mineralstoffe) enthalten sind. Weiterhin glüht die Kohle zum Ende hin nur noch, sodass die Verbrennung nicht mehr vollständig abläuft. Ansonsten erfüllt Holzkohle alle Kriterien eines Brennstoffs: Holzkohle kann aus Holz ohne großen Aufwand gewonnen werden, das in riesigen Mengen verfügbar ist. Bei der Verbrennung entsteht vor allem das gasförmige Kohlenstoffdioxid und es wird dabei viel Energie freigesetzt.

3 Beschreibe anhand der Diagramme den Primärenergieverbrauch in Deutschland sowie die Bedeutung der Biomasse bzw. Biokraftstoffe innerhalb der erneuerbaren Energiequellen (▶ 4, 5).
Den höchsten Anteil am Primärenergieverbrauch hat das Erdöl mit 33,4 %, gefolgt von Erdgas mit 22,3 %. Der Anteil der erneuerbaren Energien (11,5 %), der Braunkohle (11,7 %) und der Steinkohle (12,8 %) ist in etwa gleich.
Den geringsten Anteil am Primärenergieverbrauch hat die Kernenergie mit weniger als 8 %.
Biomasse und Biokraftstoffe nehmen innerhalb der erneuerbaren Energien einen Gesamtwert von fast 70 % ein. (Biomasse: 61,1 %, Biokraftstoffe: 7,6 %)

4 Erläutere die im Text aufgeführten Vorteile regenerativer Energieträger.
Erneuerbare Energieträger stehen nach menschlichen Zeitmaßstäben unbegrenzt zur Verfügung, fossile Energieträger dagegen nicht – sie gehen mittelfristig zur Neige. Zudem tragen regenerative Energieträger oft zum Umweltschutz bei. So wird z. B. kein Kohlenstoffdioxid in die Atmosphäre abgegeben, wenn Energie durch Wind- und Wasserkraft oder durch Solartechnik erzeugt wird. Bei der Verbrennung fossiler Energieträger dagegen entsteht Kohlenstoffdioxid, das den Treibhauseffekt verstärkt. Dennoch weisen die regenerativen Energieträger nicht nur Vorteile auf. So belastet die Herstellung von Solarzellen oder Windkraftanlagen die Umwelt. Der Anbau nachwachsender Rohstoffe erfordert viel Ackerland. Zudem setzt Biomasse – wie die fossilen Energieträger – bei der Verbrennung Schadstoffe wie Stickoxide, Schwefelverbindungen oder Rußpartikel frei.

Seite 352–353: Erdöl und Erdgas

1 Erstelle eine Übersicht über weltweite Erdöl- und Erdgasvorkommen. Nutze hierfür deinen Atlas.
Übersicht über die weltweiten Erdölreserven (Stand 2013):
Weltweit: rund 230 000 Mio. t
Naher Osten: rund 110 000 Mio. t
Amerika: rund 75 000 Mio. t
Afrika: rund 20 000 Mio. t
Europa und Eurasien: rund 20 000 Mio. t
Asiatisch-pazifischer Raum: rund 5 500 Mio. t

Übersicht über die weltweiten Erdgasreserven (Stand 2013):
Weltweit: rund 190 000 Mio. m^3
Naher Osten: rund 80 000 Mio. m^3
Amerika: rund 20 000 Mio. m^3
Afrika: rund 14 000 Mio. m^3
Europa und Eurasien: rund 60 000 Mio. m^3
Asiatisch-pazifischer Raum: rund 15 000 Mio. m^3

2 Erläutere mithilfe der zwischenmolekularen Kräfte die unterschiedliche Viskosität des Erdöls verschiedener Lagerstätten.
Je zähflüssiger das Erdöl ist, je höher also seine Viskosität ist, desto größer ist der Anteil an langkettigen Kohlenwasserstoffmolekülen im Erdöl. Diese höhere Viskosität lässt sich mithilfe der Van-der-Waals-Kräfte erklären, die zwischen den unpolaren Kohlenwasserstoffmolekülen herrschen. Je größer die Oberfläche eines Kohlenwasserstoffmoleküls ist, desto stärker sind diese zwischenmolekularen Kräfte. Daher nimmt mit steigender Kettenlänge auch die Zähflüssigkeit zu. Die Moleküle sind aufgrund der stärkeren Anziehungskräfte nicht mehr so leicht gegeneinander verschiebbar.

3 Diskutiere den Satz: „Erdöl ist nicht gleich Erdöl".
Die Aussage „Erdöl ist nicht gleich Erdöl" trifft zu. Erdöl ist ein Stoffgemisch und kein Reinstoff. Seine Zusammensetzung variiert von Fundort zu Fundort. Gleichwohl besitzt das Erdöl verschiedener Fundorte ähnliche Eigenschaften. So bildet z. B. das hydrophobe Erdöl auf Wasser stets einen dünnen Ölfilm.

4 Erläutere, weshalb bei einer Ölpest das Erdöl auf dem Wasser schwimmt und keine Lösung mit Wasser bildet.
Erdöl ist ein Stoffgemisch aus langkettigen Alkanen, die sich nicht mit Wasser mischen. Aufgrund der im Vergleich zu Wasser geringeren Dichte schwimmt Erdöl auf der Wasseroberfläche.

Seite 354–355: Verarbeitung des Rohöls

1 Beschreibe, was man unter einer Fraktion versteht.
Als Fraktion bezeichnet man das Gemisch von Kohlenwasserstoffen, das bei einer fraktionierten Destillation auf einem Glockenboden entsteht. Die Siedetemperaturen einer Fraktion liegen sehr nah beieinander.

2 Erläutere, weshalb man bei Erdölfraktionen von Siedebereichen spricht.
Erdölfraktionen sind stets Gemische mit sehr eng beieinanderliegenden Siedetemperaturen. Beim Erhitzen beginnt zunächst der Stoff mit der geringsten Siedetemperatur zu sieden, mit steigender Temperatur jeweils der Stoff mit der nächsthöheren Siedetemperatur. Deshalb beobachtet man bei einer Fraktion ein ständiges Sieden über einen Temperaturbereich, bis auch der Stoff mit der höchsten Siedetemperatur gasförmig geworden ist.

3 Erläutere die Vorgänge auf einem Glockenboden.
Folgende Vorgänge laufen auf dem Glockenboden ab: Die heißen Rohöldämpfe steigen durch spezielle Durchlässe des Glockenbodens nach oben. Die Enden der sich darüber befindenden Überwurfglocke ragen in das Kondensat, das sich bei einer bestimmten Temperatur auf dem Glockenboden angesammelt hat. So perlt der Rohöldampf durch das Kondensat. Der Dampf gibt dabei die weniger flüchtigen, hoch siedenden Verbindungen an die Flüssigkeit ab und nimmt aus ihr die leichter flüchtigen, niedrig siedenden Substanzen mit. Ein Teil des Dampfs kondensiert dabei auf diesem Glockenboden. Die gasförmig gebliebenen Stoffe steigen in den nächsten Boden auf, wo sich der Vorgang wiederholt.

4 Nenne mögliche Produkte, die beim Cracken von Dodecan ($C_{12}H_{26}$) entstehen können. Stelle von diesen Stoffen die Strukturformeln auf.
Ein Beispiel wäre die Entstehung von Propen, Ethen, Propan und But-1-en. Ein weiteres Beispiel wäre die Entstehung von Pentan, Propan, Propen und reinem Kohlenstoff. Die Anzahl der Kohlenstoffatome muss in jedem Fall 12 und die der Wasserstoffatome 26 ergeben.

Strukturformeln Beispiel 1:

[Strukturformeln von Propen, Ethen, Propan, But-1-en]

Strukturformeln Beispiel 2:

[Strukturformeln von Pentan, Kohlenstoff, Propan, Propen]

5 Der beim Cracken mit Ruß überzogene Katalysator muss regeneriert werden. Formuliere hierzu die Reaktionsgleichung.
Als Ruß bezeichnet man die Ablagerung von Kohlenstoff. Er setzt sich beim Cracken auf den Katalysatorperlen ab. Im Regenerator wird der Kohlenstoff durch Verbrennung mit dem Sauerstoff der Luft zur Reaktion gebracht, wobei Kohlenstoffdioxid entsteht.

$C\ (s) + O_2\ (g) \rightarrow CO_2\ (g)$ | exotherm

Seite 356: Kraftstoffveredlung durch Reformieren

1 Erläutere die Begriffe „Klopfen", „Klopffestigkeit" und „Antiklopfmittel".

Klopfen: Unter Klopfen versteht man das Geräusch, das im Motor entsteht, wenn sich das Kraftstoff-Luft-Gemisch durch den steigenden Druck bei der Verdichtung von selbst entzündet.

Klopffestigkeit: Die Klopffestigkeit beschreibt die Neigung zur Selbstentzündung des Kraftstoff-Luft-Gemischs bei dessen Verdichtung. Kraftstoffe mit einer hohen Klopffestigkeit (hohe Oktanzahl) sind sehr zündträge, solche mit einer geringen Klopffestigkeit sind zündfreudig.

Antiklopfmittel: Antiklopfmittel sind Zusatzstoffe für den Kraftstoff. Sie werden dem Kraftstoff zugegeben, damit sich die Oktanzahl und damit die Zündfestigkeit des Kraftstoffs erhöhen.

2 Gib mögliche Strukturformeln isomerer Reaktionsprodukte an, die beim Reformieren aus n-Decan entstehen können.

Zwei isomere Reaktionsprodukte, die beim Reformieren aus n-Decan entstehen können, sind: 2,2,4,4-Tetramethylhexan und 3-Ethyl-2,4-dimethylhexan.

3 Es gibt bereits Kraftstoffe, die eine höhere Oktanzahl als 100 aufweisen (z. B. OZ 102). Erkläre diesen Sachverhalt.

Eine höhere Oktanzahl ist, gemessen nach ihrer Definition, eigentlich nicht möglich. Da die Klopffestigkeit als Vergleichswert zu einem Gemisch aus Isooctan und Heptan gemessen wird. Nichtsdestotrotz existieren natürlich Kraftstoffe, die eine größere Klopffestigkeit als reines Isooctan aufweisen. Ihre Moleküle sind z. B. noch verzweigter als Isooctan bzw. enthalten die Kraftstoffe Zusätze wie MTBE, um die Klopffestigkeit zu erhöhen. Ihre Oktanzahl wird extrapoliert, z. B. durch Vergleich mit einem Gemisch aus Isooctan und Tetraethylblei.

Seite 357: Chemie erlebt – Methanhydrate

1 Beschreibe den Bau von Methanhydraten.

In festem Wasser (Eis) bilden die Wassermoleküle ein weitmaschiges Molekülgitter mit großen Hohlräumen. Beim Methanhydrat sind in diese Hohlräume Methanmoleküle eingelagert. Deshalb spricht man auch von einer Einlagerungsverbindung.

2 Die globale Erwärmung der Erde führt auch zum Anstieg der Meerestemperaturen. Begründe, weshalb es durch die Erwärmung der Meere zu einer Freisetzung des Methanhydrats kommt und man in diesem Zusammenhang von einem sich selbst verstärkenden Prozess spricht.

Methanhydrate werden vor allem an Kontinentalhängen in den Ozeanen bei hohem Druck und niedriger Temperatur gefunden. Unter diesen Bedingungen ist es stabil. Steigt die Temperatur der Meere, werden große Mengen an Methan freigesetzt und gelangen in die Atmosphäre. Da auch Methan ein Treibhausgas ist, das zur Erwärmung der Atmosphäre führt, würde es den Prozess der Freisetzung verstärken. Die Aussage ist demnach richtig

Seite 358–359: Treibstoffe aus nachwachsenden Rohstoffen

1 Erläutere die im Kohlenstoffkreislauf dargestellten Zusammenhänge.

Dargestellt ist der natürliche Kreislauf des Kohlenstoffs zusammen mit den anthropogenen (durch den Menschen verursachten) Einflüssen, die den natürlichen Kohlenstoffkreislauf stören. Pflanzen nehmen Kohlenstoffdioxid aus der Luft auf und wandeln den Kohlenstoff durch Fotosynthese in organische Verbindungen (Glucose, Stärke, Cellulose) um. Diese Verbindungen bleiben in den Pflanzen gebunden. Tiere oder Menschen, die sich von diesen Pflanzen ernähren, nehmen die Verbindungen auf. Sie bauen sie im Körper ab und setzen über die Atmung wieder Kohlenstoffdioxid frei. Zusätzlich wird Kohlenstoffdioxid bei Waldbränden und beim Zersetzen organischer Materie durch Mikroorganismen abgegeben. In den Ozeanen finden ebenfalls Austauschprozesse mit Kohlenstoffdioxid statt: Zum Beispiel binden Algen Kohlenstoffdioxid. Sie wandeln den Kohlenstoff in organische Verbindungen um, die in die Nahrungskette gelangen. Zudem wird ein Teil des Kohlenstoffdioxids als Carbonat am Meeresboden im Kalkstein fixiert. Ohne den Einfluss des Menschen ist dieser Kreislauf geschlossen, denn es wird nur so viel Kohlenstoffdioxid in die Atmosphäre freigesetzt, wie umgekehrt aus der Luft wieder gebunden wird. Der Mensch stört dieses Gleichgewicht, indem er große Mengen an fossilen Brennstoffen wie Kohle, Erdöl oder Erdgas zur Energiegewinnung verbrennt. Damit wird auf einen Schlag sehr viel mehr Kohlenstoffdioxid in die Atmosphäre abgegeben, als gebunden werden kann – der Treibhauseffekt nimmt zu.

2 Erkläre, weshalb die Verbrennung fossiler Brennstoffe den Treibhauseffekt verstärkt, die Verbrennung nachwachsender Rohstoffe jedoch nicht.
Bei der Verbrennung nachwachsender Rohstoffe wird nur so viel Kohlenstoffdioxid frei, wie zuvor durch die Pflanzen gebunden wurde. Fossile Brennstoffe dagegen enthalten Kohlenstoff, der schon vor Millionen von Jahren von Pflanzen gebunden wurde. Werden fossile Brennstoffe verbrannt, werden also große Mengen dieses langfristig fixierten Kohlenstoffdioxids frei. Diese Mengen können von Pflanzen nicht so schnell aufgenommen werden, und das Kohlenstoffdioxid reichert sich in der Atmosphäre an.

3 Nimm begründet Stellung zu folgender Aussage: „Ohne Umweltbelastung ist Energiegewinnung nicht möglich."
Die Aussage ist in dieser allgemeinen Form nicht korrekt. Energie kann auch durch regenerative Energieträger gewonnen werden. Doch auch bei der Nutzung regenerativer Energien kann die Umwelt belastet werden. Ziel ist es, diese Belastung der Umwelt weitgehend zu vermeiden.

4 Beurteile die Verwendung von Biodiesel und Ethanol als Kraftstoffe.
Biodiesel und Ethanol gehören zu den aus regenerativen Energieträgern gewonnenen Kraftstoffen. Positiv ist sicherlich, dass sie daher den natürlichen Kohlenstoffkreislauf nicht stören. Die Heizwerte sind aber geringer als bei einigen fossilen Energieträgern und die Anbauflächen von Raps, Zuckerrüben oder Zuckerrohr reichen für eine globale Versorgung mit diesen Kraftstoffen überhaupt nicht aus. In Mexiko hungern bereits Menschen, weil aus dem dort angebauten Getreide Bioethanol anstelle von Nahrungsmitteln hergestellt wird.

Seite 360–361: Chemie erlebt – Brennstoffe und Umwelt

1 Beurteile, ob es sich bei Bioethanol um einen klimaneutralen Treibstoff handelt.
Bioethanol wird aus pflanzlichen Quellen gewonnen. Daher wird bei seiner Verbrennung nur so viel Kohlenstoffdioxid frei, wie zuvor in den Pflanzen gebunden war. Allerdings fallen auch bei der Produktion von Bioethanol Treibhausgase an. Diese entstehen schon beim Anbau der Pflanzen, dem Transport und vor allem bei der Verarbeitung der Pflanzen zu Bioethanol. Ein wirklich klimaneutraler Treibstoff müsste innerhalb der gesamten Produktionskette kein zusätzliches Kohlenstoffdioxid verursachen. Das ist nur möglich, wenn z. B. die Energie, die zur Verarbeitung notwendig ist, selbst aus regenerativen Quellen stammt. Auch der Transport und Anbau müsste nur mit Energie aus regenerativen Quellen abgedeckt werden.

2 Erläutere die Zusammenhänge, die in ▶ 3 dargestellt sind.
Im Diagramm werden die (zum Vergleich genormten) Treibhausgasemissionen verschiedener alternativer Treibstoffe bezogen auf den Heizwert angegeben. Hierbei wird zwischen den Treibhausgasemissionen unterschieden die beim Anbau, Transport und der Produktion anfallen. Zum Vergleich sind auch die Treibhausgasemissionen eines fossilen Kraftstoffs angegeben.
Aus dem Diagramm ist erkennbar, dass kein alternativer Treibstoff klimaneutral ist. Je nach Herkunft der Treibstoffe (Pflanze) und Verarbeitung können auch bei alternativen Treibstoffen hohe Treibhausgasemissionen die Folge sein. Der Anbau von Pflanzen benötigt z. B. den Einsatz von Dünger und /oder energieintensiver künstlicher Bewässerung. Biodiesel der bspw. aus Palmöl gewonnen wird, ist in seiner Verarbeitung viel energieintensiver als Biodiesel aus Rapsöl. Dafür ist der Anbau bei Rapsöl mit deutlich mehr Treibhausgasemissionen verbunden.

3 Nimm kritisch Stellung zu der Tatsache, dass Agrarprodukte für die Treibstoffherstellung genutzt werden.
Die immer größer werdende Nachfrage nach Biokraftstoffen in den Industrieländern erfordert eine enorme Zunahme der benötigten Fläche für den Anbau der Pflanzen. Der dafür zur Verfügung stehende Platz ist jedoch begrenzt, sodass Anbauflächen für Lebensmittel und Anbauflächen für Biokraftstoffe zueinander konkurrieren. Im Ernstfall bedeutet dies eine Lebensmittelknappheit und Hunger in Entwicklungsländern bei steigenden Preisen für die noch übrigen Lebensmittel.

4 Organisiert eine Podiumsdiskussion in der Klasse zum Thema Biotreibstoffe. Argumentiert aus der Sicht von vier Interessengruppen (Naturschutzbund, Mineralölunternehmen, Landwirt, Autobesitzer). Recherchiert zur Vorbereitung zusätzlich zu den Informationen des Basistexts die Nachhaltigkeitskriterien der EU sowie Vor- und Nachteile von Biokraftsoffen.
Offene Aufgabenstellung

Seite 364–365: Weitergedacht

Material A: Die Dampffluttechnik

1 Erläutere die Zusammenhänge zwischen der unterschiedlichen Viskosität und der Zusammensetzung des Erdöls verschiedener Fundorte.

Erdöl ist immer ein Gemisch verschiedener Kohlenwasserstoffe. Je nach Fundort unterscheidet sich das Erdöl aber in der Zusammensetzung dieser Kohlenwasserstoffe. Dabei gilt: Je größer der Anteil kurzkettiger Alkane (und anderer Kohlenwasserstoffe) ist, desto geringer ist auch die Viskosität (Zähflüssigkeit) des Erdöls. Auch der Verzweigungsgrad hat einen Einfluss: Große und sperrige Seitenketten erhöhen in der Regel die Viskosität.

Hilfe: Je größer die Viskosität eines Stoffs ist, desto dickflüssiger ist er. Erdöl ist ein Gemisch aus unterschiedlichen Kohlenwasserstoffen. Die Moleküle können sich in der Kettenlänge und im Verzweigungsgrad unterscheiden.

2 Begründe mithilfe der zwischenmolekularen Wechselwirkungen und des Diagramms, weshalb die Dampffluttechnik die Förderung des Erdöls erleichtert (▸ A1, A2).

Zwischen den unpolaren Kohlenwasserstoffmolekülen wirken Van-der-Waals-Kräfte. Beim Hinaufpumpen des Erdöls müssen die Kohlenwasserstoffmoleküle aneinander vorbeigleiten, wozu die Van-der-Waals-Kräfte zum Teil überwunden werden müssen. Aus dem Diagramm ist ersichtlich, dass mit steigender Temperatur die Viskosität des Erdöls abnimmt. Durch den heißen Wasserdampf erwärmt sich das Öl, sodass die Wechselwirkungen zwischen den Molekülen geschwächt und das dünnflüssigere Öl leichter gefördert werden kann.

Hilfe: Viskosität kann mithilfe zwischenmolekularer Kräfte gedeutet werden.
Zwischen Kohlenwasserstoffmolekülen können sich nur Van-der-Waals-Kräfte ausbilden.
Mit steigender Temperatur werden die regellosen Bewegungen der Kohlenwasserstoffmoleküle stärker.

Material B: Arbeitsweise eines Ottomotors

1 Erläutere die Arbeitsweise eines Ottomotors (▸ B1).

1. Takt (Ansaugtakt): Der Kolben wird nach unten bewegt, sodass ein Unterdruck entsteht. Durch das Einlassventil strömt das Kraftstoff-Luft-Gemisch in den Reaktionsraum ein. Das Auslassventil ist geschlossen.
2. Takt (Verdichtungstakt): Ein- und Auslassventil sind geschlossen. Dadurch dass sich der Kolben wieder nach oben bewegt, wird das Kraftstoff-Luft-Gemisch unter Druck gesetzt und somit stark verdichtet.
3. Takt (Arbeitstakt): Das stark verdichtete Kraftstoff-Luft-Gemisch wird durch die Zündkerze gezündet, d.h. zur Reaktion gebracht. Die dabei frei werdende Wärme dehnt die entstehenden Gase stark aus, sodass dadurch der Kolben nach unten gedrückt wird. Die chemische Energie des Kraftstoff-Luft-Gemischs wird in kinetische Energie umgewandelt. Ein- und Auslassventil sind dabei geschlossen.
4. Takt (Auslasstakt): Der Kolben wird wieder nach oben bewegt. Das Auslassventil öffnet sich und die Abgase werden hinausgedrückt und über den Auspuff an die Umgebung abgegeben.

2 Erkläre, weshalb das richtige Verhältnis von Benzin und Luft im Verbrennungsraum des Motors von entscheidender Bedeutung ist, und formuliere die Reaktionsgleichung für die Verbrennung von Benzin (Octan).

Ist zu wenig Luft bzw. Sauerstoff im Verbrennungsraum, kann keine vollständige Verbrennung stattfinden. Es würde giftiges Kohlenstoffmonooxid und Ruß entstehen. Zudem verringert sich die Leistung des Motors. Auch bei zu viel Luft bzw. Sauerstoff kann der Motor nicht seine maximale Leistung abrufen.
Das optimale Verhältnis ist aus umwelttechnischen Gründen von Bedeutung. Bei allen Kraftfahrzeugen ist heute ein Abgaskatalysator vorhanden, der die Abgase von giftigen Schadstoffen befreit bzw. deren Anteil reduziert. Auch für seine optimale Funktionsfähigkeit ist ein bestimmtes Benzin-Luft-Verhältnis notwendig.

Reaktionsgleichung für die Verbrennung von Octan:
$$2\,C_8H_{18}\,(l) + 25\,O_2\,(g) \rightarrow 16\,CO_2\,(g) + 18\,H_2O\,(g) \mid \text{exotherm}$$

Hilfe: Man unterscheidet zwischen vollständiger und unvollständiger Verbrennung.

3 Ordne den unterschiedlich gestrichelten Diagrammbereichen in ▸ B2 die vier Takte der Arbeitsweise eines Ottomotors zu (▸ B1).

1. Takt (Ansaugtakt): gestrichelt (unten). Das Volumen vergrößert sich. Es wird das Benzin-Luft-Gemisch eingesaugt. Der Druck verringert sich zu Beginn des Takts durch die Bewegung des Kolbens nach unten (Unterdruck).
2. Takt (Verdichtungstakt): gepunktet. Der Kolben bewegt sich wieder nach oben. Das Volumen verringert sich unter Druckzunahme. Das Benzin-Luft-Gemisch wird verdichtet.
3. Takt (Arbeitstakt): Punkt-Strich-Linie. Das Gemisch wird gezündet. Durch die explosionsartige Reaktion kommt es kurzzeitig zu einer starken Druckzunahme, die den Kolben nach unten bewegt. Der Druck fällt, das Volumen nimmt zu.
4. Takt (Auslasstakt): Strich. Das Volumen verringert sich

durch die Bewegung des Kolbens nach oben. Die Abgase können den Kolben durch das geöffnete Auslassventil verlassen, sodass der Druck nicht steigt.

Hilfe: Bewegt man sich im p-V-Diagramm nach links (entlang der unteren Achse), so nimmt das Volumen im Kolben des Motors zu. Bewegt man sich nach oben (entlang der linken Achse), so nimmt der Druck im Kolben des Motors zu. Auch im Diagramm muss die Reihenfolge der Takte erhalten bleiben: Auf Takt 1 folgt 2, dann 3 und 4.
Der 1. Takt (Ansaugtakt) beginnt damit, dass ein leichter Unterdruck (Druck wird kleiner) durch das Herunterbewegen (Volumen wird größer) des Kolbens erzeugt wird.

4 Erläutere das Diagramm des Benzin-Luftgemischs im Zusammenhang mit der Arbeitsweise des Ottomotors (▸ B1, ▸ B2).
Siehe Lösung Aufgabe 3.

Material C: Biodiesel – ein alternativer Treibstoff?

1 Beschreibe die Produktionsentwicklung und die Verwendungsmöglichkeiten von Rapsöl.
a Fasse dazu die Aussagen aus ▸ C2 und ▸ C3 zusammen.
Die Produktion von Rapsöl ist seit 2005 bis 2010 von 2,29 Millionen Tonnen auf 3,5 Millionen Tonnen gestiegen. Im Jahre 2011 gab es einen kurzen Einbruch in der Produktion auf 3,15 Millionen Tonnen, jedoch ist die Produktion im Folgejahr wieder auf 3,58 Millionen Tonnen gestiegen. Die Verwendungsmöglichkeiten von Rapsöl haben sich von 2000/2001 zu 2011/2012 nicht verändert, jedoch ist der Anteil des Treibstoffs von 22 800 Tonnen auf 1 271 000 Tonnen gestiegen und bildet damit den Hauptverwendungszweck des Rapsöls in den Jahren 2011/2012. Die absoluten Anteile der anderen Verwendungsmöglichkeiten sind in etwa gleich geblieben.

b Erläutere die in ▸ C4 dargestellten Zusammenhänge.
Das Diagramm zeigt die Treibhausgasemissionen in $kgCO_{2eq}$ pro Liter Treibstoff für verschiedene Treibstoffe. Hierbei wird deutlich, dass herkömmliches Benzin und Diesel die höchsten Werte liefern. Aber auch Biodiesel und Bioethanol sind nicht klimaneutral und setzen, z. B. bei der Produktion (Rapsöl zu Diesel) Treibhausgase frei. Im Vergleich zu fossilen Treibstoffen können sie aber bei deren Verwendung über ein Drittel der Emissionen einsparen.

c Beurteile auch unter Einbezug von ▸ C1, ob Biodiesel ökologischer und wirtschaftlicher ist als herkömmlicher Diesel.
Aus ▸ C1 wird klar, dass Biodiesel zwar durchaus wirtschaftlich ist, da der Verkaufserlös die gesamten Herstellungs- und Verteilungskosten abdeckt und somit auch fossile Brennstoffe geschont werden können. Jedoch beinhaltet dieses Verfahren auch einige Nachteile: Zum einen ist die Effizienz des Kraftstoffes schlechter als bei normalem Diesel, sodass mehr Kraftstoff benötigt wird. Des Weiteren müssten viele bestehende Diesel-Fahrzeuge erst umgerüstet werden, um Biodiesel nutzen zu können, was zusätzliche Kosten bedeutet. Außerdem sind riesige Anbauflächen erforderlich, um komplett von Diesel auf Biodiesel umzusteigen. Eine eindeutige Entscheidung kann somit eigentlich nicht getroffen werden. Biodiesel kann eher als eine sinnvolle Ergänzung zu fossilen Treibstoffen angesehen werden.

2 Ordne die Positionen zur Wirtschaftlichkeit von Biodiesel (▸ C1) folgenden Organisationen zu und begründe deine Entscheidung.
– Gesellschaft für Entwicklungstechnologie
– Gesellschaft für Erdöl-, Erdgas- und Kohleforschung
Position 1: Gesellschaft für Erdöl-, Erdgas- und Kohleforschung.
Obwohl auch hier die Verminderung der Kohlenstoffdioxid-Emissionen verdeutlicht werden, überwiegen die negativen Aspekte. Vor allem das teure Umrüsten und der Bedarf an notwendigen Anbauflächen.
Position 2: Gesellschaft für Entwicklungstechnologie. Hier werden keine negativen Aspekte benannt.

Vom Alkohol zum Ester

Seite 370–371: Ethanol

1 Erkunde ethanolhaltige Stoffe (z. B. Medikamente, Reinigungsmittel; keine Getränke!). Erstelle eine Tabelle mit den Namen, den Alkoholgehalten sowie den Verwendungen und führe diese auf die Eigenschaften von Ethanol zurück.
Teilweise offene Aufgabenstellung.

Stoff	Gehalt	Verwendung
Spiritus	90 %	Reinigung, Brennstoff
Rasierwasser	50 %	Kühlung, Parfüm, Desinfektion
Franzbranntwein	96 %	Kühlung, Lösen von Krämpfen

Das Ethanolmolekül besitzt einen polaren Teil, die Hydroxylgruppe, und einen unpolaren Teil den Ethylrest. Ethanol löst deshalb sowohl lipophile Stoffe, z. B. Fett, als auch hydrophile Stoffe, z. B. Proteine, und eignet sich deshalb zum Reinigen. Es ist brennbar und kann deshalb als Brandbeschleuniger z. B. beim Anzünden von Grillkohle eingesetzt werden. Ethanol löst im Gegensatz zu Wasser Duftstoffe, deren Moleküle nur schwach polar sind. Es verdunstet wegen seiner niedrigen Siedetemperatur schneller als die Duftstoffe, sodass es die Haut kühlt und einige Zeit nach dem Auftragen eines Parfüms nur noch die Duftstoffe, aber nicht mehr das Ethanol wahrgenommen werden.
Schließlich dringt es, wenn es auf die Haut aufgetragen wird, ins Muskelgewebe ein, führt zu dessen Entspannung und zur Weitung von Blutgefäßen.

2 Wasser hat bei 20 °C eine Dichte von 1,00 g/cm³, Ethanol eine von 0,79 g/cm³. Begründe, ob die Dichte einer Ethanollösung mit φ(Ethanol) = 50 % größer als, kleiner als oder gleich dem Mittelwert ist.
Durch die Volumenkontraktion beim Lösen von Ethanol in Wasser ist das Gesamtvolumen kleiner als die Summe der Einzelvolumina und die Dichte der Mischung somit größer als der Mittelwert.
50 ml Ethanol und 50 ml Wasser ergeben 96 ml Lösung.

3 Ein Stoff gilt als leichtentzündlich und damit als Gefahrstoff, wenn sein Flammpunkt unter 21 °C liegt.
a Erstelle die Reaktionsgleichung für die vollständige Verbrennung von Ethanol.
$C_2H_5OH + 3\,O_2 \rightarrow 2\,CO_2 + 3\,H_2O$

b Begründe, ob Rotwein [φ(Ethanol) = 12 %] brennbar ist. Entscheide, ob ein Transporter, der Weinbrand bzw. Rum transportiert, als Gefahrstofftransport gekennzeichnet werden muss.
Bei Raumtemperatur ist der Rotwein nicht brennbar. Oberhalb von 50–60 °C wird aber seine Flammtemperatur überschritten und er ist brennbar. Gekennzeichnet werden müssen u. a. entzündbare, flüssige Stoffe, deren Flammpunkt unterhalb von 60 °C liegt. Dies trifft auf Weinbrand (Mindestethanolgehalt φ(Ethanol) = 36 %) und Rum (Mindestethanolgehalt φ(Ethanol) = 37,5 %) zu (▶ Lehrbuch, Seite 370, Abbildung 3).

Seite 372–373: Chemie erlebt – Ethanol – Genussmittel, Gefahrstoff und Suchtpotenzial

1 Erkläre den Befund, dass der Konsum von Bier zu einem größeren Harndrang führt als das Trinken des gleichen Volumens an Mineralwasser.
Ethanol hemmt das Enzym Vasopressin, das seinerseits die Wasserausscheidung der Nieren hemmt. Somit wird beim Genuss von Bier mehr Wasser von den Nieren in die Blase ausgeschieden als beim Trinken der gleichen Menge Wasser.

2 Ein Freund, der so schwer ist wie du, hat schnell einen halben Liter Wodka getrunken.
a Schätze die BAK in seinem Blut zwei Stunden nach dem Trinken ab.
Annahme zur Körpermasse: m = 60 kg. Ein halber Liter Wodka enthält 160 g Ethanol. Unter Berücksichtigung des Alkoholabbaus bzw. der Ausscheidung befinden sich ca. 140 g Ethanol im Körper des Freundes. Mit der BAK-Formel ergibt sich damit: BAK = 3,3 ‰.

b Schlage Maßnahmen vor.
Eine BAK über 3 ‰ ist lebensgefährlich.
- Der Freund darf nicht allein gelassen werden.
- Seine Eltern sollten benachrichtigt werden.
- Er benötigt zügig ärztliche Versorgung, notfalls sollte der Notarzt gerufen werden.

3 „Frauen vertragen weniger Alkohol als Männer" ist eine bekannte Behauptung. Ein Grund für eine höhere BAK bei Frauen ist ein im Magen befindliches, Ethanol abbauendes Enzym. Es ist bei Männern aktiver als bei Frauen. Erläutere weitere Gründe.
Frauen haben einen größeren Körperfettanteil und damit einen kleineren Anteil an wässrigem Gewebe, in dem sich das Ethanol verteilen kann als Männer. Zusätzlich sind

Frauen im Mittel leichter als Männer, ihre Körpermasse ist kleiner.
Dies ist auch in der BAK-Formel erkennbar. Im Nenner stehen Körpermasse [m(Körper)] und geschlechtsspezifischer Wasseranteil (F). Dadurch wird das Produkt im Nenner der BAK-Formel kleiner und mit der gleichen Ethanolmenge wird eine größere BAK erreicht als bei Männern.

4 Bewerte die folgende Aussage: „Das Leben von Personen, die in kalten Nächten exzessiv alkoholische Getränke konsumieren, ist gefährdet."
Ethanol weitet die Blutgefäße, wodurch die Kälte der Umgebung weniger stark wahrgenommen wird. Gleichzeitig macht Ethanol müde bzw. betäubt. Im Schlaf droht dann eine tödliche Unterkühlung des Körpers.

Seite 374–377: Alkanole

1
a Trage in einem Diagramm die Siedetemperaturen der Alkanole gegen die molare Masse auf (▶ 4). (Seite 375)

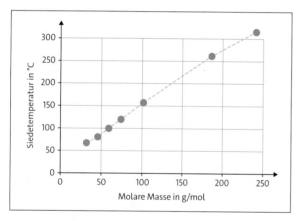

b Schätze mithilfe des Diagramms die Siedetemperaturen von Octan-1-ol und von Decan-1-ol. (Seite 375)

Alkanol	M in g/mol	Siedetemperatur in °C (geschätzt)	Siedetemperatur in °C (recherchiert)
Octan-1-ol	130	200	195
Decan-1-ol	158	225	230

2
a Erkläre auf der Teilchenebene die Zunahme der Siedetemperaturen in der homologen Reihe der Alkanole. (Seite 375)

Alle Alkanolmoleküle bestehen aus einer Hydroxylgruppe und einem Alkylrest. Je größer die Kräfte zwischen benachbarten Molekülen sind, umso mehr Energie ist für ihre Trennung notwendig und umso höher ist die Siedetemperatur. Die Stärke der Wechselwirkung zwischen den Hydroxylgruppen über Wasserstoffbrücken ist für alle Alkanole etwa gleich. In der homologen Reihe wächst die Länge des Alkylrests, womit sich die Kontaktfläche zwischen benachbarten Molekülen des gleichen Alkanols vergrößert und damit die Van-der-Waals-Kraft zwischen ihnen zunimmt. Somit nehmen die zwischenmolekularen Kräfte in der homologen Reihe der Alkanole mit steigender molarer Masse und damit auch die Siedetemperatur zu.

b Begründe den Unterschied der Siedetemperaturen von Methanol (65 °C) und Ethan (– 89 °C), obwohl beide Moleküle etwa die gleiche Masse besitzen. (Seite 375)
Methanolmoleküle beinhalten Hydroxylgruppen und können damit untereinander Wasserstoffbrücken ausbilden, zu deren Trennung eine größere Energie notwendig ist, als zur Trennung von zwei Ethanmolekülen, zwischen denen nur schwache Van-der-Waals-Kräfte herrschen. Größere zwischenmolekulare Kräfte führen zu höheren Siedetemperaturen.

1 Zeichne Halbstrukturformeln aller zu Butan-1-ol isomeren Alkanole. Benenne sie und entscheide in jedem Fall, ob ein primäres, sekundäres oder tertiäres Alkanol vorliegt. (Seite 377)

```
        OH
        |
CH₃—CH—CH₂—CH₃              CH₃—CH—CH₂—OH
                                 |
                                 CH₃
   Butan-2-ol                2-Methylpropan-1-ol
 sekundäres Alkanol          primäres Alkanol

             OH
             |
        CH₃—C—CH₃
             |
             CH₃
        2-Methylpropan-2-ol
        tertiäres Alkanol
```

2 Stelle eine Hypothese darüber auf, ob sich Ethan-1,2-diol gut in Heptan bzw. in Ethanol löst. (Seite 377)
Im Ethan-1,2-diolmolekül ist im Vergleich zum Ethanolmolekül ein weiteres Wasserstoffatom durch eine zweite Hydroxylgruppe ersetzt. Die zwischenmolekularen Kräfte im Ethan-1,2-diol werden deshalb von starken Wasserstoffbrücken dominiert. Beim Lösen in Heptan müssten diese gelöst und durch schwache Van-der-Waals-Kräfte ersetzt werden, während beim Lösen in Ethanol Wasser-

stoffbrücken zwischen Ethanol und Ethan-1,2-diol Molekülen möglich sind. Die Hypothese lautet deshalb, dass sich Ethan-1,2-diol nicht gut in Heptan und gut in Ethanol löst.

3 Begründe den Unterschied der Siedetemperaturen von Butan (−1 °C), Propan-1-ol (97 °C) und Ethan-1,2-diol (197 °C), obwohl die Moleküle etwa gleich groß sind und fast die gleiche Masse haben. (Seite 377)

Es gilt: Je stärker die zwischenmolekulare Kräfte zwischen den Molekülen sind, desto höher sind die Siedetemperaturen der entsprechenden Stoffe.

Zwischen einzelnen Butanmolekülen bilden sich nur schwache Van-der-Waals-Kräfte aus. Die Moleküle von Propan-1-ol besitzen zusätzlich eine Hydroxylgruppe und können dadurch untereinander stärke Wasserstoffbrücken ausbilden, zu deren Trennung eine größere Energie benötigt wird. Ethan-1,2-diolmoleküle besitzen sogar zwei Hydroxylgruppen und können somit doppelt so viele Wasserstoffbrücken ausbilden wie die Moleküle von Propan-1-ol. Zur Trennung ist eine noch höhere Kraft notwendig.

4 Stellt man ein offenes, mit Glycerin gefülltes Gefäß auf eine Waage, so beobachtet man mit der Zeit eine Zunahme des Gewichts. Erkläre diesen Befund. (Seite 377)

Glycerin ist Propan-1,2,3-triol. Es ist aufgrund seines Molekülbaus mit drei Hydroxylgruppen wasserbindend (hygroskopisch). Wassermoleküle in der Luft (Luftfeuchtigkeit) werden gebunden und die Masse des Glycerin steigt scheinbar an.

Seite 378–379: Aldehyde und Ketone

1 Benenne das Alkanal mit der Summenformel C_3H_6O.

Propanal

2 Zeichne die Halbstrukturformel von 2-Methylhexan-3-on.

$$CH_3-CH(CH_3)-C(=O)-CH_2-CH_2-CH_3$$

3 Die Siedetemperatur von Ethanal (21 °C) ist größer als die von Propan (−42 °C) und kleiner als die von Ethanol (78 °C). Erkläre diese Beobachtung durch die zwischenmolekularen Kräfte.

Ethanalmoleküle besitzen keine Hydroxylgruppe, können also untereinander keine starken Wasserstoffbrücken bilden. Deshalb liegt die Siedetemperatur von Ethanal unterhalb der von Ethanol. Durch die polare Aldehydgruppe sind aber zusätzlich zu den Van-der-Waals-Kräften, wie sie zwischen Propanmolekülen herrschen, auch Dipol-Dipol-Kräfte zwischen den Ethanalmolekülen möglich. Deshalb ist die Siedetemperatur von Ethanal größer als die von Propan.

4 Erkläre die Tatsache, dass sich Ethanal und Propanon sehr gut in Wasser lösen, obwohl ihre Moleküle keine Hydroxylgruppen enthalten.

Durch die freien Elektronenpaare am Sauerstoffatom in der Aldehyd- bzw. Ketogruppe sind Ethanal- und Propanonmoleküle in der Lage mit Wassermolekülen Wasserstoffbrücken ausbilden. Es sind Wasserstoffbrückenakzeptoren. Zuständlich sind die Alkylreste in Ethanal und Propanon relativ klein und behindern die Bildung von Wasserstoffbrücken zwischen den Wassermolekülen nicht.

5 Stelle eine Hypothese darüber auf, wie sich die Löslichkeit der Alkanale in Wasser innerhalb der homologen Reihe ändert.

Mit zunehmender Größe des Alkylrestes im Alkanalmolekül wird beim Lösen in Wasser die Bildung von Wasserstoffbrücken zwischen den Wassermolekülen behindert. Daraus folgt die Hypothese, dass die Löslichkeit der Alkanale in Wasser innerhalb der homologen Reihe mit zunehmender Größe der Alkylgruppe sinkt.

Seite 381: Essig – ein vielseitiger, alltäglicher Stoff

1 Der Gärbehälter ist bei der Weinherstellung durch einen wassergefüllten Gäraufsatz verschlossen, durch den das entstehende Kohlenstoffdioxid entweicht (▶ 3). Ohne Aufsatz kann es passieren, dass der Wein sauer schmeckt. Erkläre.

Ohne Gäraufsatz kann Luft und damit Sauerstoff in den Gärbehälter gelangen. Sauerstoff oxidiert das Ethanol zur Essigsäure, wodurch der Wein sauer wird.

2 Auf dem Etikett eines Reinigungsmittels, das Essig enthält, steht folgender Hinweis: „Nicht auf Marmor anwenden!" Recherchiere, um welchen Stoff es sich bei Marmor handelt, und gib dann eine Begründung für den Hinweis.

Marmor besteht zum Großteil aus Calciumcarbonat, $CaCO_3$, das mit sauren Lösungen reagiert.

$$CaCO_3 + 2\,H_3O^+ \rightarrow Ca^{2+} + 3\,H_2O + CO_2$$

Seite 382–383: Ethansäure

1 Erstelle die Reaktionsgleichung zur Synthese von Ethansäure aus Methanol und Kohlenstoffmonooxid. Nenne einen Vorteil dieser Synthese gegenüber der Herstellung von Ethansäure aus Wein mit Essigsäurebakterien.

$$CO + CH_3OH \xrightarrow{Katalysator} CH_3COOH$$

Bei vollständiger Umsetzung von Methanol und Kohlenstoffmonooxid entsteht reine Ethansäure. Bei der Herstellung aus Wein muss die Ethansäure noch von den übrigen Stoffen der wässrigen Lösung getrennt werden.

2 Zu einer Portion Ethansäure wird tropfenweise Wasser gegeben und dabei ständig die elektrische Leitfähigkeit gemessen. Am Ende des Experiments ist die Lösung so verdünnt, dass sie sich kaum von reinem Wasser unterscheidet. Skizziere in einem Diagramm die Leitfähigkeit (y-Achse) gegen den Wasseranteil (x-Achse). In Ethansäure ist der Wasseranteil gleich null, am Ende beträgt er eins.

Da reines Wasser und reine Ethansäure den elektrischen Strom nicht leiten, eine wässrigen Lösung von Ethansäure („Essig") aber schon, muss die elektrische Leitfähigkeit ein Maximum aufweisen.

Seite 384–385: Carbonsäuren

1 Zeichne die Strukturformeln von Butansäure und von 2,2-Dimethylpropansäure.

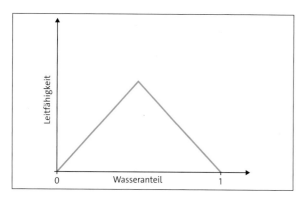

Butansäure   2,2-Dimethylpropansäure

2 Zeichne die Strukturformel von Linolensäure.

$$CH_3-CH_2-\underset{H}{\overset{}{C}}=\underset{H}{\overset{}{C}}-CH_2-\underset{H}{\overset{}{C}}=\underset{H}{\overset{}{C}}-CH_2-\underset{H}{\overset{}{C}}=\underset{H}{\overset{}{C}}-CH_2-(CH_2)_6-C\overset{\overline{O}|}{\underset{OH}{}}$$

3 Begründe die stetige Zunahme von Siedetemperatur und die Abnahme der Wasserlöslichkeit in der homologen Reihe der Alkansäuren.

Alle Alkansäuremoleküle bestehen aus einer Carboxylgruppe und einem Alkylrest. Je größer die Kräfte zwischen benachbarten Molekülen sind, umso mehr Energie ist für ihre Trennung notwendig und umso höher ist die Siedetemperatur. Die Stärke der Wechselwirkung zwischen den Carboxylgruppen über Wasserstoffbrücken ist für alle Alkansäuren etwa gleich. In der homologen Reihe wächst die Länge des Alkylrests, womit die Kontaktfläche zwischen benachbarten Molekülen der gleichen Alkansäure und damit die Van-der-Waals-Kraft zwischen ihnen zunimmt. Somit nehmen die zwischenmolekularen Kräfte in der homologen Reihe der Alkansäuren mit steigender molarer Masse und damit auch die Siedetemperatur zu. Die zunehmende Größe der Alkylreste innerhalb der homologen Reihe ist der Grund für die Abnahme der Wasserlöslichkeit, da diese die Ausbildung von Wasserstoffbrücken zwischen den Wassermolekülen stören.

4 Begründe, wie viele Protonen ein Molekül Milchsäure, Apfelsäure bzw. Citronensäure auf Brönsted-Basen, z. B. auf Hydroxid-Ionen, übertragen kann.

Nur die Carboxylgruppen sind in der Lage Protonen auf Basen zu übertragen. Die Zahl der Protonen, die pro Carbonsäuremolekül auf Basen übertragen werden kann, ist somit gleich der Zahl der Carboxylgruppen im Molekül. Somit kann ein Milchsäuremolekül ein, ein Äpfelsäuremolekül zwei und ein Citronensäuremolekül drei Protonen auf Basen übertragen.

5 Erläutere den Haushaltstipp, angeschnittene Zitronen nicht in Aluminiumfolie einzuwickeln.

Da es sich bei Aluminium um ein unedles Metall handelt, kann es zu einer chemischen Reaktion zwischen ihm und dem sauren Zitronensaft kommen. Aluminiumatome werden in einer Redoxreaktion zu Aluminium-Ionen oxidiert und bilden unter Umständen gesundheitsschädliche Aluminiumsalze.

Seite 386–387: Carbonsäureester

1 Zeichne die Strukturformel des Carbonsäureesters, der aus Propansäure und Propan-2-ol entsteht.

```
              H
         O    |
   H  H  ‖   H-C-H
   |  |  |    |
 H-C--C--C--O-C-H
   |  |       |
   H  H      H-C-H
              |
              H
```

2 Der Carbonsäureester, dessen Strukturformel gezeigt ist, riecht intensiv nach Banane. Erläutere durch Zerlegung der gezeigten Strukturformel, welche Carbonsäure und welches Alkanol zur Synthese dieses Esters benötigt werden.

Die Spaltung der Esterbindung durch Reaktion des Carbonsäureesters mit Wasser führt zu folgenden Produkten:

```
         CH₃            Ö
          |             ‖
  CH₃-CH-CH₂-CH₂-O⋮-C-CH₃      + H₂O
      
         CH₃                    Ö̈
          |                     ‖
  ⟶ CH₃-CH-CH₂-CH₂-OH  +  CH₃-C
                                  OH
```

In der Umkehrung dieser Reaktion kann der Ester aus 3-Methylbutan-1-ol und Ethansäure hergestellt werden.

Seite 388–389: Chemie erlebt – Aromastoffe

1 Finde heraus, welcher Wissenschaftler den Begriff „Schlüssel-Schloss-Prinzip" geprägt hat. Erläutere was er damit erklären wollte.

Die Bezeichnung „Schlüssel-Schloss-Prinzip" wurde 1894 vom deutschen Chemiker Emil Fischer geprägt. Sie beschreibt die zueinander passende Anordnung von zwei oder mehreren Strukturen, um eine bestimmte, meist biochemische Funktion, zu erfüllen. So können wir erst dann einen Geruch wahrnehmen, wenn ein Molekül eines Duftstoffs passend an einen Rezeptor der Riechschleimhaut bindet. Andere Moleküle, die z.B. zu groß oder zu klein sind, können nicht vom Rezeptor gebunden werden. Genauso wie nur der richtige Schlüssel (Duftstoffmolekül) in ein Türschloss (Rezeptor) passt, um dieses zu öffnen.

2 Eine Lehrkraft schüttet versehentlich Butansäureethylester und etwas Schwefelsäure in den Ausguss, statt sie sachgerecht zu entsorgen. Am nächsten Tag ist der Chemiesaal von einem sehr unangenehmen Schweißgeruch erfüllt. Erkläre den Zusammenhang anhand einer chemischen Reaktion.

Butansäureethylester kann mithilfe von Schwefelsäure in die Ausgangsstoffe Butansäure und Ethanol gespalten werden. Butansäure ist eine sehr unangenehm riechende Verbindung.

```
                    Ö
                    ‖
 CH₃-CH₂-CH₂-C⋮-O-CH₂-CH₃  + H₂O
 
                         Ö̈
                         ‖
 ⟶ CH₃-CH₂-CH₂-C         + CH₃-CH₂-OH
                   OH
      Butansäure              Ethanol
```

3

a Recherchiere den Begriff „naturidentischer Aromastoff" und erstelle dazu eine Definition.

„Naturidentische Aromastoffe" sind chemisch identisch zu in der Natur vorkommenden Aromastoffen, es sind dieselben Stoffe. Sie werden jedoch meist synthetisch hergestellt oder aus anderen Quellen gewonnen.

b Nenne Gründe, ein Produkt mit naturidentischen Aromastoffen dem mit natürlichen vorzuziehen.

Teilweise offene Aufgabenstellung.
Naturidentische Aromastoffe sind chemisch identisch zu natürlichen Aromastoffen. Sie müssen daher auch nicht erst zugelassen werden. Ihre Herstellung ist meist kostengünstiger und ressourcenschonender, da keine natürlichen Quellen nur zur Gewinnung des Aromas genutzt werden müssen.

4 Ipsenol ist ein Lockstoff, der in Borkenkäferfallen verwendet wird.

a Benenne die funktionellen Gruppen im Ipsenolmolekül.

Das Ipsenolmolekül besitzt eine Hydroxylgruppe und 2 Doppelbindungen zwischen Kohlenstoffatomen.

b Durch Reaktion mit Kupferoxid (CuO) kann Ipsenol zu Ipsenon oxidiert werden. Zeichne die Strukturformel von Ipsenon.

```
         CH₃      Ö              CH₂
          |       ‖              ‖
    CH₃-CH-CH₂-C-CH₂-C
                                 CH=CH₂
```

c In den Fallen wurden etwa gleich viele männliche und weibliche Borkenkäfer gefunden. Begründe, um welche Art von Pheromonen es sich bei Ipsenol handelt.

Da in den Fallen etwa gleich viele männliche und weibliche Borkenkäfer gefunden wurden, handelt es sich um ein Aggregationspheromon, die Futterquellen anzeigen.

Seite 392–393: Weitergedacht

Material A: Trübe Aussichten?

1 In Ouzo sind 40 Volumenprozent Ethanol enthalten. Erkläre die Entstehung der Emulsion beim Verdünnen von Ouzo mit Wasser (▶ A1, A2).

Wird Ouzo mit Wasser verdünnt, sinkt die Volumenkonzentration an Ethanol im Ouzo. Dadurch verringert sich auch die Löslichkeit von Anethol. In 1 Liter Ouzo sind zwischen 0,5 und 2 g Anethol enthalten. Bei einer Volumenkonzentration von unter 30 % Ethanol ist die Löslichkeit aber deutlich geringer. Beide Flüssigkeiten entmischen sich, wobei sich die Anetholtröpfchen bilden.

2 Anethol löst sich unterschiedlich gut in Ethanol bzw. Wasser.

a Erkläre anhand der Strukturformeln von Anethol, Ethanol und Wasser Löslichkeitsunterschiede (▶ A1).

Bei Anetholmolekülen überwiegt der unpolare Charakter. Einzig die zwei Elektronenpaarbindungen zwischen den zwei Kohlenstoffatomen und dem Sauerstoffatom sind polar. Das Kohlenwasserstoffgerüst selbst ist unpolar. Zwischen Anetholmolekülen wirken vor allem schwächere Van-der-Waals-Kräfte.
In Wasser ist Anethol daher nur sehr schlecht löslich. Zwar können sich über das Sauerstoffatom im Anetholmolekül Wasserstoffbrücken zu Wassermolekülen ausbilden, aber das große Kohlenstoffgerüst des Anetholmoleküls stört die Bildung von Wasserstoffbrücken zwischen den Wassermolekülen. Ethanolmoleküle sind in ihrer Struktur Anetholmolekülen ähnlicher. Zwischen dem kurzen, unpolaren Ethlyrest können sich Van-der-Waals-Kräfte ausbilden. Im Vergleich zu Wassermolekülen bilden Ethanolmoleküle zudem untereinander weniger Wasserstoffbrücken aus, da sie nur eine Hydroxylgruppe besitzen. Anethol ist daher in Ethanol viel besser löslich.

Hilfe: Es gilt: „Ähnliches löst sich in Ähnlichem." Vergleiche die Molekülstruktur von Anethol mit der von Wasser und Ethanol.
Zwischen Wassermolekülen können sich starke Wasserstoffbrücken ausbilden.

b Skizziere die Anordnung der Ethanolmoleküle an der Grenzfläche zwischen den Anetholtröpfchen und der Wasser-Ethanol-Mischung. Benenne die jeweils wirkenden zwischenmolekularen Kräfte.

Zwischen den Hydroxylgruppen der Ethanolmoleküle und den Wassermolekülen bilden sich Wasserstoffbrücken aus. Zwischen den Ethylresten und dem Kohlenstoffwasserstoffgerüst der Anetholmoleküle wirken Van-der-Waals-Kräfte.

Hilfe: Ethanolmoleküle besitzen eine Hydroxylgruppe, die Wasserstoffbrücken ausbilden kann. Der Ethylrest ist genauso unpolar wie das Anetholmolekül. Es können sich nur Van-der-Waals-Kräfte ausbilden.

Material B: Neue Treibstoffe

1 Entwickle für die vollständige Verbrennung von Isooctan (2,2,4-Trimethylpentan) und Ethanol die Reaktionsgleichung.

$2\ C_8H_{18}\ (l) + 25\ O_2\ (g) \rightarrow 16\ CO_2\ (g) + 18\ H_2O\ (l)$
$C_2H_5OH\ (l) + 3\ O_2\ (g) \rightarrow 2\ CO_2\ (g) + 3\ H_2O\ (l)$

Hilfe: Nutze gegebenenfalls die Methode „Entwickeln einer Reaktionsgleichung" (▶ S. 125, Lehrbuch).

a Berechne und vergleiche die Verbrennungswärmen von 1 Kilogramm bzw. von 1 Liter Ethanol und Isooctan (▶ B2). (Hinweis: Ermittle zuvor jeweils die molare Masse.)

	Isooctan	Ethanol
Dichte in g/cm³	0,69	0,79
Molare Masse in g/mol	114	46
Verbrennungswärme für 1 mol in kJ	5100	1280
Verbrennungswärme für 1 kg in kJ	44737	27826
Verbrennungswärme für 1 l in kJ	30868	21983

Zur Berechnung: Um die Verbrennungswärme von 1 kg bzw. 1 l der Stoffe zu berechnen, muss zuvor jeweils die entsprechende Stoffmenge ermittelt werden.

$$n(\text{Stoffp.}) = \frac{1000 \text{ g}}{M(\text{Stoff})}$$

$$n(\text{Stoffp.}) = \frac{\varrho(\text{Stoff})}{M(\text{Stoff})} \cdot 1000 \text{ ml}$$

1000 g (1 kg) Isooctan entsprechen ca. 6,94 mol.
1000 g (1 kg) Ethanol entsprechen ca. 21,7 mol.
1000 ml (1 l) Isooctan entsprechen ca. 6,1 mol.
1000 ml (1 l) Ethanol entsprechen ca. 17,2 mol.

Die Verbrennungswärme ergibt sich dann aus der Verbrennungswärme für 1 mol des Stoffes multipliziert mit der jeweils berechneten Stoffmenge.

Hilfe: Nutze die Beziehungen $M = n/m$ und $n = (\varrho \cdot V)/M$.

b Berechne, um welchen Faktor sich die Zahl der Moleküle bei der Verbrennung von Isooctan bzw. von Ethanol verändert.

Im Kolben eines Verbrennungsmotors liegen alle Stoffe (Ausgangsstoffe/Produkte) gasförmig vor.

Stoff	Anzahl Moleküle Edukt	Anzahl Moleküle Produkt	Faktor
Isooctan	27	34	$\frac{34}{27} = 1{,}26$
Ethanol	4	5	$\frac{5}{4} = 1{,}25$

c Beurteile, ob die Schüler mithilfe der Berechnungen entscheiden können, welcher Treibstoff der bessere ist (▶ B1).

In einem Motor wird durch die Verbrennung des Treibstoffs chemische Energie in thermische Energie (Verbrennungswärme) und anschließend in kinetische Energie umgewandelt. Unabhängig davon, auf welche Größe man die Verbrennungswärme bezieht, setzt Isooctan bei der Verbrennung mehr Energie frei als Ethanol. Aus „energetischer" Sicht ist Isooctan der bessere Treibstoff. Die Volumenzunahme aufgrund der Veränderung der Teilchenanzahl während der Reaktion spielt in diesem Fall keine Rolle, da der Faktor für beide Reaktionen nahezu gleich ist. Die Berechnungen der Volumenzunahme sowie der Verbrennungswärme bei der Verbrennung von Isooctan und Ethanol geben sicherlich erste Hinweise für die Abwägung, welcher Treibstoff von beiden der „bessere" ist. Allerdings sollten auch umweltrelevante Aspekte bei der Erzeugung bzw. Nutzung solcher Treibstoffe miteinbezogen werden sowie – für den Konsumenten wichtig – preisliche Aspekte (Schülerantwort 3).

Material C: Kuchenduft liegt in der Luft

1 Ergänze die Namen der Aromastoffe und die fehlenden Daten. Übertrage dazu die Tabelle in dein Heft (▶ C2).

Aromastoff	Zimtaldehyd	Eugenol	Vanillin
Summenformel	C_9H_8O	$C_{10}H_{12}O_2$	$C_8H_8O_3$
Molare Masse in g/mol	132	164	152
Löslichkeit in Wasser in g/l	1	2,5	10
Molekül enthält Aldehydgruppe?	ja	nein	ja
Molekül enthält Hydroxylgruppe?	nein	ja	ja

2 Erkläre den Zusammenhang zwischen der Struktur und der Löslichkeit in Wasser für alle drei Stoffe (▶ C1, C2).

Vanillin ist in Wasser am besten löslich. Seine Moleküle besitzen neben einer Hydroxylgruppe noch eine Aldehydgruppe und ein negativ polarisiertes Sauerstoffatom, das an zwei Kohlenstoffatome gebunden ist. Alle drei Strukturbestandteile sind in der Lage, Wasserstoffbrücken zu Wassermolekülen aufzubauen. In Eugenolmolekülen ist die Aldehydgruppe durch einen Alkylrest aus drei Kohlenstoffatomen ersetzt. Die Verbindung ist dadurch unpolarer als Vanillin und löst sich deshalb nicht mehr so gut in Wasser. Zimtaldehydmoleküle haben weder eine Hydroxylgruppe noch das negativ polarisierte Sauerstoffatom. Lediglich die Aldehydgruppe am Ende des Alkylrests kann Wasserstoffbrücken zu Wassermolekülen aufbauen. Es ist von allen drei Molekülen den Wassermolekülen am unähnlichsten. Der dazugehörige Stoff löst sich deshalb auch am schlechtesten in Wasser.

Hilfe: Es gilt: „Ähnliches löst sich in Ähnlichem." Vergleiche die Molekülstruktur der Stoffe mit der von Wasser.
Zwischen Wassermolekülen können sich starke Wasserstoffbrücken ausbilden.

3 Zur Extraktion von Vanillin aus Vanilleschoten verwendet man Ethanol statt Wasser. Begründe diese Wahl anhand der Strukturformeln der entsprechenden Stoffe.

Trotz seiner polaren, funktionellen Gruppen (Aldehydgruppe, Hydroxylgruppe) ist das Vanillinmolekül Ethanolmolekülen aufgrund seines unpolaren, ringförmigen Kohlenwasserstoffgerüsts ähnlicher als Wassermolekülen. Zwischen diesem Gerüst und dem Ethylrest im Ethanolmolekül können Van-der-Waals-Kräfte wirken, die eine leichtere Extraktion ermöglichen.

Hilfe: Ethanolmoleküle besitzen eine Hydroxylgruppe, die Wasserstoffbrücken ausbilden kann. Der Ethylrest ist unpolar und kann nur über Van-der-Waals-Kräfte mit anderen Molekülen wechselwirken.

Material D: Der Lack ist ab

1 Zeichne die Strukturformeln aller Bestandteile der drei Nagellackentferner (▶ D2).

Probe A

Aceton
$$CH_3-C(=O)-CH_3$$

Propan-2-ol
$$CH_3-CH(OH)-CH_3$$

Probe B

Ethansäurebutylester
$$CH_3-C(=O)-O-CH_2-CH_2-CH_2-CH_3$$

Butan-1-ol
$$CH_3-CH_2-CH_2-CH_2-OH$$

Probe C

Ethansäureethylester
$$CH_3-C(=O)-O-CH_2-CH_3$$

Ethanol
$$CH_3-CH_2-OH$$

2

a Beschreibe ein Experiment, mit dem ein primärer Alkohol von einem Ester und einem Keton unterschieden werden kann.

Nur primäre Alkohole reduzieren schwarzes Kupferoxid zu glänzendem Kupfer. Anschließend kann das entstandene Alkanal mit Schiffs Reagenz nachgewiesen werden.

Hilfe: Eine typische Reaktion der Alkanole ist die Reduktion von Kupferoxid.

b Beschreibe ein Experiment, mit dem ein Ester von einem primären Alkohol und einem Keton unterschieden werden kann.

Ester lassen sich mit Natronlauge verseifen. In Kombination mit Phenolphthalein beobachtete man das Verschwinden der Färbung des Indikators. Ketone und Alkohole reagieren hingegen nicht.

Hilfe: Ester können durch Verseifung nachgewiesen werden, weil dabei Hydroxid-Ionen verbraucht werden.

3 Entwickle eine Versuchsdurchführung, mit der die drei Proben den Firmen A, B und C zugeordnet werden können. In ihr müssen alle Überlegungen, Hypothesen und die zugehörigen Beobachtungen enthalten sein, die zur Unterscheidung der drei Produkte notwendig sind (▶ D1, D2).

Probe A kann durch die Reduktion von Kupferoxid und anschließender Probe mit Schiffs Reagenz identifiziert werden. Da in Probe A ein sekundärer Alkohol enthalten ist, gelingt zwar die Reduktion des Kupferoxids, aber der Nachweis mit Schiffs Reagenz fällt negativ aus, da aus Propan-2-ol Aceton entstanden ist. Proben B und C können identifiziert werden, in dem beide mit Natronlauge verseift werden. Beide Proben enthalten dann gelöstes Natriumacetat und entweder den Alkohol Ethanol oder Butan-1-ol. Butan-1-ol ist dabei viel schlechter in Wasser löslich, sodass bei Probe B beim Lösen in Wasser ein Gemisch mit zwei Phasen entsteht.

Notizen

Notizen

Notizen

Notizen